Joëlle Monserrat

EDITH
PIAF

»Non, je ne regrette rien«

Wilhelm Heyne Verlag
München

HEYNE BIOGRAPHIE
12/221

Aus dem Französischen übersetzt
und bearbeitet von Dr. Theo Scherrer

Titel der Originalausgabe:
EDITH PIAF ET LA CHANSON

Inhalt

Vorwort

Edith Piaf – ein magischer Name. Sie war ein Phänomen, das, was die Franzosen ein *monstre sacré* nennen, mit all dem, was dieser Begriff auch an Widersprüchlichem einschließt.

Dieses Buch von Joëlle Montserrat über die berühmte französische Chansonssängerin räumt endlich auf mit den Legenden von der *Geburt auf dem Gehsteig,* ihrer *Halbschwester* usw. und zeigt, daß das Genie einer Piaf solches gar nicht nötig hat. Dafür aber rückt es ins Zentrum des Interesses, was auch heute noch überprüfbar ist: die Chansons der Edith Piaf.

Joëlle Montserrat nimmt sich die Mühe, zum ersten Male das zu tun, was bisher in den zahllosen Publikationen zum Thema ›Piaf‹ unverständlicherweise immer unterlassen wurde: Sämtliche Chansons der Piaf anzuhören, sie zu analysieren und dann aus persönlicher Sicht zu kommentieren. Dies ist ihr großes Verdienst, und Montserrat kommt mit diesem Buch dem Phänomen Piaf vielleicht näher als alle Lobeshymnen eines Jacques Audiberti, Boris Vian oder Jean Cocteau, die die Kunst der Piaf mit Goya, Delacroix und Forain verglichen, ihre Persönlichkeit mit Napoleon und Victor Hugo – alles Bilder, die die Unmöglichkeit belegen, dieser Frau in Worten gerecht zu werden.

Edith Piaf sang keine literarischen Chansons wie ein Georges Brassens, ein Léo Ferré oder eine Juliette Gréco, und man hat ihr die mangelnde literarische Qualität der Texte auch vorgeworfen. Sicher, ihre Texte sind immer sehr einfach, manchmal auch schon jenseits des guten Geschmacks. Aber liest man nur schon die Titel der gut 300 Piaf-Chansons (wovon die Piaf über 30 selbst geschrieben hat) im Anhang dieses Buches, so wird deutlich, wo ihre Qualität liegt: Sie umfassen das ganze Spektrum der *émotion populaire* zwischen den Extremen *amour* und *malheur*: Liebe, die man sucht oder die man schon wieder verloren hat, Eifersucht, Lüge, Glück und Vergänglichkeit usw. Auch die Sentimentalität hat sie nie gescheut, und man rühmt mit Recht, daß sie sogar mit den schluchzenden Geigen der 50er Jahre fertig wurde – dank einer Stimme, die noch die trivialsten Texte der Lächerlichkeit entzog.

Diese Frau wird zur weltbekannten Künstlerin, ohne sich zum Kunstprodukt umformen zu lassen und ohne ihre Herkunft zu verleugnen. Für eine Zeit, in der Gefühle zur Ware verkommen, steht Edith Piaf für Echtheit. Sie hatte alles gemacht und alles gesehen – und das sah und hörte man.

Leben und Kunst sind im Falle der Piaf gar nicht zu trennen – eines nährte sich vom andern – und die Identifikationsmöglichkeiten machen deshalb wohl ein wesentliches Element des Erfolges von Edith Piaf aus: Von der Straße kommen und seinen Weg gehen bis zum Erfolg, für den man – so ist das Leben – seinen Preis, einen teuren Preis zu bezahlen hat.

Schon die Kapitel-Überschriften des Buches von Joëlle Montserrat belegen deutlich, daß in der Welt, in der wir leben, auch eine Karriere wie die der Piaf wesentlich – und dies im positiven wie im negativen Sinne – von Männern geprägt ist. Doch dieses Buch zeigt ebenso deutlich, in welch hohem Maße sich die Piaf in ihrem exzessiven Leben den bürgerlichen Normen entzogen hat:

> *A la face des hommes*
> *au mépris de leurs lois,*
> *jamais rien ni personne*
> *m'empêchera d'aimer*

singt sie in *le droit d'aimer*. Dies ist ihre Freiheit, und in dieser Freiheit ist Edith Piaf heute durchaus exemplarisch. In diesem Sinne ist das Buch von Joëlle Montserrat auch ein längst fälliger Beitrag zur Geschichte des französischen Chansons.

Theo Scherrer

1

Das Artistenkind

Edith Piaf ist ein Artistenkind im wahrsten Sinne des Wortes. Schon der Großvater väterlicherseits, Alphonse Gassion, der sich *de Falaise* nennt, Sohn eines Friseurs, geboren 1850, verläßt das elterliche Geschäft im Alter von nur 10 Jahren, um in die Gruppe von Louis Dianta einzutreten, eines Kunstreiters und Trapezkünstlers, dessen drei Töchter Boxkämpfe vorführen.

Vom 1. Januar 1861 an arbeitet Gassion im Cirque Napoléon in Paris als Kunstreiter und wird in die Quadrillen von bekannten Reitern der damaligen Zeit aufgenommen. Im Jahre 1863 ist er als großer Spezialist, der ohne Sattel arbeitet, im Cirque de l'Impératrice zu sehen. Dank solch ausgezeichneter Arbeitszeugnisse kann er in Wanderzirkussen auftreten, wo er auch seine Fähigkeiten als Gewichtheber unter Beweis stellt.

Als Gast im Zirkus Ciotti heiratet er schließlich ein Fräulein Descamps, die schon zwei Töchter hat, Louise-Alphonsine Descamps und Mathilde-Marie Gassion. Im Jahre 1882 haben die beiden einen Sohn, Louis-Alphonse.

Später arbeitet Gassion de Falaise als Clown, dann als Dummer August im Zirkus Théodore-Rancy. Er führt eine Nummer auf Stelzen vor. Selbstverständlich unterweist er auch seinen Sohn und zwei weitere, jüngere Töchter in seiner Kunst. Während die Schwestern Gassion im Alter von nicht einmal 15 Jahren schon als *Konkurrenzlose Trapezkünstlerinnen* die Stars im Volkszirkus auf dem Markt von Trône sind, produziert sich ihr großer Bruder Louis im Jahre 1905, indem er auf den Händen läuft und seine Glieder in die ungewöhnlichsten Positionen verrenkt.

Vielleicht hat Louis-Alphonse auf einer solchen Tournee in Italien jene Anita-Giacoma-Margherita Maillard kennengelernt, die am 4. August in Livournes geboren und deren Vater Franzose, die Mutter, Emma Said ben Mohamed, Algerierin ist. Anita, dramatische *Stimmkünstlerin*, tritt unter dem Namen Line Marsa – wenn es darauf ankommt – als Sängerin auf, in Kaffeehäusern und an Straßenecken. Wie es scheint, war ihrer Verbindung mit Louis Gassion kein allzu langes Glück beschieden...

Am 19. Dezember 1915, um fünf Uhr morgens, kommt im Pariser Krankenhaus Tenon, Rue de la Chine, Nummer 4 im 20. Arrondissement, Edith Giovanna Gassion* zur Welt, Tochter der Line Marsa und des Louis Gassion, beide wohnhaft an der Rue de la Belleville 72.

Der Vater, zum Militär eingezogen, hatte für die Geburt Sonderurlaub erhalten und muß dann wieder an die Front.

Line Marsa entledigt sich des Neugeborenen sehr rasch. Sie gibt es ihren Eltern, die in der Rue Rébeval eine ärmliche Dachkammer bewohnen. Die Großmutter Emma Maillard, dem Alkohol nicht abgeneigt, scheut sich nicht, dem Schoppen der kleinen Edith etwas von ihrem süßen Naß beizumengen, damit sie Kraft und Mut bekomme...

Ende 1917 wird Louis Gassion, der inzwischen mit Line gebrochen hat, bewußt, daß man seinem Kind nicht die nötige Sorgfalt entgegenbringt. Es gelingt ihm, Edith zu seiner eigenen Mutter zu bringen, die zur Zeit Köchin in einem *Haus* in Bernay ist, genauer in der Rue Saint-Michel Nr. 7. Eine entfernte Cousine namens Marie leitet mit gebührender Strenge diesen einladenden Tempel normannischer Lustbarkeit, wo man bei Camembert und Calvados der Liebe pflegt. Das kleine Mädchen wird liebevoll von den Damen des Hauses umsorgt, die so ohne eigenes Risiko ihre Muttergefühle ausleben können.

---

* Der Name Giovanna ist laut der Familie Gassion ein Irrtum des Schreibers (anstelle von Giacoma). Die Wahl von ›Edith‹ geschah aus Verehrung für Edith Cavel, die von den Deutschen erschossen worden war.

Mit fünf Jahren wird Edith Opfer einer doppelten Hornhautentzündung und erblindet beinahe. Der in der Angst herbeigerufene Arzt beruhigt jedoch und verschreibt Augentropfen; außerdem empfiehlt er, ein halbes Jahr lang eine schwarze Augenbinde zu tragen.

Nach Ablauf dieser Zeit wird die Binde abgenommen, und die Kleine hat ihr Augenlicht wieder.

Angeführt von der Patronne reisen daraufhin alle Damen des Hauses, sonntäglich gekleidet, nach Lisieux, um der heiligen Thérèse für dieses *Wunder* zu danken: eine Szene, die eines Maupassants und seines *Maison Tellier* würdig ist!

Edith kann nun nach ihrer Heilung die Volksschule besuchen, wo sie sich als gute Schülerin erweist, aufmerksam, lebhaft, mit viel Begeisterung für das Lesen und alles Neue.

Doch unglücklicherweise halten die biederen Bürger und die Geistlichkeit von Bernay die Anwesenheit der Kleinen unter den anderen Kindern für einen möglichen Anlaß zu einem Skandal.

Louis Gaisson beschließt deshalb im Jahre 1922, gezwungenermaßen, die Kleine als *Partnerin* zu sich zu nehmen.

Während acht Jahren sammelt sie nun das Geld ein in allen Cafés und an jeder Straßenecke in Frankreich und Navarra – nach einem ersten Versuch in Belgien mit dem Zirkus Caroli, wo die kleine, unter einem Tisch versteckt, Puppen sprechen läßt. Der Vater aber – wie groß auch seine akrobatischen Fähigkeiten gewesen sein mögen – nützt die Anwesenheit des Kindes zu seinem eigenen Besten aus, um das Mitleid des Publikums zu erregen, und mit dem Hinweis auf die Kleine trifft er denn auch die sentimentale Ader von einigen Zuschauern.

Edith ist neun Jahr alt, als sie beginnt, erste Lieder vorzutragen. Ihre besten Stücke sind *Nuit de Chine, Voici mon cœur* neben patriotischen Liedern wie *La Marseillaise* und *Die Internationale*. Zum starken Mißfallen Gassions scheint sie mehr Talent zur Sängerin als zur Trapezkünstlerin zu haben; und nur mit mäßigem Erfolg läßt er sie von seinem Kollegen Camille Ribon, genannt Alverne, der in der Rue des Amandiers haust, im Kunstturnen unterrichten.

Als Edith 15 Jahre alt ist, verspürt sie erstmals den Drang nach Unabhängigkeit. Wenn sie auf öffentlichen Plätzen oder in Kasernen singt, überläßt ihr der Vater auch nicht den geringsten Anteil Einnahmen. Sie kennt keinerlei Zerstreuung, weiß nicht, was das Wort ›Ferien‹ bedeutet. Dafür erhält sie dann und wann eine Ohrfeige. Sie erlebt die feuchtfröhlichen Abenteuer ihres Vaters, die meist in einem entsetzlichen Kater enden, und seine zahlreichen Eroberungen (bei denen sie wohl oder übel dabei ist, denn sie teilt das Zimmer mit ihm). Zudem bekommt sie die mehr oder wenig gerechtfertigten Autoritätskriege gegen einige sogenannte ›Stiefmütter‹ mit – all diese Zustände lassen sie immer ungehaltener werden.

Deshalb verläßt sie Louis Gassion, ohne ihn auch nur um seine Meinung zu fragen.

Nach einer kurzen Zeit als Serviererin in einem Milchgeschäft an der Avenue Victor-Hugo stellt sie mit ihren Freunden Raymond Becker (ihr erster Flirt oder einer der ersten) und Rosalie – ein Musik-Trio mit dem poetischen Namen ›Zizi, Zozette und Zozou‹ zusammen. Sie lernt, sich auf dem Banjo zu begleiten, und die drei treten überall auf, wo sich eine Gelegenheit bietet. Doch bald löst sich das kleine Ensemble wieder auf – wegen Unvereinbarkeit der Charaktere!

Edith fängt als Lackiererin bei der Firma Toppin und Marquet an. Aber nach drei Monaten gewinnt ihr Freiheitsdrang die Oberhand.

In dieser Zeit begegnet sie bei Alverne einem Mädchen, nur wenig älter als sie selbst, aber ebenso gewitzt: Simone Berteaut, ›Momone‹ genannt. Diese Simone, am 29. Mai 1916 in Lyon geboren,* ist laut Geburtenregister die erstgeborene Tochter von

---

* Sie stirbt am 30. Mai 1970, an einem Herzschlag.

Suzanne Emilienne Guyoton und von Jean-Baptiste Berteaut (später hat sie noch zwei Brüder). In ihrem Buch ›Piaf‹ aber, erschienen 1969 bei Laffont, behauptet Simone, sie sei 1918 geboren und ihre Mutter, die schon drei Töchter von verschiedenen Liebhabern hatte, hätte dem braven Berteaut, damals Soldat, die Vaterschaft eines Kindes aufgebürdet, für die niemand anderer verantwortlich sei als... Louis Gassion, der damals in einem Hotel der Cité Falguère gewohnt habe.

Daß sie in Lyon zur Welt kam, sei Zufall gewesen, Suzanne Guyoton-Berteaut sei einige Tage darauf nach Paris gereist, wo sie auf der Straße Blumen verkauft habe.

Diese Version – von der Familie Berteaut anscheinend bestritten – wirft kein besonders günstiges Licht auf die junge Blumenverkäuferin. Kommt ihr doch das zweifelhafte Verdienst zu, aus Simone die Halbschwester von Edith zu machen...

Immerhin steht fest, daß Momone im Jahre 1930 als Montiererin bei der Firma Wonder arbeitet: Sich 10 Stunden pro Tag mit Autoscheinwerfern zu befassen, für 84 Francs pro Woche, erscheint ihr nicht gerade als das Paradies.

Welche von beiden der andern dann eine ›Association‹ vorgeschlagen hat, tut eigentlich nichts zur Sache.

– »Gehen wir doch auf die Straße singen«, sagt Momone: »Du, du kennst das Metier von Grund auf, und ich kann tanzen und kassieren!«

Zu der Zeit wohnt Edith im Hotel de l'Avenir – ein passender Name –, an der Rue Orfila 105. Ihre Partnerin zieht zu ihr...

Früh am Morgen tönt die Stimme der Sängerin jeweils noch heiser, und Simone muß das Récital beginnen, bis der Kaffee als Gurgelmittel wirkt. Dann aber legt Edith los, und die Gewalt der Klänge, die aus dieser Kehle steigen, erreicht auch die Hörer der entferntesten Stockwerke, selbst bei geschlossenem Fenster.

In ihrem ersten Repertoire hat sie ein sehr schönes Chanson von Vincent Scotto und Decaye, mit dem Titel *Les Mômes de la Cloche*, das sie mit einer Überzeugungskraft singt, die um so größer ist, als sie sich in den Personen des Liedes ein wenig wiedererkennt:

C'est nous les mômes
Les mômes de la cloche,
Clochards qui s'en vont
Sans ami, sans proche...
...C'est nous les paumées...
Les purées d'paumées...

Sie hat auch das berühmte Glaubensbekenntnis der ›Titania‹
gelernt:

Mon maître Satan m'envoie faire la ronde
J'ai des provisions de joie et de plaisir.
J'ai de quoi flatter tous les vices du monde,
Et mon cœur est prêt pour le moindre désir...

Eher ruhig ist das vielzitierte *Chaland qui passe*. Es gibt auch be-
sinnlichere Lieder, speziell für Zuhörer, die sonst Anstoß nehmen könnten, so *Mon beau sapin* oder die neuesten Erfolge der
damaligen Schlagersänger.

In diesem Jahr 1931 beschränkt sich Edith vorzugsweise auf die
Quartiere, in denen sie jede einzelne Straße kennt, jedes Haus
und sogar jedes Stockwerk bis ins kleinste Detail: die Anhöhen
von Belleville, Les Lilas, Gambetta, La Porte de Montreuil... Simone, ehrgeiziger als sie, schleppt sie in die ›Quartiers riches‹.
Edith bearbeitet ihr Banjo und spielt als Einleitung die Melodie
von *Gars de la Marine*. Die gerissene Simone aber gibt ihr zu verstehen:
»Es gibt Straßen, in denen man auf Mitleid machen muß:
Ziehen wir doch unsere alten Schlappen an!... Aber in den
vornehmen Straßen machen dreckige Füße einen schlechten
Eindruck: also ziehen wir sie wieder aus!«
Zu diesem Zweck schleppen sie eine unförmige Tasche mit
sich herum, mit Turnschuhen, man kann ja nie wissen...

Denn da die beiden Mädchen keine offizielle Bewilligung
haben, gelten sie überall als Bettlerinnen und sind dauernd auf
der Flucht vor der Gendarmerie.

Ihr bevorzugter Trick besteht darin, einen dieser verhaßten Uniformierten direkt anzupeilen, auf ihn zuzustürzen und voller Unschuld zu fragen:

– »Bitte, Herr Gendarm, können Sie uns sagen, wo das Kommissariat ist?«

Mit der entsprechenden Information im Sack gehen sie dann singen... in Straßen, die möglichst weitab von diesem verwünschten Gebäude liegen.

Trotzdem werden sie wiederholt festgenommen und auf die Wache geführt, wo die herzerweichenden Geschichten der in Tränen aufgelösten Gören den Kommissar schließlich zu Milde und Nachsicht bewegen.

Manchmal kommt es sogar vor, daß ein musikbegeisterter Gendarm ihnen rät:

– »Geht doch dort gegenüber singen, dort ist nicht mehr mein Revier! Und singt *Le Chaland*, das ist mein Lieblingslied!«

Edith, die noch nie mit Geld hat umgehen können, überläßt Simone die Kasse.

Doch auch Momone, ebenso verschwenderisch wie ihre Partnerin, gibt die Einnahmen sofort wieder aus.

– »Sobald wir genug beisammen haben, schlagen wir uns den Bauch voll!«

Nach der Mahlzeit – in der Regel eher bescheiden, aber tüchtig begossen – findet die nächste Darbietung statt.

– »So, jetzt reicht es fürs Kino!«

Bis zum Abend bleibt so natürlich nichts mehr von den Tageseinnahmen.

Anderntags beginnt das gleiche Spiel von vorn.

Wenn Edith an die Zukunft denkt, dann immer voller Zuversicht: – »Du wirst sehen, eines Tages werden wir reich sein!«

Doch wenn sie an einer Kirche vorbeikommen, sagt sie zwischen zwei Chansons zu Simone:

– »Gib mir Geld, ich will schnell der heiligen Thérèse eine Kerze spenden!«

Eine so machtvolle Beschützerin ist schließlich nicht zu verachten...

Die kleine Sängerin ist damals schon von jener rührend-naiven, fast schon abergläubischen Glaubenskraft durchdrungen, der zeit ihres Lebens kein Schicksalsschlag etwas wird anhaben können.

Die zwei ›Künstlerinnen‹ verdienen sich mehr schlecht als recht ihr Leben. Sie haben ein Dach über dem Kopf, brauchen nicht zu frieren, haben zu essen, wenn sie hungrig sind, und können sich mehr oder weniger anständig kleiden. Nur die Hygiene bleibt ein Begriff, zu dem sie kaum Beziehung finden:

– »Wir haben wieder keine Zeit mehr, weder für die Wäsche noch für den Abwasch!«

Wenn ein Kleidungsstück dann ihrer Meinung nach wirklich schmutzig ist, werfen sie es fort und kaufen ein neues, so einfach ist das!

Monate vergehen so, in die auch einige kurze Liebesabenteuer fallen.

Im Winter 1931/32 beschließen sie, wie Vater Gassion ›die Kasernen abzuklappern‹. Nachdem sie nicht ohne Mühe die Erlaubnis des Obersten erhalten haben, richten sie sich in der Kantine ein und erfreuen die Truppe. Momone zeigt akrobatische Kunststücke, Edith singt... Ein weiteres Mädchen, das auf den bezaubernden Namen Zoé hört, begleitet sie einige Zeit. Nach der Vorstellung pflegt man dann etwas mit den Soldaten zu trinken und mit den Mutigeren sogar zu ›flirten‹. Und Angst hat keines der Mädchen...

Aber im folgenden Frühjahr begegnet Edith in Romainville einem einfachen Handwerker, einem Maurer namens Louis Dupont.

Eine neue Liebesaffäre beginnt, und da passiert es. Die junge Frau wird schwanger. Sie bleibt für einige Zeit den Straßen fern und wird Arbeiterin, macht Blumen und Trauerkränze aus Perlen.

Am 11. Februar 1933 bringt Edith Gassion in Tenon ein kleines Mädchen zur Welt, dem sie den Namen Marcelle gibt. ›P'tit

Louis‹ beschließt, seinen ›Schwiegervater‹ davon in Kenntnis zu setzen. Monsieur Gassion ist leicht zu finden: zur Zeit lebt er in einem kleinen Hotel an der Rue Belleville 115, zusammen mit seiner neuen Geliebten Jeanne-Georgette L'Hote, ›Yéyette‹ genannt, einer jungen Frau aus dem Luxemburgischen.* Der ›Künstler‹ ist ihr in Nancy begegnet, und sie hat ihm am 8. März 1931 eine weitere Tochter, Denise, geschenkt. Man weiß, daß Edith, die zur Zeit jener Eroberung noch bei Gassion lebte, sie gar nicht mochte und diese Eroberung als zusätzlichen Vorwand nahm, sich auf eigene Beine zu stellen...

Doch zurück ins Jahr 1933. Während Momone für einige Zeit auf das Singen verzichten muß, statten die Gassions der jungen Mutter einen freundschaftlichen − und kurzen − Besuch ab. P'tit Louis beschließt dann, Edith und sein Töchterchen in der bescheidenen Wohnung seiner Mutter unterzubringen. Er selbst wird Laufbursche, da er keine Arbeit als Maurer findet. Die kleine Familie ist alles andere als auf Rosen gebettet. Edith langweilt sich, glaubt in der armseligen Wohnung zu ersticken. Aber wieder in der Fabrik arbeiten?

Dann lieber auf die Straße!

Nach einigen heftigen Szenen mit dem unglücklichen P'tit Louis verläßt sie mit ihrem Kind das Haus, nimmt es überallhin mit und dies unter Bedingungen, die für das arme kleine Geschöpf alles andere als ideal sind.

Im November tut sie sich mit Camille Ribon und einer jungen Frau, nur wenig älter als sie selbst, zusammen: Die drei erhalten die offizielle Bewilligung, bis April 1934 unterhaltende Einlagen in den Kasernen zu geben.

Edith ist zu der Zeit eine jammervolle Gestalt, bleich, mit riesengroßen Augen, einem ewigen krankhaften Lachen, ironisch und ein wenig leidend.

Sie wird diesem Ribon immer dankbar bleiben und ihn unterstützen bis zum Schluß.**

---

* Sie ist 1908 in Maxeville geboren.
** Er stirbt lange nach ihr, im Jahre 1973.

Doch da taucht Momone wieder auf. Von Belleville und Ménilmontant zieht sie Edith bis zur Place de Tertre und vor allem zum Pigalle. Eines Abends erklärt sich die große Lulu, die Patronne des Cabarets ›Le Juan-les-Pins‹ damit einverstanden, Edith als Sängerin einzustellen, während Simone halbnackt Akrobatenakte vorführt. Sie wohnen beide im Hotel ›Clair de Lune‹ im Impasse der Rue des Beaux-Arts (der späteren Rue André-Antoine). Am Abend treten sie im Lokal auf, Edith in einem Matrosenanzug, am Nachmittag auf den Straßen. Wohlverstanden, La grande Lulu nützt die beiden Mädchen aus und gibt ihnen – unter dem Vorwand, Ordnungsstrafen bezahlen zu müssen – lediglich lächerliche Geld-Beträge.

P'tit Louis sehen sie nur hie und da, bis er eines Tages gewaltsam ins ›Clair de Lune‹ eindringt, um seine Tochter zu sich zu holen. Allerdings nicht für lange: Am 1. Juli 1935 wird ›Cécelle‹ ins Kinderspital eingeliefert. Am 7. Juli stirbt sie dort an einer Hirnhautentzündung.

Man hat erzählt, Edith habe versucht – ausnahmsweise! –, das Geld für das Begräbnis ihres Töchterchens als Prostituierte aufzutreiben. Sie selbst (oder ihr Presse-Berater) hat später mehrere Versionen dieser Geschichte verbreitet. Dies scheint eher unglaubwürdig; P'tit Louis und die Gassions haben bestimmt, falls es nötig gewesen sein sollte, der armen Mutter das bescheidene Geld für den kleinen Sarg gegeben.

Wesentlich glaubhafter hingegen ist, daß es für Edith zu jener Zeit weder materiell noch moralisch möglich war, sich dem Schock eines derart schweren Verlustes einfach zu ergeben. Von Momone wieder mitgerissen in den Wirbel dessen, was sie damals für ein schönes Leben hielten, hat sie wohl vor allem daran gedacht, sich zu betäuben, sich abzulenken in Gesellschaft kleiner Gauner aus dem ›Rat mort‹ und herumtreibender Soldaten.

Während einiger Zeit verkehrten Edith und Simone auch mit zwei Zuhältern, Henri Valette und Pierrot, die sie zwar nicht auf die Straße schickten – wo sie ja bereits tätig waren –, aber ihnen einen schönen Teil ihrer Einnahmen abknöpften.

Edith hat bereits ihr eigenes, kleines Publikum. Sie tritt nun nicht nur bei Lulu auf, sondern auch im ›Tourbillon‹, im ›Chantilly‹ oder bei den Bals musettes. Ihr anfänglich kleines Répertoire wird besser und größer. Sie hat einige treue Anhänger, die ihr große Sympathie entgegenbringen und sogar so etwas wie Bewunderung.

2

Raymond Asso

Und da erhält sie nun ihre große Chance, auch dies wieder an einer Straßenecke. Eines Tages führen Edith und Simone ihre Künste vor, in der Rue Troyon, als in ihrem Publikum ein Mann – um die fünfzig, ziemlich korpulent, elegant gekleidet, mit silberweißem Haar – ihnen sichtlich interessiert zuhört.

Edith singt in diesem Augenblick gerade *Reste*, das Chanson von den Liebenden, die nach einer heftigen Auseinandersetzung beschließen, sich zu trennen, um dann doch wieder zusammenzukommen. Sie mag diesen sentimentalen Gassenhauer, mehr gesprochen als gesungen, besonders gern:

> *Allons, voyons, je t'en prie: reste!*
> *Reste, quo nous parlions un peu*
> *Du temps où nous étions heureux...*

Am Schluß tritt der Unbekannte näher und meint: »Anstatt dir die Stimme auf der Straße zu ruinieren, solltest du besser in einem Cabaret singen!«

Edith gibt zurück: »Wenn Sie mir etwas anzubieten haben!...«

»Warum nicht? Ich bin Louis Leplée, Direktor vom ›Gerny's‹ in der Rue Pierre-Charron. Komm morgen um 16.00 Uhr vorbei, vielleicht kann ich dir behilflich sein.«

Zurück am Pigalle, erzählt Edith dieses Erlebnis der berühmten Fréhel, mit der sie sich damals oft trifft: »Da steckt etwas dahinter«, sagt jene skeptisch. »Auf den Champs-Elysées wird man nicht so mir nichts dir nichts eingestellt!«

Dennoch begibt sich Edith am andern Tag mit klopfendem Herzen zum vereinbarten Treffen. Leplée hat sie erwartet, hört sie sich an, findet sie gut und fragt nach ihrem Namen.

»Ich heiße Edith Gassion, aber für die Lokale, in denen ich auftrete, habe ich mehrere Namen: Huguette Elia, Tania oder Denise Gay.«

»Taugt alles nichts! Für mich bist du eher ein Spatz von Paris, aber da gibt es ja schon einen ›Môme Moineau‹... Du wirst ›La Môme Piaf‹ heißen! Nächste Woche trittst du hier auf. Arbeite bis dahin an *Les Mômes de la Cloche, Nini Peau de Chien, La Valse brune* und *J'me sens dans tes bras si petite.*

Eine Woche lang probte La Môme Piaf mit einem Pianisten – das ist ihr noch nicht oft passiert! Nun zählt nichts anderes mehr in ihrem Leben, sie hat einzig den leidenschaftlichen Wunsch, vor einem Publikum aus Leuten der besseren Gesellschaft oder solchen, die sich dafür halten, zu beweisen, was sie kann.

In diesem Zusammenhang entstand eine weitere Legende, jene ihres schwarzen Kleides. Edith habe nichts Passendes anzuziehen gehabt: In aller Eile habe sie ein schwarzes Wollkleid gestrickt, doch habe am Abend der Premiere ein Ärmel immer noch gefehlt!

Leplée habe sich vor dem Auftritt um nichts gekümmert und es sei Yvonne Vallée gewesen, damals die Frau von Maurice Chevalier, die der hilflos-verängstigten Anfängerin ihr violettes Seidentuch geliehen hätte, um den fehlenden Ärmel zu ersetzen...

Die Unwahrscheinlichkeit dieser Legende ist zu offensichtlich. Dagegen scheint gewiß, daß Edith ihre sonstige Unverfrorenheit verloren und vor Lampenfieber gezittert hat, als Laure Jarnys, die Geschäftsführerin des ›Gerny's‹, sie auf die Bühne schickt, wo Leplée sie eben kurz eingeführt hat.

Trotz der ungewöhnlichen Erscheinung dieser kleinen, alterslosen Straßengöre, die nicht einmal gut aussieht, denkt Leplées Publikum, durch geschickte Reklame auf das Ereignis vorbereitet, keinen Augenblick daran, sich über die kleine Sängerin lustig zu machen. Es wird im Gegenteil sehr schnell klar, daß hier eine wirkliche Künstlerin zu hören ist, selbst wenn die Piaf nicht auf Anhieb den Gipfel des Ruhmes erreicht, der ihr später zur Gewohnheit werden wird – ein leidenschaftlicher Mensch, warmherzig, mitreißend, der mit jeder Faser seines Wesens bei der Sache ist und dessen überraschend kraftvolle Stimme jedermann unter die Haut geht.

Der schlagartige Erfolg ist offensichtlich. Jeden Abend wird Edith einer oder mehreren Persönlichkeiten aus Politik, Dichtung, Kunst oder Sport vorgestellt, Persönlichkeiten, die – so sagt man ihr – nur ihretwegen kommen. So wird sie von Maurice Chevalier, der Mistinguett, Fernandel, Joseph Kessel beglückwünscht oder zu einem Glas an den Tisch eingeladen – und Mermoz selbst kauft für sie den ganzen Korb der Blumenverkäuferin.*

Mehr als diese Berühmtheiten, von deren Existenz Edith oft nicht einmal etwas gewußt hatte, weiß sie die fürsorgliche Aufmerksamkeit von Leplée zu schätzen, der – voller Stolz auf seine Entdeckung – für sie zu ›Papa Leplée‹ wird.

Auch Jacques Bourgeat, Schriftsteller, Poet, Begleiter Leplées, wird zu einem guten und treuen Freund, der zu jener Zeit eine bedeutende Rolle in der geistigen Entwicklung der Piaf spielt.

Man darf nicht vergessen, daß die kleine Edith – obwohl ihr Privatleben immer chaotisch war – in der Tat von frühester Jugend an einen Wissensdurst zeigt, der angeboren sein mußte, denn wer hätte sie damals auch fördern oder anleiten können oder wollen.

Zeit ihres Lebens bleibt Edith mit Jacques Bourgeat in Verbindung. Er hat ihren Briefwechsel der Bibliothèque Nationale vermacht – leider nicht zugänglich bis zum Jahr 2000!

An Bourgeat hat Edith schon 1936 geschrieben:

»...Ich habe beschlossen, nun ernsthaft und hart zu arbeiten... Ich will schreiben lernen, um keine Fehler mehr zu machen. Du mußt mir Unterricht geben, dem ich gerne folgen werde, und dann gehe ich zum Zahnarzt, in die Gymnastik... Du wirst schon sehen, wie sich dein kleiner Vogel verändert...«

---

* In der ersten Zeit, am Schluß ihres Auftritts, sammelt Edith selbst im Saal.

Das Hauptproblem aber bestand darin, sich ein Repertoire zu erarbeiten. Der Akkordeonist Freddo Gardoni gibt ihr einige Adressen von Verlegern, aber die sind nicht sehr erpicht darauf, das Schicksal neuer Chansons diesem noch wenig bekannten Mädchen anzuvertrauen. Edith nimmt, was sie bekommen kann: So sichert sie sich das Chanson *L'étranger*, das immerhin der Sängerin Annette Lajon ›gehört‹:

> *Il avait un regard très doux,*
> *Il venait de je ne sais où ...*

Die Geschichte von dem Matrosen, dem, von der Liebe enttäuscht, als Trost nur noch das Meer bleibt, ist qualitativ sichtlich um einiges anspruchsvoller als ihre üblichen Lieder.

Bourgeat ist es auch, der das erste Chanson speziell für sie schreibt, *Chand' d'habits*:

> *Dis-moi, chand' d'habits*
> *N'as-tu pas retrouvé*
> *Parmi le lot de mes vieilles défroques*
> *... Un douloureux cœur abandonné...*

Obwohl die harmonischen Einfälle noch deutlich ihre Grenzen zeigen, handelt es sich hier doch schon um eine klassisch inspirierte Melodie. Mit ein bißchen gutem Willen finden sich dabei Anklänge an Gustave Charpentier oder sogar eine Spur von Puccini...

Bei einem Verleger trifft Edith auch zum ersten Mal einen großen, mageren Burschen, mit langer Nase, an die dreißig Jahre alt, ehemaliger Legionär, namens Raymond Asso. Nach zahllosen Versuchen in anderen Berufen hat er sich nun auf das Schreiben von Chansons verlegt. Er ist mehr oder weniger der Sekretär von Marie Dubas und schreibt im Augenblick die Mehrzahl seiner Chansons für sie. Immerhin fragt er Edith, ob sie sich für die Geschichte eines Legionärs interessieren könnte:

»Ich habe schon seit langem Freunde, die in der Legion dienen«, antwortet die Piaf lachend...

Im November 1935 singt Edith im ›Six Jours‹. Ihr bleiches Gesicht, mit Ringen um die Augen, in denen sich etwas rührend Spitzbübisches zeigt, ihr armseliger Pullover und das billige Fähnchen, ihre noch ungeschickten Gesten und die verwirrende Angst, die sie ausstrahlt, all das − statt ihr zu schaden − verstärkt noch die erstaunliche Macht, die ihre Stimme ausübt. Das Ganze macht aus ihr eine Persönlichkeit von tragischer Poesie, die nicht nur die Zuhörer aus dem Volk erschüttert, sondern auch das verwöhntere Publikum. Man beginnt von ihr zu reden...

Am 17. Februar 1936 gibt Edith ihre erste Gala, im Cirque Médrano, anläßlich einer Wohltätigkeitsveranstaltung zu Gunsten der Witwe von Antonet, dem Clown.

Ein anderer Freund von Leplée, Jacques Canetti, ist inzwischen bei Radio-Cité angestellt, einer Probestation der französischen Rundfunkgesellschaft. Da er das Vertrauen seines Direktors Marcel Bleustein besitzt, kann er zahlreiche junge Sänger engagieren, darunter Edith Piaf, deren Zuhörerschaft sich von einem Tag auf den andern schlagartig vergrößert.

In diesem Rahmen singt sie ihren Zuhörern *La Java de Cézigue*, ein humoristisches Chanson, bei dem sie ein wenig des Guten zuviel tut, wie der immer fröhliche Komiker Fernandel, um das Lob eines kleinen Mannes zu singen, der Akkordeon spielt bei einem Kohlenhändler in der Rue Charenton:

> ... *Moi, d'habitude, la musique,*
> *C'est rigolo, ça me donne envie de roupiller*
> *Ça me rend neurasthénique*
> *Et j' m'en r'ssens pas du tout pour gambiller...*

Auch mit *Mon Apéro* bleibt sie dem Volksgeschmack treu. Es ist die Geschichte eines Mädchens, das mit 16 Jahren heiratet, dabei zu ihrem Ehemann keine Liebe findet und nun trinkt, um zu vergessen:

... Je suis un pilier du bistrot,
C'est vrai qu'avec les pochards
J' divague chaque fois que j'ai le cœur trop gros ...«

Auch zu dieser Zeit verzichtet Edith nicht – und sie wird es nie tun – auf zahlreiche stürmische Liebschaften.

Im ›Gerny's‹ oder auch außerhalb belagern einige Typen aus der Halbwelt die Sängerin, angezogen durch deren rührende Gestalt und sicher auch von den 50 Francs, die sie nun jeden Abend verdient. Gewiß nicht verwöhnt damit in ihrer Jugend, ist Edith körperlicher Liebe keineswegs abhold, die jedoch von einem Minimum an Gefühl begleitet sein sollte – leider kompliziert sich das durch ein Maß an Leichtgläubigkeit, die selbst durch schlimme Erfahrungen nicht zu erschüttern ist.

Und Louis Leplée hat als allgemein bekannter Homosexueller auch nicht erst auf die Piaf gewartet, um sich mit zweifelhaften, oft beunruhigenden und manchmal auch gewalttätigen Burschen herumschlagen zu müssen.

Anfang April 1936 geschieht das Drama. In seinem gewohnten Bekanntenkreis rühmt sich Leplée, er habe eine Wohnung für bare 20 000 Francs verkauft. In der Nacht des 6. April dringen vier Burschen in seine Wohnung ein, an der Avenue de la Grande-Armée 83, um ihm das Geld abzuknöpfen. Er leistet Widerstand, es kommt zu einem Handgemenge, ein Revolverschuß geht los: Leplée ist tot!

Der Skandal ist groß. Man verhaftet Edith im Moment, wie sie bei Leplée auftaucht. Sie wird zum Quai des Orfèvres gebracht und gnadenlos verhört, während Simone für 2½ Monate im Bon-Pasteur eingesperrt wird, am Pont de Charenton. Die Polizei ist auf die Spuren von Henri Valette gestoßen. Da sich die Piaf vor ihrem Stellenantritt bei Leplée von ihm getrennt hat, glaubt die Polizei an einen Racheakt. Zum Glück für Valette erkennt ihn die Concierge von Leplée unter den vier Kriminellen nicht wieder. Man stößt dann aber auf eine neue Liebesaffäre der Sängerin – oder gar auf zwei Affären: Edith hatte einen gewissen ›Jeannot la mataf‹ zum Geliebten, diesen dann aber mit dessen Freund ›Georges le spahi‹ betrogen, den sie auch Leplée vorgestellt hatte. Ein dritter Spitzbube, ›Pierrot le balafre‹, war an dessen Stelle getreten. Diese Gesellen wurden nun natürlich zuerst verdächtigt... Edith aber kann beweisen, daß sie zur Tatzeit nicht bei Leplée war, aber man quält sie noch wochenlang... bis die Sache schließlich zu den Akten gelegt wird.

Beim Begräbnis von Leplée, an dem nur wenige wirkliche Freunde teilnehmen, weint die Piaf am Arm von Laure Jarnys...

Henri, der sich noch immer für ›La Môme‹ interessiert, und vor allem die drei Getreuen: Jacques Bourgeat, der Akkordeonist Robert Juel und Jacques Canetti finden für sie einige Engagements; im ›Chez Marius‹, in der Rue des Vertus, singt sie im Orchester mit, dann geht sie zurück ins ›Chez O'dett‹, an der Place Pigalle.

Bruno Coquatrix ist zu jener Zeit Direktor dieses bekannten Cabarets, dessen Chef Raoul ihn beauftragt hat, ›La Môme‹ zu engagieren:

»Wir lassen diese Piaf hier für 125 Francs auftreten, und dann wird sie für 100 Francs auch in unserem zweiten Lokal, ›L'Ange rouge‹, singen.«

Coquatrix findet Edith in einem schlimmen Zustand: schmutzig, abgemagert, kränklich. Um dem Wunsche seines Chefs nachzukommen, läßt er ihr Pflege angedeihen und bestellt für sie ein Kleid:

– Leplée hatte die Piaf seinem Publikum als eine Art Sehenswürdigkeit vorgeführt, als ein ›Monstre‹ von der Straße.

Bei ihm hatte sie noch unter ihrem Rang singen müssen. Im ›Chez O'dett‹ nun sollte sie im gebührenden Rahmen zur richtigen Künstlerin werden. Dazu gehörte vor allem ein tadelloses Kleid!

»Was halten Sie von einem langen roten Kleid?« fragt die Schneiderin.

»Ich hätte lieber ein kurzes schwarzes, mit plissiertem Jupe, mit Ärmeln, die ihre mageren Arme verdecken, und vor allem mit Taschen, denn sie weiß mit ihren Händen nichts anzufangen.«

Aber dann wird die Piaf im ›Chez O'dett‹ sehr kühl aufgenommen...

Sie macht nun eine Tournee in den Kinos des Quartiers, vor sehr unruhigem Publikum. Jacques Canetti sieht, daß sie drauf und dran ist, alles fallen zu lassen und auf die Straße zurückzukehren. Deshalb empfiehlt er sie dem Impresario Fernand Lumbroso, der sie nach Brest schickt, wo sie zwei Wochen lang in einem Kino auftritt. Momone ist wieder in Freiheit, begleitet sie und stellt die Nummern vor, während Robert Juel auf dem Akkordeon spielt.

Edith singt *La Fille et le Chien*, den Vergleich vom Straßenmädchen und dem streunenden Hund, ein in musikalischer Hinsicht völlig wertloses Chanson, mit nichtssagenden Akkorden und einem ziemlich verunglückten Text, dessen Straßenausdrücke mehr oder weniger unverständlich bleiben:

> *Pauvre cabot, on dirait vraiment*
> *Qu'tu comprends toute ma vie d'misère*
> *Quand ton regard me fixe tristement*
> *J'vois comme une larme à ta paupière*
> *Va, mon sort est pareil au tien...*

Ebenso beweist die Geschichte des kleinen Zuhälters Totor im Chanson *Correqu'et Réguyer*, daß trotz aller Treffsicherheit die Komik nicht das ureigenste Gebiet der Piaf ist.

Viel besser beherrscht sie die Strophen, in denen sie die Welt ihrer Herkunft (ihre wirkliche oder eine vorgegebene) besingt und die Titel tragen wie *Entre Saint-Quen et Clignancourt*:

> *J'ai chanté devant les théâtres*
> *Quand j'étais haute comme ça*
> *Mais la rue tourne, et le temps passe...*

Zurück in Paris singt die Piaf nach diesem keineswegs großartigen Vertrag wieder in den Kinos. Sie begegnet dabei dem bekannten Chansonnier Roméo Carlès, der während einiger Wochen ihr Partner wird und der *La Petite Boutique* für sie schreibt, ein hübsches Gedicht, mehr gesprochen als gesungen:

> *Je sais dans un quartier désert*
> *Un coin qui se donne des airs*
> *Des promesses aristocratiques*
> *J'y découvris l'autre saison,*
> *Encastrée entre deux maisons,*
> *Une minuscule boutique . . .*

Edith (rechts) mit 5 Jahren: ein aufgewecktes Kind

*Edith
mit 10 Jahren*

*1935: Eine junge Frau hat
schon viel von der Welt gesehen*

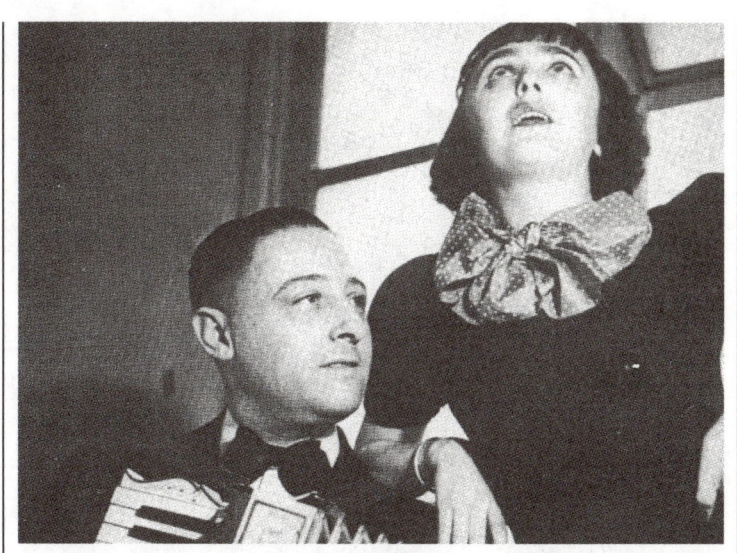

Bei Leplée

Erster Leinwandauftritt in ›La Garçonne‹ (1936)

›La Môme‹ im April 1938

MON LÉGIONNAIRE

LE GRAND SUCCÈS MONDIAL

ENREGISTRÉ SUR DISQUE POLYDOR 524.299

PAR **EDITH PIAF**

PAROLES DE Raymond ASSO
MUSIQUE DE Marg. MONNOT

Les Éditions de Paris

Où sont-ils tous mes Copains

Une chanson d'Edith PIAF sur une Musique de Marguerite MONNOT

ÉDITIONS

Les Éditions **Magali** vous présentent

LE CHACAL

PAROLES DE R. ASSO & Ch. SEIDER . MUSIQUE DE JUEL

Créé et enregistré par **Edith Piaf**

LE VAGABOND

une chanson d'EDITH PIAF
sur une musique de LOUIGUY

Enregistré sur Disque POLYDOR **EDITH PIAF**
ÉDITIONS PAUL BEUSCHER — PARIS
Nouvelle édition. Prix : 3 francs

Edith und ihr Vater Louis Gassion

L'HEBDOMADAIRE DU REPORTAGE

Année · N° 449
AQUE VENDREDI

10 Novembre
PRIX

VOILA

L'élite de nos artistes
et de nos chanteuses
part au front divertir
nos soldats, VOILA
a recueilli leurs
confidences de là-bas

Etoiles au Front

EDITH PIA

Eines der ersten Plakate (Entwurf von Kiffer)

Die Piaf bei Aufnahmen im Studio

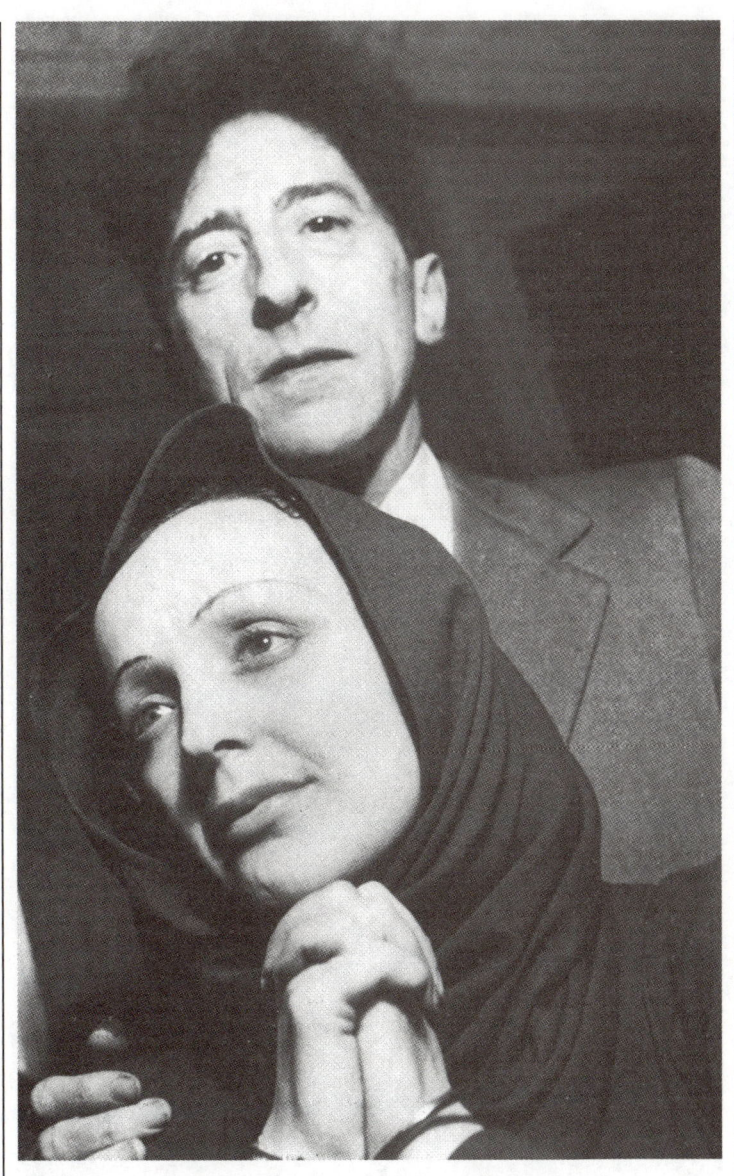

Mit Jean Cocteau, im Jahre 1940

Edith und Jean Cocteau

Probe zu ›Le bel indifférent‹: Die Piaf, umringt von Jean Cocteau, Paul Meurisse und André Brulé

PIAF
EN TOURNÉE

C'est sur les plateaux des théâtres de province que les vedettes de cinéma et du théâtre aiment à entrer en contact avec leur public. C'est là qu'elles peuvent juger des raisons de leurs succès et étudier leur auditoire. Édith Piaf et Paul Meurisse n'ont pas dérogé à cette règle et notre photographe, Roger Parry, qui les accompagnait au Mans et à Angers nous rapporte quelques documents indiscrets sur la créatrice de *Mon Légionnaire*, et de son camarade. Il a vécu dans les mêmes hôtels qu'eux et a connu cette vie fiévreuse et étrange qu'est celle des acteurs en tournée. « Au Mans, nous confie Piaf, j'ai vendu avec papa des chansons au marché, j'avais dix ans. Ne me plaignez pas, j'aimais mieux faire l'article que d'aller à l'école où l'on apprend tout, sauf la vie. »

PHOTOS R. PARRY

LE TRAIN ROULE VERS LE MANS. DANS LE WAGON-RESTAURANT. ÉDITH BOIT SON CAFÉ TANDIS QUE SA VOISINE L'EXAMINE ATTENTIVEMENT.

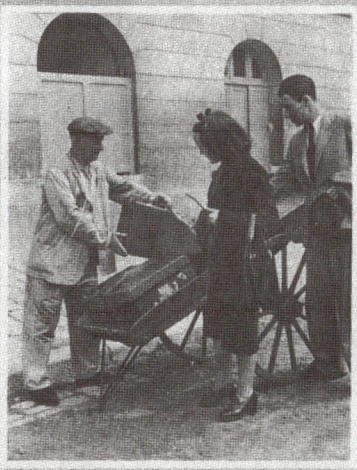

NATURELLEMENT, LES TAXIS SONT ABSENTS! PEU IMPORTE! ÉDITH PIAF ET PAUL MEURISSE LOUERONT SIMPLEMENT UNE CHARRETTE A BRAS...

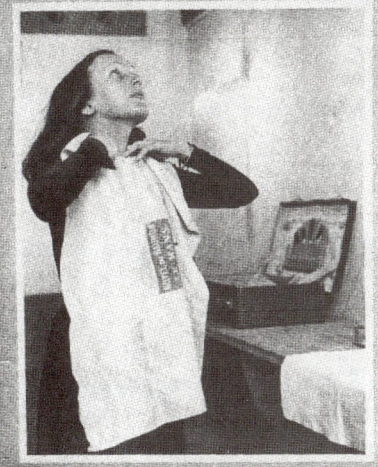

ÉDITH A REMPORTÉ DE SON SÉJOUR AU MANS UN SOUVENIR : UNE SERVIETTE DE L'HOTEL DU SAUMON, OU ELLE ETAIT DESCENDUE.

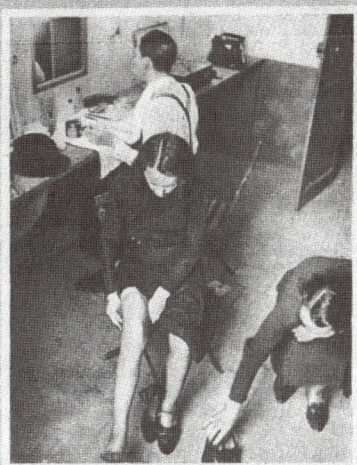

LE RIDEAU VA SE LEVER. ET, TANDIS QUE MEURISSE SE MAQUILLE, ÉDITH CHANGE DE BAS ET TENTE D'OUBLIER LE TRAC QUI L'ETREINT.

43

SOCIÉTÉ UNIVERSELLE DE FILMS *présente*

UN FILM DE GEORGES LACOMBE :

EDITH PIAF
JEAN LOUIS BARRAULT
ET ROGER DUCHESNE
dans

MONTMARTRE

RIBUTION *Région parisienne* S^te VOG

44

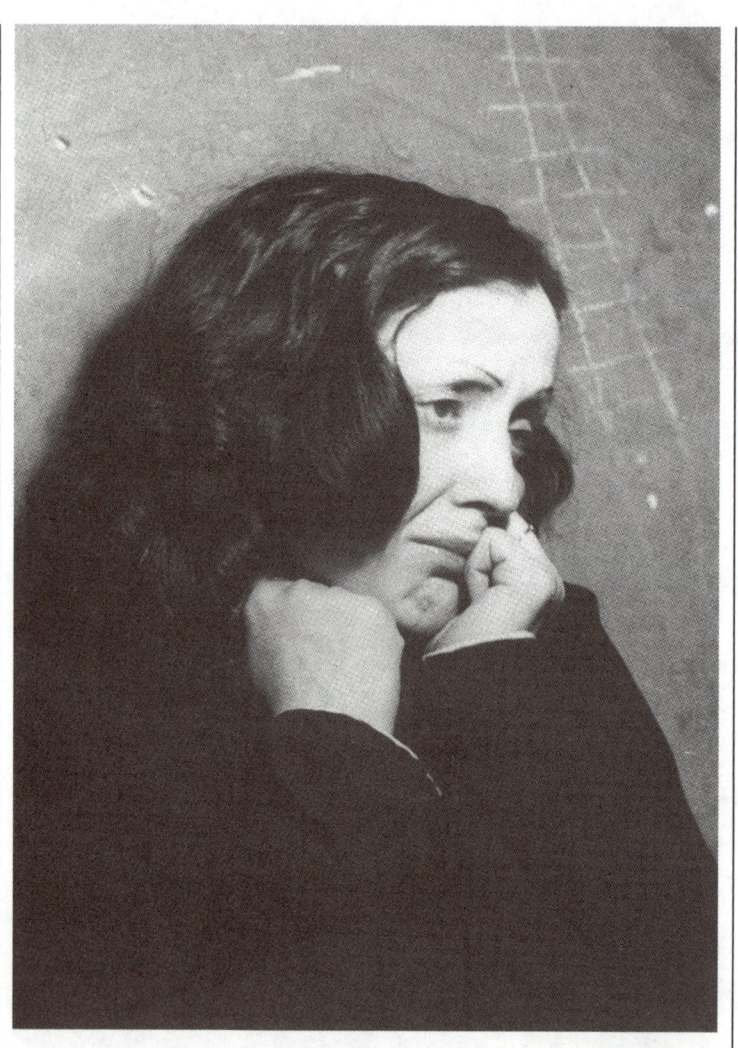

Ein für die Piaf typischer Ausdruck... auf der Bühne;
denn im Leben lacht sie oft und gerne

Mit Henri Vidal im Film ›Montmartre sur Seine‹

›Montmartre sur Seine‹

Etwas später erhält Edith hintereinander zwei Verträge für Brüssel, wo ihr zügelloser Lebenswandel ziemlich Staub aufwirbelt...

Kurz darauf sieht sie Raymond Asso wieder, der ihr einen einmonatigen Vertrag für das Cabaret ›Le Boîte à Vitesses‹ in Nizza verschafft. Trotz Raymonds Widerstand besteht Edith darauf, daß die unvermeidliche Momone sie begleitet.

Gleich bei ihrer Ankunft in Nizza stellen die beiden fest, daß sie ihre Bekanntheit noch immer der Affäre Leplée verdanken! Während Wochen genießen die beiden das Leben, ohne in ihren zufälligen Bekanntschaften allzu wählerisch zu sein (sie haben eine Schwäche für amerikanische Seeleute) und ohne auch nur einen Augenblick daran zu denken, was Raymond dazu sagen würde.

Wieder in Paris, sieht Edith keine andere Lösung, als ihrem guten Samariter zu telefonieren, der ihr ein Zimmer im Hotel ›Piccadilly‹ nahe beim Pigalle reserviert. Raymond hat die Sängerin ohne Zweifel ins Herz geschlossen. Aber seine Situation ist nicht einfach: Zunächst ist da eine andere Gefährtin, mit der er noch zusammenlebt, und dann hat er auch gar kein Verständnis dafür, daß sein Schützling weiterhin Talent, Gesundheit und Leben mit ihrem lockeren Lebenswandel aufs Spiel setzt. Am Anfang ihrer Beziehung sieht die Piaf in ihm vor allem jemanden, auf den sie sich verlassen kann. Doch nach einiger Zeit wird auch ihr bewußt, daß sie sich in ihren Beschützer verliebt hat.

Trotz zahlreicher Streitigkeiten gibt sich Raymond drei Jahre lang alle Mühe, Edith auf vielen Gebieten die mangelnde Bildung beizubringen und sie zu vervollkommnen. Er lehrt sie, wie sie sich kleiden soll, wie sich pflegen, wie sprechen, wie sich zu geben, sich weiterzubilden. Edith zeigt sich einmal als gelehrige Schülerin, der man mit Liebe alles beibringen kann, dann wieder als rebellisches Wesen, das man einsperren muß, um es daran zu hindern, allzu viele Dummheiten zu machen. Raymond gelingt es dank seinem unbeugsamen Willen, sie für lange Zeit von den zweifelhaften Schmarotzern zu befreien, die sie bislang umgaben. Sogar Simone Berteaut wird auf Distanz gehalten. Aber, »gibst du mir, so geb' ich dir«: auch Raymond gibt seine Madeleine auf...

Auf dem Gebiet des Chansons ist Raymonds Einfluß ebenfalls entscheidend. So macht er sie mit andern Sängerinnen bekannt, darunter mit der großen Marie Dubas, von der die Piaf später sagt, erst von ihr habe sie erfahren, wie sehr sie noch an sich zu arbeiten hätte. Selbstverständlich schreibt Asso die Chansons für seinen Schützling. Er ist es auch, der ihr eine charmante junge Frau vorstellt, blond mit halbmondförmigen Augen und einem stets etwas abwesenden Lächeln, namens Marguerite Monnot. Sie ist in klassischer Musik ausgebildet und eine ausgezeichnete Konzertpianistin: Sie hat zum Beispiel die Musik zu *L'Etranger* geschrieben. Als Wunderkind spielte sie bereits mit vier Jahren Mozart in der Salle des Agriculteurs. Der Schülerin von Alfred Cortot und Nadia Boulanger hätte eine Karriere als Konzertpianistin offengestanden, doch sie zog das Chanson vor.

Gleichzeitig ist da Jacques Canetti, der einst als einfacher Etiketten-Gestalter bei der Plattenfirma Polydor eingetreten und dort unerwartet befördert worden ist, denn es ist ihm gelungen, zwei Platten mit Marlene Dietrich aufzunehmen. Er überredet seine Direktoren, die ersten Aufnahmen von Edith Piaf auf den Markt zu bringen.

So werden innerhalb von Tagen mehrere Chansons aufgenommen, zunächst das Chanson *Les Mômes de la Cloche*, das so etwas wie Ediths Markenzeichen geworden ist, das aber in der erhaltenen Aufnahme (mit Médinger am Akkordeon) nicht ganz dem so poetischen Text von Vincent Scotto entspricht und das von noch mangelhafter Diktion und fehlender Überzeugungskraft zeugt – dann *Java de Cézigue*, bei dem die Piaf noch stark übertreibt, – *L'Etranger*, mehr gesprochen als gesungen, aber von ungleich höherer Qualität und *Mon Apéro*, das allzu sehr auf das Jammern setzt, auf die bloße Klage über Not und

Elend. Etwas später – immer noch im Jahre 1936 – nimmt Edith *Reste* auf, das bereits von besserem Ausdruck und von einer gewissen vornehmen Zurückhaltung zeugt. In *La Fille et le Chien* fällt sie wieder in die Wonnen der Argots zurück, für den Hörer eine Möglichkeit, kostenlos in schlechter Gesellschaft zu verkehren – genauso wie *Les Hiboux*, ein Ganoven-Musette-Walzer, der direkt den ›Mystères de Paris‹ entstammen könnte und den die Piaf mit einer tief ins Gesicht gezogenen Mütze singt:

> *. . . Pour me nourrir, ma mère devient catin*
> *Et moi depuis, j'suis devenu un vaurien. . .*
> *C'est nous qui sommes les hiboux*
> *Les apaches, les voyous*
> *Qui n'en foutent pas un coup. . .*

J'suis mordue ist eine eindeutige Kopie der Mistinguett, ganz im Geiste ihres *Mon Homme*:

> *. . . Il peut tout me faire*
> *C'est là mon affaire*
> *Et y'a rien à faire:*
> *J'suis mordue. . .*

Ihr Stimmpotential kann Edith erst voll und ganz einsetzen in *La Julie jolie*, der Geschichte von der schönen Viehhüterin, die den in sie verliebten Bauern zugrunde richtet; er ist dann aber überglücklich, ihr Angestellter werden zu dürfen – als Chanson eher unbedeutend.

Quand même, Glaubensbekenntnis eines Mädchens ›mit liederlichem Lebenswandel‹ ist schon fast eine Opern-Parodie mit unerwarteten rhythmischen Variationen, die sie Jean Wiener verdankt:

> *. . . Je sais qu'à la porte d'un bar*
> *Où j'aurai bu jusqu'à l'extrême*
> *On ramassera quelque jour*
> *Mon corps brulé sur un brancard. . .*
> *Je bois quand même. . .*

Fais-moi valser, von Borel-Clerc, gehört zum traditionellen Repertoire einer ›Chanteuse à voix‹ und bleibt ziemlich karikaturenhaft, trotz der zurückhaltenden und gedämpften Interpretation einer etwas unpersönlichen Piaf:

> ... *Fais-moi valser une dernière fois*
> *Serre-moi tout près de toi*
> *Dis-moi tout bas de jolis mots d'amour*
> *Les mêmes qu'au premier jour...*

In *Va danser* hört ein sterbender Bauer die Geigenklänge eines Tanzfestes und rät seiner geliebten Marie, die er gestern noch eifersüchtig bewachte, mit ihren neuen Liebhabern ebenfalls tanzen zu gehen. Die Gefühlskraft der Piaf vermag das Niveau dieses ›bukolischen‹ Chansons immerhin beträchtlich zu heben.

Schließlich hat Raymond Asso für die kleine Sängerin *Mon amant de la Coloniale* geschrieben, ein leidenschaftliches Bild von sonnenverbrannten, verwundeten Soldaten. Später wird er im selben Genre wesentlich Besseres leisten.

Les deux ménétriers, das bekannte Gedicht von Jean Richepin, das die Piaf aufnimmt, wird eine Enttäuschung. Einmal wegen der lächerlich armseligen Orchestrierung (das Horn!), dann aber vor allem, weil die Stimme Ediths – sie sollte wie das Jüngste Gericht tönen – mangelhaft aufgenommen wurde. Oder hat es die Sängerin im Studio nicht gewagt, ihre Mittel voll auszuschöpfen?

Das volksnahe Walzerlied *Y'avait du soleil* besingt die Begegnung zweier Liebender auf einem Jahrmarkt und wünscht, diese Begegnung möge ewig dauern:

> ... *J'voulais pas tomber dans ses bras*
> *Qui, mais voilà:*
> *Y'avait du soleil!...*

Il n'est pas distingué gehört ins Repertoire der Schelmenlieder und wechselt dann seltsamerweise ins Patriotische und Antideutsche. So hört sich dieser Straßenjunge aus seiner Alltagswelt an:

Moi Hitler, j' l'ai dans l'blair
Et je ne peux pas l'renifler
Les nazis ont l'air d'oublier
Qu' c'est nous dans la bagarre qu'on les a zigouillés...

Offensichtlich ein Übermaß an Vertrauen und Optimismus in diesem Jahr 1936!

Chand'd'habits und *La Petite Boutique* sind – wie bereits gesagt – von ganz anderem Niveau.

In dieser Zeit entwickelt Raymond Asso eine überbordende Aktivität, um Edith bei den Vertretern jenes ›Tout Paris‹ bekannt zu machen, das für ihre Karriere eine entscheidende Rolle spielen wird. Eines Abends dinieren Marcel Achard, ein fröhlicher Mensch mit großer runder Brille, ein geistreicher und gefeierter Autor, und seine Frau Juliette in der Nähe des Palais Bourbon bei der Comtesse Montgomery, einer guten Freundin des bekannten Journalisten Jean Prouvost. Marcel sitzt neben der Duchesse von Windsor, er scheint nervös. Prouvost fragt Juliette:

»Warum steht Ihr Gatte denn immer wieder auf? Er ist doch nicht etwa krank?«

»Nein, aber er wird sich wohl langweilen. Das passiert ihm zuweilen, und wie immer, wenn er sich langweilt, ist er wohl gerade dabei, sich etwas auszudenken!«

Als die Gäste in den Salon wechseln, zieht Marcel seine Juliette in eine Ecke:

»Ich hab' was ganz Tolles auf Lager! Ich weiß zwar noch nicht, ob es gelingt, aber es ist famos eingefädelt! Da ich mich langweilte, habe ich die Piaf angerufen und zu ihr gesagt: ›Hör mal, meine Liebe, du kommst jetzt gleich an die Place du Palais Bourbon Nr. 3, erster Stock, und nimmst deinen Pianisten und Freund Asso mit, der dir deine Chansons schreibt, ich werde ihn vorstellen. Ein ausgezeichnetes Klavier ist vorhanden, du wirst dein ganzes Repertoire singen. Es sind ausnahmslos Leute aus der besten Gesellschaft hier: Prinzessinnen, Herzoginnen, aber hab keine Angst und komm so wie du bist. Selbst wenn du glaubst, du schaust scheußlich aus, das spielt überhaupt keine

Rolle!‹ ... Du mußt mir nun helfen, den Leuten zu erklären, was auf sie zukommt.«

So erfährt Juliette, daß Marcel ein Mädchen entdeckt hat, das noch niemand kennt, das aber so sensationell sei, daß er die erste Kostprobe den Anwesenden vorlegen wolle!

»Sie werden«, sagt sie, »als erste eine neue, ganz große Pariser Künstlerin kennenlernen.«

Edith Piaf tritt ein, ein wenig schüchtern, ein wenig unpassend in diesem Rahmen. Sie sieht wie ein nicht allzu sauberes Dienstmädchen aus, in ihrem billigen schwarzen Kleid mit dem weißen Kragen. Sie fängt an zu singen. Die Mitglieder dieser ›Tout Paris‹ unterbrechen ihre Gespräche nicht einmal, und niemand nimmt besondere Notiz von ihr. Juliette, die mit Hervé d'Alphand, dessen Frau und Louise de Vilmorin auf einem großen Polstersofa sitzt, stößt sie leicht an:

»Hört euch doch diese Kleine an!«

Beim zweiten Chanson ist jedermann verstummt. Das dritte gar, *Mon Légionnaire*, ist ein Triumph. Als sie fertig ist, fragt Prouvost:

»Wer hat denn den Text Ihrer Lieder verfaßt?«

»Mein Texter natürlich!«

»Und wer ist das?«

»Er heißt Raymond Asso.«

»Wo ist er jetzt?«

»Im Vestibül, denn er ist im Pullover und man ließ ihn nicht hier herein.«

»Gehen Sie ihn holen!«

Asso zeigt sich, schüchtern und bescheiden wie immer. Er erhält großen Applaus. Und am nächsten Tag erscheint ein langer Zeitungsartikel von Jean Prouvost über die neue Künstlerin des Chansons und den Verfasser ihrer Texte. Edith ist Marcel Achard dafür zeitlebens dankbar.

Im Jahre 1937 zieht Raymond Asso mit Edith ins Hotel Alcina in der Rue Junot: Zum ersten Mal lernt die Piaf ein vornehmes Haus kennen. Dazu verschafft ihr Raymond zwei Verträge, den einen für das Cabaret ›Le Sirico‹, den andern für ein Nachtlokal in der Rue Arsène-Houssaye. Aber vor allem andern hat er den einen großen Ehrgeiz: sie im ›A.B.C.‹ auftreten zu lassen. Er bestürmt Mitty Goldin, den Direktor der berühmten Music-Hall, der für die ›Môme Piaf‹ vorerst nur eine gewisse Herablassung übrig hat. Einige Zeit weigert sich Goldin, Raymonds Argumente auch nur anzuhören:

»Ihr Platz ist nicht in einer Music-Hall, sondern auf der Straße!«

Schließlich gelingt es Raymond doch – er singt unablässig ihr Loblied und ist auch mit einer lächerlich kleinen Gage einverstanden –, für das Frühjahr den ersehnten Vertrag zu erwirken.

Außer sich vor Freude führt er Edith auf der Stelle in die Rue Rossini zum bekannten Verleger Raoul Breton. Die sehr elegante Madame Breton, die man die ›Marquise‹ nennt, legt ihr nahe, für diesen wichtigen Auftritt auf den zu volkstümlichen Zusatz ›La Môme‹ – an dem Leplée so hing – zu verzichten:

»Sie sollte sich nun einfach Edith Piaf nennen!«

Und sie krönt ihren ausgezeichneten Vorschlag damit, daß sie ihre neue Freundin zum großen Modeschöpfer Jacques Heim führt, der für sie ein violettes Kleid entwirft. Mehr Schwierigkeiten aber hat Madame Breton, Edith in einen Schönheitssalon zu bringen...

Das *Mon Légionnaire* in ihrem Repertoire, eine Frucht der Zusammenarbeit zwischen Raymond Asso und Marguerite Monnot, ist gleichsam eine verbesserte Ausgabe von *Mon Ami de la Coloniale*. Der Text ist nicht nur berühmt, sondern zu einer eigentlichen Legende geworden: Denn wer hat es seitdem noch nie im Ernst oder mit einem Anflug von Ironie nachgesungen, dieses berühmte *il était mince, il était beau, il sentait bon le sable chaud*...? Dieses Chanson macht auch deutlich, wie sehr die Fremdenlegion zur damaligen Zeit in Mode war: In einer Unzahl von Büchern und Filmen gibt sie dafür den Rahmen.

Asso und Monnot verwenden ohne Scheu auch die gleichen Zutaten für ihr Chanson *Le Fanion de la Légion*: fast so etwas wie ein Einakter mit Chorbegleitung, Fahnen in den Nationalfarben Rot/Weiß/Blau werden entfaltet und die unvermeidlichen Clairons appellieren an die patriotische Ader des Publikums:

> *Oh là là, la belle histoire*
> *Ils étaient vingt dans le bastion...*

In ganz anderem Ton ist *Ne m'écris pas* gehalten, ein ziemlich rokokohaftes Lied, das sehr gut auch von einem jungen Mädchen bei der ersten heiligen Kommunion vorgetragen werden könnte: eine zärtliche Botschaft zwischen zwei Liebenden, die durch Ferien getrennt wurden:

> *Ne m'écris pas*
> *Cela me paraît inutile*
> *Je ne veux pas de mots futiles...*

Die Piaf verdient ohne Frage Besseres.

Mit *Le Contrebandier* ist man wieder auf die heroische Ader gekommen – sie ist typisch für Raymond Asso in jener Zeit:

> *Ohé la douane,*
> *Ohé les gabelous*
> *Lâchez tous les chiens*
> *Et puis planquez-vous*
> *Au fond de vos cabanes...*

Das Chanson *Dans un bouge du vieux port* handelt von einem heimwehkranken Matrosen, der kommt, um das Akkordeon schluchzen zu hören, und ist ein Walzer mit einem rein orchestralen Teil nebst Partien mit Chorbegleitung. Edith scheint dabei in den tieferen Lagen und in der *Phrasierung* einige Schwierigkeiten zu haben. Auf jeden Fall kann man es nicht als gelungen bezeichnen.

Mon cœur est au coin d'une rue ist ein sehr geschraubter Text: Edith besingt dieses ›cœur qui roule souvent à l'égout‹ ohne Überzeugung – vielleicht ist es auch kluge Zurückhaltung...

Nach langer Probezeit mit einem großen Orchester wagt sich Edith im März 1937 – zum ersten Mal – vor das Publikum einer Music-Hall. Nach dem anfänglichen Erstaunen des Publikums beim Auftritt dieser kleinen, unscheinbaren Frau in dem kurzen

Kleid (obschon man zur Zeit lang trägt), bereitet es der Sängerin einen außergewöhnlichen Triumph. Edith tritt als ›Vedette américaine‹ auf, das heißt am Ende des ersten Teils der Vorstellung. Nun ist der Erfolg so groß, daß man diesen ersten Teil verlängert. Die Piaf singt also ihr kleines Soll an Liedern, gibt eine Zugabe, zwei Zugaben, drei Zugaben, sie schöpft alle Möglichkeiten des mit diesem Orchester Eingeübten aus, ohne daß sich die entfesselten Zuhörer zufrieden geben, die immer wieder fordern:

»Noch ein Chanson! Noch eins! Noch eins!«

Daraufhin beschließt Mitty Goldin, Edith vom nächsten Tag an im zweiten Teil, dem Hauptteil, auftreten zu lassen.

Ungefähr zur selben Zeit bittet Raymond Asso den Maler Kiffer, die ersten Plakate von Edith zu gestalten: In wenigen bewunderungswürdigen Zügen gelingt es Kiffer, dem Edith auch für die Zukunft die Treue hält, eine Silhouette der Piaf zu entwerfen, die Berühmtheit erlangen wird.

Im November 1937 tritt Edith wieder im ›A.B.C.‹ auf, in einem Programm mit Mireille, Clément Duhour, Jean Marsac, Doumel und Paul Reboux. Die charmante Mireille gilt zwar als der Star des Abends, doch gerade ihre etwas gezierte Art läßt die ehemalige Môme Piaf nun wie eine Bombe einschlagen. Ihr übertrieben bescheidenes, fast schüchternes Erscheinen auf der Bühne wird zunächst kaum wahrgenommen. Aber sobald sie ihre Stimme erhebt, geschieht das Wunder. Sie besingt das Schicksal des Volkes, aus ehrlichem Gefühl heraus, mit der unkontrollierten Herzensglut der Straßengöre, die auf die Barrikaden steigt. Sie findet für den Kampf des Volkes gegen die blinde Gewalt oder das unerbittliche Schicksal Bilder von unglaublicher Ausdruckskraft, doch sie besingt auch die Liebe und die Tapferkeit und beweist manchmal sogar echte Ausgelassenheit. Jeden Tag gewinnt sie mehr Selbstvertrauen, und so begnügt sie sich nun nicht mehr damit, ihre beiden schönen Hände einfach an ihren zerbrechlichen Körper zu pressen – jetzt unterstreicht sie mit schlichten, aber eindrucksvollen Gesten den Inhalt ihrer Chansons.

Unter ihren neuen Chansons ist besonders *Paris-Méditerranée* hervorzuheben, das die Geschichte einer kurzen Liebesbeziehung auf einer Zugfahrt erzählt. Am Schluß der Reise wird der Unbekannte beim Verlassen des Wagens verhaftet:

> *C'était peut-être un assassin...*
> *Il y a des gens bizarres*
> *Dans les trains et dans les gares...*

Dies ist eine geglückte komödiantische Nummer, den fiebrigen Zug im Text von Raymond Asso verstärkt noch die aufreizende Musik von Cloérec, inspiriert vom mechanischen Geräusch des Zuges und ausgezeichnet orchestriert von Jacques Metehen.

Der Text von *Un jeune homme chantaint*, in dem sich auf einer Landstraße ein junger Mann und ein verträumtes Mädchen treffen, bildet mit seiner Mischung aus Zärtlichkeit, mühsam beherrschter Glut und wahrer Poesie einen hübschen Kontrast zum vorangehenden Lied. Man entdeckt darin auch – sicher beabsichtigte – Anklänge an Zigeunerweisen.

Sehr ›amerikanisch‹ dann, mit symphonischem Jazz unterlegt, ist das Chanson *Browning*, das Drama des kleinen Ganoven, der mit einer ganzen Waffensammlung aus den USA zurückkehrt und der beim Versuch, sein entsprechendes Talent in einem Restaurant vorzuführen, den Tod findet.

C'est toi le plus fort ist ein hübsches Lied ohne großen muskalischen Wert. Darin erlebt die Geliebte die Macht ihres Liebhabers bis zu dem Augenblick, wo er sich in ihre Arme schmiegt – um zu schlummern: *Et là vraiment, c'est toi le plus fort!*

Ding, Din Don, von Asso und Dreyfuss, ist zweifellos eines der schönsten Chansons von Edith Piaf aus jener Zeit. Es ist das traurige Klagelied eines armen, vom Schicksal gebeutelten Jungen, der in die Fänge einer Schönen gerät, ihr mit Haut und Haaren verfällt und sogar bereit ist, sich für sie umzubringen:

Quand il naquit, ses père et mère
Depuis longtemps ne s'aimaient plus
Ça fait qu'il arriva sur terre
Un peu comme un enfant perdu...
...Ding Din Don
Chantons sa plainte
Ding Din Don
Chantons la donc...

Das Chanson: *Tout fout le camp* wiederum ist eine interessante Betrachtung über den Irrsinn in unserer Welt: Wir alle sind Mörder, niemand hat Ehrfurcht vor dem Leben, und die Vögel machen sich über uns lustig... Aber leider hat dieses Lied keine eigentliche Melodie...

Partance ist ein Matrosenlied mit Männerstimme. Dieser harmlose Sketch steht deutlich im Schatten von *J'entends la sirène*, in dem die Piaf mit unüberhörbarer Begeisterung die Mädchen besingt, die am Strand auf ihre Matrosen warten, auf deren Schwüre von ewiger Treue...

Trotz der sorgfältigen Orchestrierung ist *Le Chacal* nicht sehr gelungen. Es erzählt von einem seltsamen Fremden, der immer leise vor sich hinpfeift und schließlich verschwindet, ohne daß jemand weiß, was er eigentlich gesucht hat.

Aber Raymond Asso darf gewiß stolz sein auf seine Schülerin, die mit ihren Fortschritten und auf der Suche nach immer höherer Qualität alle Zuhörer überrascht.

3

Paul Meurisse

Im selben Jahr 1937 vergnügt sich Edith eines Tages damit, bei Marie Dubas ein Chanson mit dem Titel *Java en mineur* aufzunehmen, wobei sie die berühmte Sängerin kräftig imitiert – und mit ihrem Pianisten aus dem Stegreif die reinste Komödie vorführt...

So wächst mit ihren künstlerischen Fortschritten auch ihr Selbstvertrauen – leider erträgt nun aber die Piaf die ständige Anwesenheit ihres Mentors nicht mehr. Immer häufiger verläßt sie das Hotel Alcina, um sich mit Momone in einer Bar am Montmartre zu treffen, wo ein gewisser Jean Cyrano anzutreffen ist, ein süßlicher Schnulzensänger, dessen blaue Augen es Edith angetan haben...

Im Jahre 1938 ist Edith auf Tournee, und Raymond, der einen um den andern ihrer Treuebrüche aufdeckt, schreibt ihr vorwurfsvolle Briefe.

Eines Tages antwortet sie ihm: »Mein armer Liebling, wie mußt du leiden, daß du mir solch häßliche Dinge schreibst, aber du hast recht, ich bin dumm, ich hab' es dir ja immer gesagt, du bist es, der mich vom Gegenteil hat überzeugen wollen. Übrigens, all die Dummheiten zu begehen, die ich beging, bevor ich dich kennenlernte, beweist meine fehlende Intelligenz zur Genüge und es ist höchste Zeit für tiefe Reue, wenn ich an all jene denke, die ich unglücklich machte... Aber du sagst mir all diese Dinge zu früh, und das macht mich krank, und ich habe kein Vertrauen mehr in mich.«

Im folgenden Jahr triumphiert Edith im *Bobino*, und praktisch alle ihre Chansons des Rezitals stammen von Raymond Asso.

Bemerkenswert unter den neuen Chansons ist zunächst *Les marins ça fait des voyages*, in dem die Piaf dem Zustand ewiger Heimatlosigkeit fast epische Breite verleiht.

Madeleine qu'avait du cœur ist die erbauliche Geschichte einer naiven Seele, die das Herz auf der Zunge trägt und keinem Liebhaber nein sagen kann! In tiefernstem Tone vorgetragen, hat dieses ›Gebet einer Jungfrau‹, die... an gebrochenem Herzen gestorben ist und für die ›das Totenglöcklein läutete‹, etwas unfreiwillig Komisches und verfehlt die beabsichtigte Wirkung.

Dagegen ist *C'est lui que mon cœur a choisi*, schlichter Ausdruck für die selbstverständliche Gefühlsgewißheit zweier Liebender, ein sehr hübsches, volksnahes Chanson mit einfacher Melodie im Rhythmus eines Musette-Walzers. Es wird zu einem unerhörten Erfolg.

Le Mauvais Matelot ist wieder ein Matrosenlied vom bekannten Genre, doch die Kunst der Piaf vermag es zu retten.

In *Le grand Voyage du pauvre nègre* dann legt die Piaf ihre ganze Überzeugungskraft hinein. Das Lied beklagt den unglücklichen Schwarzen, der sich irrtümlich einschiffen ließ. Bei diesem Jazz-Rhythmus beweist Edith einige Takte lang, daß sie sich – wenn sie es wollte – ohne Schwierigkeiten auch auf das Negro-Spiritual verlegen könnte. Sehr modern in Text und Musik läßt dieses Chanson von Cloérec und Asso schon das Repertoire ahnen, das etwas später Yves Montand singen wird...

Aber im August 1939 wird Raymond Asso eingezogen und muß nach Digne. Im September, als die Kriegserklärung folgt, singt Edith, die dieses Ereignis nicht allzu sehr beschäftigt, im ›Night Club‹. In einem andern Lokal ganz in ihrer Nähe, im ›L'Amiral‹, tritt ein junger Schauspieler namens Paul Meurisse auf, Sohn eines Bankiers, ehemaliger Notariatsschreiber und Versicherungsagent, der vor einigen Monaten im ›Alhambra‹ auftrat und ein humoristisches Programm auf die Beine stellte. Edith und Paul treffen sich in ›La Caravelle‹, der Bar des Nachtlokals. Beeindruckt vom Auftritt der Piaf, erklärt ihr Meurisse ohne Umschweife:

– Bei Ihrem Talent sollte man keinen Alkohol trinken!

Das Eis ist gebrochen. Meurisse schlägt vor, den Abend mit Champagner zu beschließen, und führt seine Eroberung in seine Junggesellenwohnung in der Rue de Douai 29. Edith ist sofort eingenommen von diesem eleganten Burschen, so ruhig und voller Humor, der ganz offensichtlich aus einer Welt stammt, die nicht die ihre ist. Sie bringt ihn im Hotel Alcina unter und stellt ihm stolz ihre zwei Angestellten vor: ihren chinesischen Koch Tchang, der im Badezimmer seines Amtes waltet und dort ihre Lieblingsmahlzeit zubereitet, Steak mit Pommes frites, und weiter ihre Sekretärin Andrée Bigard, die zwar noch nicht voll ausgelastet ist, von der Raymond Asso aber erklärt hat, eine Künstlerin könne nicht auf sie verzichten.*

Im Januar 1940 hält sich ein junger Soldat, Komponist von Beruf, zur Erholung im Militärspital auf, das im Lycée Lakanal eingerichtet wurde. Eines Abends hat er die Idee für ein Lied, Text und Musik, und die möchte er Edith Piaf vortragen. Sobald er genesen ist, ruft er bei ihr an, bekommt aber die Antwort:

»Ich hab' jetzt keine Zeit, kommen Sie in einem Monat wieder!«

Er erklärt:

»Ich bin Soldat auf Urlaub, ich muß zurück an die Front.«

Und die Piaf, schon seit jeher gutmütig, ruft:

»Wenn das so ist, dann kommen Sie halt heute abend um 7 Uhr!«

Zur vereinbarten Zeit setzt sich der Musiker ans Klavier, spielt und singt die Strophen seines Chansons, und es schlägt ein wie ein Blitz! Edith, ganz bleich geworden, umarmt ihn:

»Noch einmal von vorne, das ist großartig! Ich nehme es, dein Chanson, und ich werde es schon morgen singen. Los, proben wir gleich!«

Edith Piaf und Michel Emer proben die ganze Nacht hindurch... *L'Accordéoniste*.

---

* Vor Andrée Bigard hat während einiger Zeit die spätere große Schauspielerin Suzanne Flon diese Stellung innegehabt

Zwei Tage darauf, im Cabaret, kündigt Edith ihrem Publikum an: »Und nun werde ich Ihnen ein Chanson singen, das ein Soldat komponiert hat, der morgen wieder an die Front fährt: *L'Accordéoniste*.«

Es ist die Geschichte eines Straßenmädchens, das sich in einen Musikanten verliebt und in die leidenschaftlichen Javas,* die er schreibt. Leider muß dieser Akkordeonist in den Krieg und kehrt nicht mehr zurück – mit ihm sind all die Träume des Mädchens dahin: Es findet zuweilen Trost in anderen Javas:

> *Ça lui rentre dans la peau*
> *Par le bas, par le haut*
> *Elle a envie de pleurer, c'est physique...*

Doch dann erinnern diese Medodien sie wieder so schmerzlich an die Vergangenheit, daß sie den Kapellmeister anfleht:

»– Arrêtez la musique!«

Diese echte kleine Tragödie, von einer aufwühlenden Musik begleitet, wird zu einem der größten Publikumserfolge der Piaf.

Am ersten Abend, nach fünf Sekunden andächtiger Stille, bricht im Saal tosender Applaus los, und Edith bittet den sichtlich bewegten jungen Komponisten auf die Bühne.

Später muß sich Michel Emer, der Jude ist, in der Umgebung von Marseille verstecken, und es ist Edith, die ihn während dieser schrecklichen Zeit unterstützt.

Ungefähr zur selben Zeit wie *L'Accordéoniste* nimmt die Piaf ein weiteres Chanson in ihr Repertoire auf: *Je n'en connais pas la fin*. Es erzählt die Geschichte einer Melodie, die man singen hörte und von der man nur noch den Refrain in Erinnerung hat:

> *Oh mon amour*
> *A toi toujours*
> *Dans tes grands yeux*
> *Rien que nous deux...*

---

* Java ist ein für den Bal Musette typischer Tanz, im Dreivierteltakt (cf. Petit Robert, Bal Musette)

Dieser Titel, eigentlich zwei ineinander geschachtelte Chansons, bleibt während Jahren ein ungeheurer Erfolg, sicher auch dank der Musik von Marguerite Monnot und der eindringlichen Vortragsweise einer großen Piaf.

Elle fréquentait la rue Pigalle erzählt das Drama eines armen Straßenmädchens, das mit einem flüchtigen Liebhaber vom Pigalle bis zum Montmartre zieht, und dann, nach nur allzu kurzem Glück, wieder zurückkehren muß ›à des coins d'ombre et ses trottoirs sales...‹:

> *...Mais quand elle voit des amoureux*
> *Qui r'montent la rue d'un air joyeux*
> *Y'a des larmes dans ses grands yeux bleus*
> *Qui coulent le long d'ses joues toutes pâles...*

Glücklicherweise ist dieses Stück sehr sorgfältig orchestriert. Als Edith es auf Platte aufnimmt, werden sogar typische Geräusche der Rue Pigalle beigemischt – so auch die Stimme eines Anreißers, der den Passanten alle möglichen Vergnügungen anpreist.

Le Petit Monsieur triste, der nur nachts aus dem Haus geht und großen Kummer hat, trinkt, um zu vergessen, daß seine Frau mit einem Pianisten durchgebrannt ist. Manchmal träumt er davon, wie auch er selbst wundervolle Melodien spielt. Marguerite Monnot schreibt zu diesem Text von Raymond Asso eine prunkvolle, von der Renaissance-Musik inspirierte Einleitung. Die großartige Stimme der Piaf entfaltet sich hier in strahlendster Weise, doch für das große Publikum ist das Lied ohne Zweifel zu ›intellektuell‹.

Einfacher dagegen ist die Legende der *Deux copains*, dem kleinen und dem großen, die – immer fröhlich – auf Abenteuer ausgehen und nachher voll seliger Erinnerungen vieles zu erzählen wissen. Doch niemand will ihnen glauben und so ziehen sie munter wieder los:

... Tra la la la
On s'en va
Ces gens-là
Ne nous comprennent pas:
Ils travaillent jusq'au bout
Pour finir dans un trou
Sans rieu à s'raconter
Quand ils seront de l'autre côté...

Die schwungvolle Melodie ist herrlich leicht und der Text von Asso besser, als es auf Anhieb scheint...

Im Hotel Alcina haben Edith und Paul die traditionelle Auseinandersetzung einer klassischen Dreiecksgeschichte mit Mann, Frau und Liebhaber nicht vermeiden können. Raymond Asso trägt seine Niederlage mit großer Fassung, aber auch mit Bedauern:

— Edith hat mir immer gesagt, ich dürfe sie nie allein lassen... Einmal wäre es doch passiert. Ihr Freiheitsdrang ist eben zu groß!

Kurze Zeit später richtet Paul Meurisse für Edith und sich eine Wohnung ein im ersten Stock der Rue Anatole-de-la-Forge 14, ganz in der Nähe des Etoile, neben der ›Bidou-Bar‹, die bald zum Stammlokal der Piaf wird.

Zum ersten Mal hat Edith eine eigene Wohnung, ganz für sich. Sie besteht aus einem Salon mit Flügel, einem Eßzimmer, Gästezimmern und Badezimmer.

Sie, die immer bereit ist, ihre Liebhaber mit Geschenken zu überhäufen, bedauert ein wenig, daß Meurisse bereits eine sehr schöne und vollständige Garderobe besitzt!...

Nach Asso bringt sie nun auch der neue Gefährte wieder einen Schritt weiter in Richtung vornehmes Benehmen, das sie auch ohne große Schwierigkeiten einzuhalten vermag, solange sie nicht unter dem Einfluß von Momone steht.

Obwohl in seiner Arbeit selber ein Perfektionist, ist Paul doch verblüfft vom phantastischen Arbeitseifer Ediths: Nicht sie ist es, die nach stundenlangem Feilen am selben Chanson genug bekommt, nein, ganz im Gegenteil! Und Meurisse findet auch nicht heraus, ob es sich bei ihr um eine unglaubliche Begeisterung für die Kunst oder aber noch stärker um eine Form von eisernem Willen handelt, die Beste zu sein!

Ziemlich rasch gibt Edith den ›Night-Club‹ zugunsten des ›L'Amiral‹ auf, um bei Paul zu sein. Für Meurisse ist dies ein erstaunliches Zeichen von ›Unterwerfung‹ − denn sie neigt sonst eher dazu, andere zu sich kommen zu lassen als umgekehrt! . . .

Nichtsdestotrotz hat sich die Piaf unterworfen, und heftige Streitereien und Eifersuchtsszenen finden mit schöner Regelmäßigkeit statt − sie enden oft mit zerschlagenem Geschirr, einem feucht-fröhlichen Gelage oder in Lachanfällen.

Nach einigen Monaten beginnt Edith das Repertoire von Paul ernsthaft zu prüfen und spricht mit ihm darüber stundenlang, genauso wie über seine Rolle und sein Auftreten. Sie ist es, die ihm nebst zwanzig andern Ratschlägen, einer klüger als der andere, auch nahelegt, Musik und Orchestration seiner Lieder zu verbessern. Meurisse hat den unbestreitbaren Wert ihres Urteils immer dankbar anerkannt.

Er seinerseits regt sie zu guter Literatur an. Nachdem sie ›Le Rire‹ von Bergson zunächst als ›philosophie à la con‹ bezeichnete, nahm sie später das Buch wieder zur Hand, um es ihren Freunden lauthals zu empfehlen . . .

Im Februar 1940 organisiert Madame Raoul Breton ein Treffen zwischen Edith und Jean Cocteau. Der Dichter, sehr beeindruckt von ›La Môme‹, kommt mehrmals ins ›L'Amiral‹, um sie zu hören. Er lädt sie zu sich ein, in eine Art Privatclub in der Rue de Beaujolais, beim Palais-Royal, wo man auch Christian Bérard, Yvonne de Bray oder Jean Marais antreffen kann. Sehr schnell verlangt Edith Bücher von Cocteau zu lesen, doch Meurisse gab ihr nicht ohne Boshaftigkeit ›Le Potomak‹, eine Sammlung schwerverständlicher Gedichte. Die verblüffte Piaf bittet daraufhin Cocteau selbst um ein Buch. Lächelnd rät er ihr, besser mit ›Les enfants terribles‹ zu beginnen.

Eines Abends liest ihr dieser enge Freund aus einem neuen Manuskript vor:

»Ich habe diesen Einakter für dich und Paul geschrieben, er heißt *Le Bel Indifférent*.«

In Wirklichkeit hatte er ein Thema wieder aufgenommen, das er früher einmal für eine andere Sängerin, Suzy Solidor, entworfen hatte...

Ohne Scheu, ja sogar mit größtem Vergnügen stürzt sich Edith in diese neue Aufgabe, auf die sie nie jemand vorbereitet hat. Und dabei ist die Rolle alles andere als einfach, handelt es sich doch um einen Monolog von fast einer halben Stunde, während ihr männlicher Partner vor allem durch hartnäckiges Schweigen glänzt.

Dieses Stück wird im April im Theater der ›Bouffes Parisiens‹ aufgeführt, unter der Regie von André Brulé, zusammen mit dem Stück *Monstres sacrés*, das vom Theater ›Michel‹ übernommen wurde. Dummerweise erhält Paul Meurisse ein paar Tage vor der Generalprobe den Einberufungsbefehl: Er soll sofort nach Agen einrücken.

Edith sieht nur noch einen Ausweg: ans Kriegsministerium schreiben, um eine Gnadenfrist zu erbitten, wie kurz die auch sein möge. Und sie erhält für Meurisse zehn Tage Aufschub!

Ausgestattet mit Ratschlägen von allen Seiten, von André Brulé, vom Autor selbst und von der phantastischen Schauspielerin Yvonne de Bray, die in ›Les Monstres sacrés‹ spielt und Edith freundschaftlich zugetan ist, bringt die Piaf in diesem Monolog eine eindrückliche schauspielerische Leistung.

Sie verkörpert in *Le Bel Indifférent* eine junge Sängerin, die wie jeden Abend das Nachtlokal verläßt, in dem sie auftritt. Emil, ihr Geliebter, ist noch nicht zurück und sie wartet nun auf ihn in ihrem Hotelzimmer. Unruhig geworden, ruft sie in seiner Stammkneipe an, doch dort ist Emil soeben weggegangen. Die Schwester von Emil ruft unter einem Vorwand an und sucht zu erfahren, ob er gut nach Hause gekommen sei. Die Sängerin greift zu einer Notlüge. Da kommt der Ersehnte endlich, doch er weigert sich zu sagen, woher er kommt. Er streckt sich mit einer Zeitung auf dem Bett aus und tut, als ob er die Klagen und Anschuldigungen der Unglücklichen gar nicht höre. Abwechselnd fleht sie ihn an, droht ihm, beschimpft ihn. Als er genug hat, geht Emil einfach weg...

Dieser kleingewachsenen Frau, mit ihrer zerbrechlichen Silhouette, dem schmächtigen Körper, dem eindrucksvollen Gesicht, der großen, gewölbten Stirn und ihren Augen, die der Maske aus einer antiken Tragödie gleichen, gelingt es, die Zuschauer auf Anhieb mitzureißen – wie sie uns auch heute noch mitzureißen vermag, wenn wir die Plattenaufnahme des *Bel Indifférent* anhören, die uns glücklicherweise erhalten ist.

Wenn dieses schwächliche und fast unbedeutende Äußere – einem ausgesetzten Tiere gleich – zwar nicht spontan die Aufmerksamkeit auf sich zieht, so gelingt dies jedoch ihrer außergewöhnlichen Stimme – einer umfangreichen Altstimme, die genau im richtigen Moment zu brechen weiß, klar in der Diktion, präzis, schneidend – und uns auf unauslöschliche Art die von Cocteau ausgefeilten und fast schon zu schönen Sätze in unsere Erinnerung einprägt. Mit ihr hält der Realismus im Theater Einzug. Ein Herz, das liebt und leidet, enthüllt sich hier in ergreifender Offenheit.

Einige Tage nach der Premiere muß Paul Meurisse zu seiner Truppe. Er wird durch Jean Marconi ersetzt. Im Augenblick seiner Abreise sagt Edith mit ihrer außergewöhnlichen Fähigkeit, Dinge vorauszusehen: Ich habe mich getäuscht, in Wirklichkeit bist du nicht für das Chanson geboren, du bist ein Schauspieler!

Sie selbst springt ohne weiteres für die erkrankte Madeleine Robinson in ›Les Monstres sacrés‹ ein. Aber sie wird sich der Schwierigkeit bewußt, vor Publikum einen Text vorzutragen, den man nicht vorbereitet hat – Cocteau hat in weiser Voraussicht eine zweite Besetzung verpflichtet. Der Dichter selbst muß für einige Zeit den ebenfalls kranken André Brulé ersetzen.

Anläßlich einer Gala-Vorstellung im ›Bobino‹ zugunsten des Roten Kreuzes feiert Edith – trotz Marie Dubas und Maurice Chevalier, die ebenfalls angekündigt sind – einen ihrer größten Triumphe mit dem Chanson *Où sont-ils mes copains?*

Nach einer kurzen Ausbildungszeit begibt sich Pauls Regiment von Agen nach Toulouse, wo es sich auf seinen Einsatz an der Front im kommenden Mai vorbereitet. Kaum hat Edith diese Nachricht erhalten, stürzt sie in den Zug und trifft ihren Gefährten in Toulouse, wo sie im Hotel Capoul absteigt. Nach einem jammervollen Marsch im strömenden Regen hält das heldenhafte Regiment an... in Montauban, und Paul, der sich eine schwere Bronchitis geholt hat, wird am 21. Juni nach Hause geschickt. Er trifft Edith wieder in Toulouse, wo die beiden, um ihren Finanzen neuen Aufschwung zu geben, während zwei Wochen in einem Kino auftreten. Ermutigt durch den finanziellen Erfolg, organisieren sie eine Tournee, die sie nach Perpignan führt (hier hat Cocteau Zuflucht gesucht), weiter nach Béziers, Narbonne, Montpellier, Avignon und in andere Städte des Midi. Bei dieser Gelegenheit begegnen sie auch einem jungen Pianisten, der Ediths ganzes Repertoire auswendig kennt und sie eine Zeitlang musikalisch begleitet, bevor er Erfolgsschlager zu komponieren beginnt. Es handelt sich um Louiguy.

Aber die Piaf sehnt sich nach Paris zurück, und so überschreitet das Paar die Demarkationslinie und gelangt in die besetzte Hauptstadt. Um arbeiten zu können, müssen sie die Texte ihrer Chansons der Propaganda-Staffel vorlegen. ›L'Amiral‹ hat seine Türen wieder geöffnet und nimmt seine beiden Stars mit Freuden auf.

Im Dezember treten Edith und Paul im ›A.B.C.‹ auf, in einem sehr reichhaltigen Programm, einer Revue von Michael Duran und Jean Boyer, zusammen mit Künstlern wie Marguerite Pierry, Suzanne Dantès, André Bervil, Robert Arnoux, Madeleine Suffel, Florencie und Lilo. Edith, der Star des Abends, spielt mit Mauricet einen Sketch mit dem Titel ›Dans la nature‹ und singt ein Repertoire, das ihren Bewunderern von einer ganz neuen Qualität zu sein scheint.

Sur une colline, Musik und Text von Paul Misraki, eine unauffällige Huldigung an Gabriel Fauré, ist rein klassisch. Die Sängerin besingt darin ihre Sehnsucht nach der reinen Landluft, vergleicht sie mit dem grauen, trostlosen Qualm der Stadt.

Simple comme bonjour von Roméo Carlès handelt von zwei Rivalinnen in der Liebe, einer blonden und einer brünetten, deren Streit auf tragische Weise endet. Doch forciert die Piaf in diesem Chanson zu sehr.

Y'en a un de trop, ein kleiner Walzer von Monnot und dem Text von Edith, ist kein Meisterwerk der Chanson-Geschichte, trotz des Themas, das in unserer Künstlerin sicher angenehme und unangenehme Erinnerungen wachgerufen haben mag. Sie besingt ihre Unentschiedenheit in Gegenwart ihrer zwei Liebhaber:

> *...Y'en a un qui me rendra marteau*
> *L'autre, c'est lui qui m'a dans la peau*
> *...Pourquoi qu' j'aime celui qui faut pas?*

On danse sur ma chanson, das noch einmal das Bedauern über die Vergänglichkeit der Liebe behandelt – der Text ist von Raymond Asso –, leidet an der zu einfachen musikalischen Begleitung von Leó Poll:

> *...Car sur les mots que tu disais*
> *Amour, Serments, Toujours, Jamais*
> *On danse...*
> *...Et sur la peine de mon cœur*
> *On danse...*

Bewundernswert bleibt trotzdem die Art, wie die Piaf ihre Stimme rissig werden läßt bei dem letzten ›...je danse!‹.

C'est la moindre des chosos von Misraki erzählt die kurze Geschichte zweier Liebender, die für einmal glücklich ausgeht. Weniger geglückt allerdings ist der Text dieses Chansons: Endlose Sätze stellen den Atem der Piaf auf eine harte Probe – doch ihre rauhe Stimme geht gleichwohl mit den ersten Takten unter die Haut.

Embrasse-moi, ein Gedicht von Jacques Prévert, ist ein einziger großer Schrei nach Liebe, ein Schrei jener Kinder aus armen Verhältnissen, die in Stadtvierteln leben müssen, wo ewiger Winter herrscht:

. . . Le soleil du Bon Dieu ne brille pas de notre côté
Il y a bien trop à faire dans les riches quartiers . . .

Aber die Musik von Wal-Berg ist nichtssagend, und die Piaf hat dieses Stück wohl an einem Tag aufgenommen, an dem sie indisponiert und zudem heiser war.

Jimmy c'est lui nimmt genau dasselbe Thema auf wie *Le grand voyage du pauvre nègre* – auch hier stirbt ein Schwarzer fern der Heimat. Trotz einer bemerkenswerten Orchestration mit ›synchronischem Jazz‹ ist das Resultat nicht ganz überzeugend.

Vor allem zur Zeit der Einberufungen hat Edith beim großen Publikum ungeheuren Eindruck gemacht. Erbittert über ein Lied des Chansonniers Marc Hély, in dem er heftige Kritik an England übte, kündigt Edith ihr *Le fanion de la Légion* an und singt diese Ode an die Legion, indem sie sich den anwesenden Deutschen zuwendet, wie wenn es sich um eine neue Marseillaise handeln würde! Das Publikum ist bewegt. Doch am andern Tag wird die Piaf zur Kommandantur bestellt – sie muß dieses Chanson aus ihrem Repertoire streichen.

Im Jahre 1941 entsteht zwischen Meurisse und der Piaf immer mehr Gleichgültigkeit. Es ist inzwischen augenscheinlich geworden, daß ihre Karrieren sich in verschiedene Richtungen entwickeln und daß sie lange Zeiten der Trennung in Kauf nehmen müssen. Edith, die schon immer relativ leicht zu verführen war, kann es nicht lassen, ihren Gefährten zu betrügen. Er macht seinerseits kein Geheimnis daraus, daß er bei Frauen gut ankommt. Trotzdem wohnen sie immer noch beisammen, und ihr Privatleben ist gekennzeichnet durch dauernden Wechsel von großer Zärtlichkeit und heftigem Streit.

Im April 1941 wird Paul Meurisse ans Theater Marigny verpflichtet, um in *Tois jeunes filles nues* zu spielen, einer Operette von Albert Willemetz und Yves Mirande. Die Kritiker äußern sich bei der Gelegenheit vor allem über seine schauspielerischen Qualitäten nur lobend, und die Piaf kann es sich nicht verkneifen, ihm unter die Nase zu reiben:

– Was hab' ich dir gesagt!

In dieser Zeit erntet Edith selbst großen Erfolg in der Music-Hall ›L'Avenue‹ unter der Direktion von Henri Lartigue. Ihre größten Erfolge sind *Je ne veux plus laver la vaisselle* und *Le colonel fait une valse* (das sie unseres Wissens leider nicht auf Platte aufnimmt), dann *J'ai dansé avec l'amour*, im Stil von Count Basie oder Duke Ellington, eine Antwort auf die Mode des ›Américanisme‹, ein Stück, in dem sich die Piaf in bewundernswerter Sicherheit dem Orchester anpaßt und schon nach drei Takten ihre Vielseitigkeit beweist, ihre Fähigkeit, jedem Stil mit demselben Können gerecht zu werden.

Zu *C'est un monsieur très distingué*, dessen Musik von Louiguy durch Charles Trenet inspiriert scheint, hat die Piaf selbst den Text verfaßt, einen Text von großer Bitterkeit, der aber keineswegs auf die Erlebnisse mit Paul Meurisse zurückzuführen ist, wie einige glauben wollten:

> *. . . Sa femme, moi et puis le chien*
> *Nous faisons partie de ses biens*
> *. . . Ce monsieur-là peut tout acheter*
> *Même l'illusion d'être aimé*
> *(. . .) C'est ce qu'on appelle: les gens du monde . . .*

C'était un jour de fête von Piaf und Monnot, anspruchslos und eingängig, wird zum glänzenden Erfolg beim großen Publikum. Edith singt darin mit etwas deplazierter Schamhaftigkeit eine banale Liebesgeschichte, die mit einer Trennung endet:

> *C'était un jour de fête*
> *J'crois bien qu' c'était l'printemps*
> *Ça m'a tourné la tête*
> *j'venais d'avoir vingt ans . . .*

Qù sont-ils mes petits copains schließlich, ein mitreißendes Marschlied, das sie mit der Hilfe von Marguerite Monnot selbst geschrieben hat, wird durch den Zauber ihrer Stimme zu einer Art zweiter Nationalhymne:

Où sont-ils tous mes copains
Qui sont partis un matin faire la guerre?
. . . Tous ont répondu présent
Et sont partis en chantant. . .
(. . .) Où sont-ils, tous ces p'tits gars
Qui chantaient: on en r'viendra
Faut pas s'en faire? . . .

Man muß es gehört haben, wie hier eine großartige Piaf vom Enthusiasmus zur Trauer wechselt, dann wieder zur Hoffnung. Die geschickte Inszenierung macht den Schluß zu einer Art Apotheose: Wenn die Piaf ihr bebendes ›Les voilà!‹ singt, tauchen im Hintergrund der Bühne die Farben der Trikolore auf, werden immer größer und überfluten nach und nach die Bühne, so daß Edith am Ende wie in die französischen National-farben gehüllt erscheint. Die Zuschauer erheben sich in ihrer Begeisterung – viele weinen – und singen im Chor mit. Die allgemeine Ergriffenheit hat ihren Höhepunkt erreicht... Und die deutsche Zensur schreitet denn auch sofort ein, um diese Darbietung zu entschärfen...

Ein wenig später, als Edith und Paul gerade zu einer kleinen Tournee durch die Provinz aufbrechen wollen, fordern die verantwortlichen Deutschen der Continental-Film Meurisse für den Film *Ne bougez plus* an. Da er ablehnt, verbietet die Propaganda-Staffel alle seine Chansons. Also ist er gezwungen, bei diesem Schmarren mitzumachen.

Anfangs Sommer schlägt Georges Lacombe Edith zum ersten Mal eine Rolle als Hauptdarstellerin in einem Film vor. Neben ihr spielen zwei junge Schauspieler mit großer Zukunft – Jean-Louis Barrault, der sein Talent bereits unter Beweis stellte, und der Anfänger Henri Vidal. Paul erhält ebenfalls eine Rolle und muß rasch feststellen, daß Edith für Henri Vidals Charme nicht unempfänglich bleibt (der seine Eroberungen vor seiner Heirat mit Michèle Morgan und seinem frühen Tod übrigens noch ausweiten wird). Eines Tages kann sich Meurisse eine Bemerkung nicht verkneifen:

»Wie du den heute in der Liebesszene wieder mit den Augen verschlungen hast!«

Die erboste Piaf verläßt das Studio, ohne auf ihn zu warten. Er findet sie endlich in der ›Villa d'Este‹ wieder, in ziemlich betrunkenem Zustand, was er verabscheute, denn Edith pflegt dann für seine Ohren etwas zu laut herumzuschreien. Außerdem hat auch er zuviel getrunken, und es bereitet ihm größte Mühe, sie in einer Mietkutsche nach Hause zu bringen. Doch an diesem Abend endet das Drama (noch) in schallendem Gelächter...

Wesentlich gefährlicher – bei dem Film *Montmartre-sur-Seine* – ist die Begegnung mit dem Pressechef, den Edith kennenlernt: Henri Contet. Er ist Journalist bei Paris-Soir und Cinémondial. Und er bekräftigt vor der Piaf, daß Meurisse sich wirklich abweisend und seiner Meinung nach sogar gemein verhalte. Er hat keine Hemmungen, ihr seinerseits den Hof zu machen und ihr kleine Blumensträuße zu schicken »zur Aufrechterhaltung unserer Freundschaft«.

In dieser etwas gespannten, fast lächerlich anmutenden Atmosphäre enden die Dreharbeiten zu einem Film, der nicht in die Filmgeschichte eingegangen ist. Die Piaf spielt darin in gewisser Weise sich selbst, sie verkörpert eine Sängerin, die die Stufen des Ruhms erklimmt, begleitet von einem jungen Arbeiter (Henri Vidal) mit seinem Akkordeon, in den sie verliebt ist. Er aber liebt eine andere (Henriette Fayet) – sie wiederum wird von einem müßiggängerischen, reichen Industriellen verehrt. Dieser letztere seinerseits läßt sich von einem seltsamen Untersuchungsbeamten (Paul Meurisse) in Montmartre herumführen und entdeckt schließlich die Reize dieses Quartiers. Nicht zu vergessen der beharrliche Verehrer von Edith, verkörpert von einem steifen und puritanischen Jean-Louis Barrault...!

Natürlich hat Edith Piaf nicht das Aussehen einer Greta Garbo, aber um so größer ist das Erstaunen, wenn man feststellt, mit welcher Ausstrahlung sie auf der Leinwand zu faszinieren und zu fesseln vermag. Doch ihre Chansons sind hier nicht sehr gut und helfen kaum über die unwahrscheinliche und recht wirre Geschichte hinweg, trotz der ziemlich überzeugenden Dialoge und der ganz passablen Bilder.

L'homme des bars, eine mitreißende Melodie, aber ohne große musikalische noch dichterische Bedeutung, beschreibt den Jammer dessen, der eine aussichtslose Liebe im Alkohol zu ertränken sucht, dies bis zu dem Tag, an dem er in einer Bar einer verwandten Seele begegnet. In *Tu es partout* beweint Edith ohne allzu große Überzeugungskraft den Geliebten, der sie verlassen hat und den sie dauernd vor sich sieht:

> ... *Tu es partout, car tu es dans mon cœur*
> *Tu es partout, car tu es mon bonheur*...

Anfangs 1942, während Edith auf große Tournee in die befreite Zone geht, macht Paul Meurisse die Begegnung von Michèle Alfa, die einige Monate später seine Frau wird. Dafür ist Henri Contet nun sehr oft mit Edith zusammen. Von einem aufmerksamen Freund auf dem laufenden gehalten, begibt sich Meurisse, der schon immer für klare Verhältnisse war, bis nach Monte-Carlo, um den betrogenen Ehemann zu spielen, wie einst Raymond Asso. Man bespricht sich und trennt sich schließlich in guter Freundschaft – soweit diese noch möglich ist.

PIAF
devient
"star"

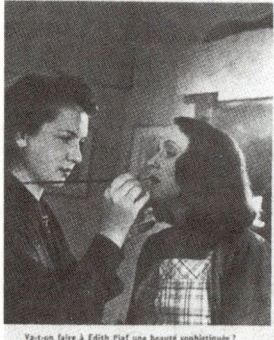

Va-t-on faire à Edith Piaf une beauté sophistiquée ?

Edith Piaf en compagnie du faux mauvais garçon, Henri Vidal — la découverte de Georges Lacombe — El
gns, toujours dans le film. Mais entre deux prises de vue, ils font des promenades sentimentales su

Piaf échange les premières répliques avec sa "rivale", Huguette Faget la plus jeune actrice de
a. Elle n'a pas encore atteint ses 17 ans. Elle aussi, pour la première fois, affronte la caméra.

Le film n'est pas encore terminé, mais Edith Piaf est sacrée s
porte déjà les lunettes noires si chères aux vedettes le

Die Piaf wird zum ›Star‹

Edith auf Tournee in den Kriegsgefangenenlagern

77

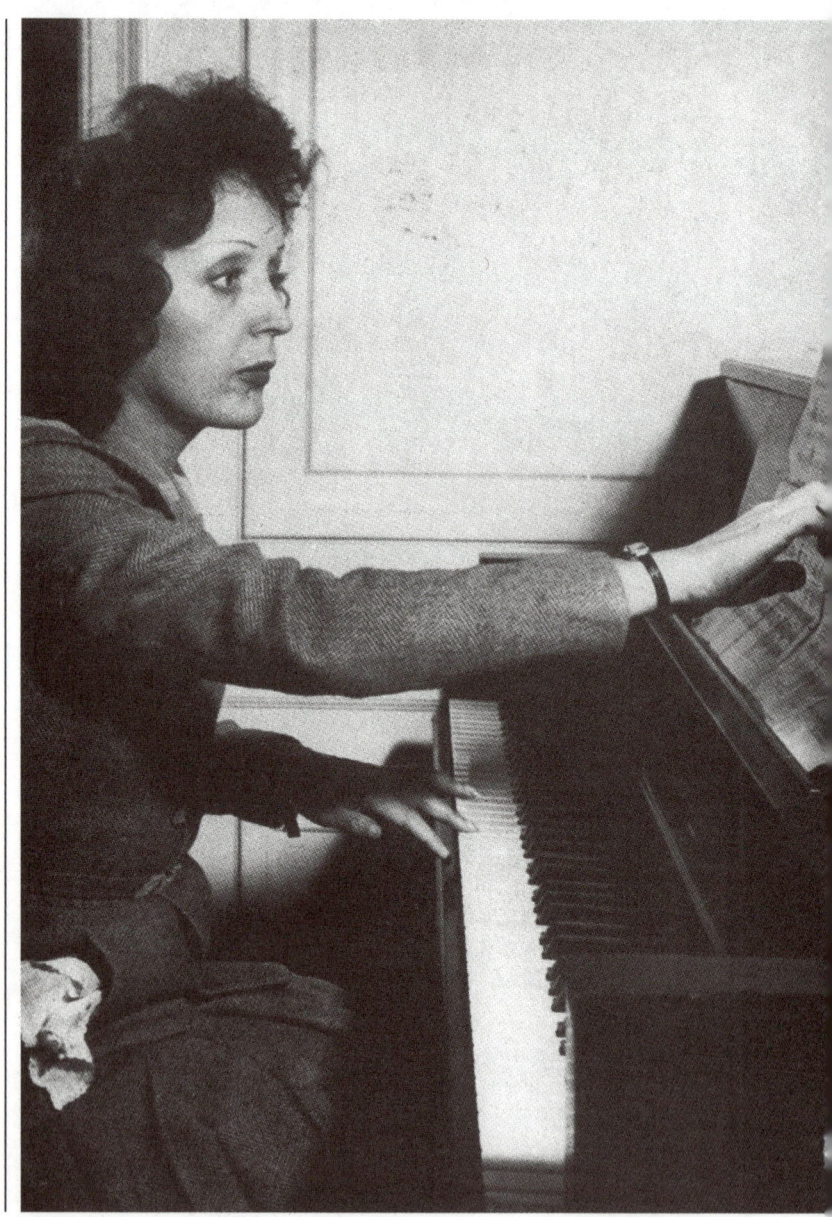

Anfang 1945 entdeckt die Piaf
einen talentierten jungen Sänger, dem sie zum Start einer
steilen Karriere verhilft: Yves Montand

Im Film ›Etoile sans lumière‹ verschafft Edith
Yves Montand die Rolle ihres Liebhabers, eines freundlichen
und sympathischen Jungen

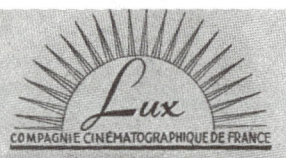

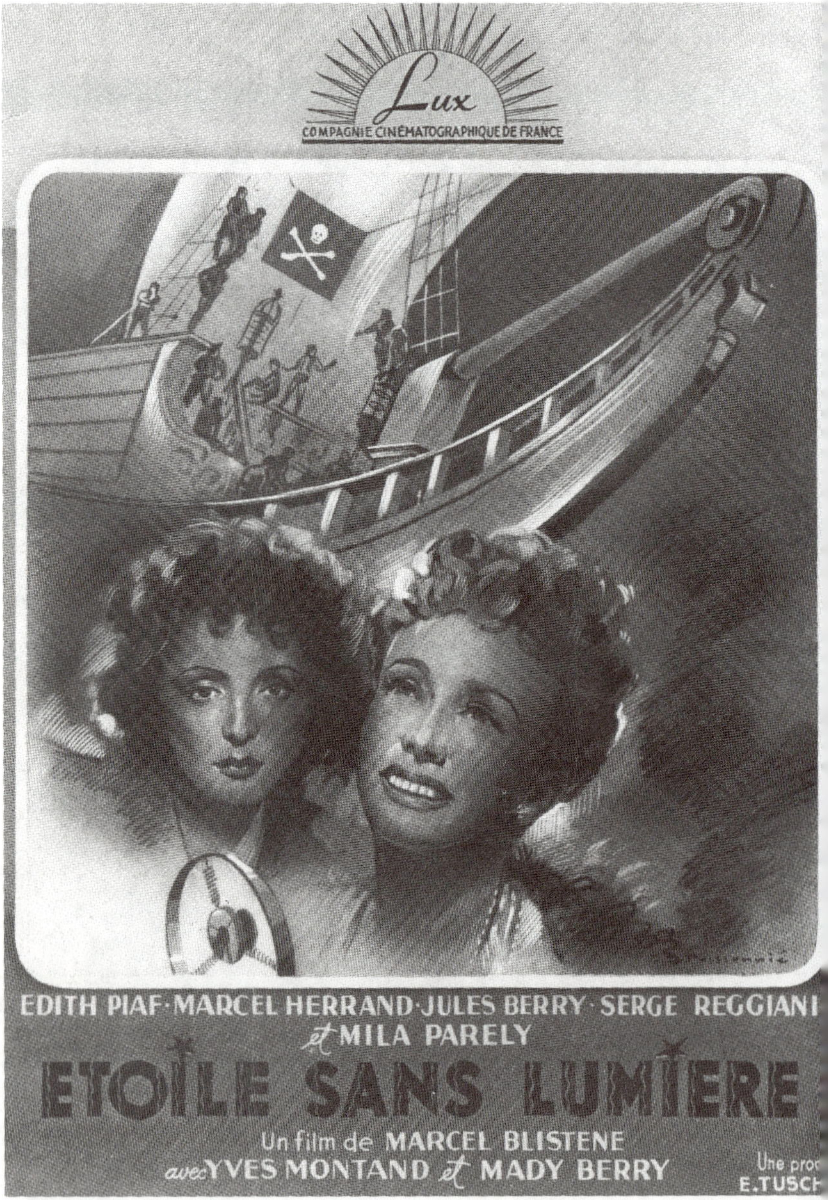
Lux
COMPAGNIE CINÉMATOGRAPHIQUE DE FRANCE
EDITH PIAF · MARCEL HERRAND · JULES BERRY · SERGE REGGIANI
et MILA PARELY
ETOILE SANS LUMIERE
Un film de MARCEL BLISTENE
avec YVES MONTAND et MADY BERRY
Une proc
E.TUSCH

In ›Etoile sans lumière‹ spielt auch Serge Reggiani,
auch er ein zukünftiger ›Star‹ des Chansons

›Etoile sans lumière‹

›Etoile sans lumière‹

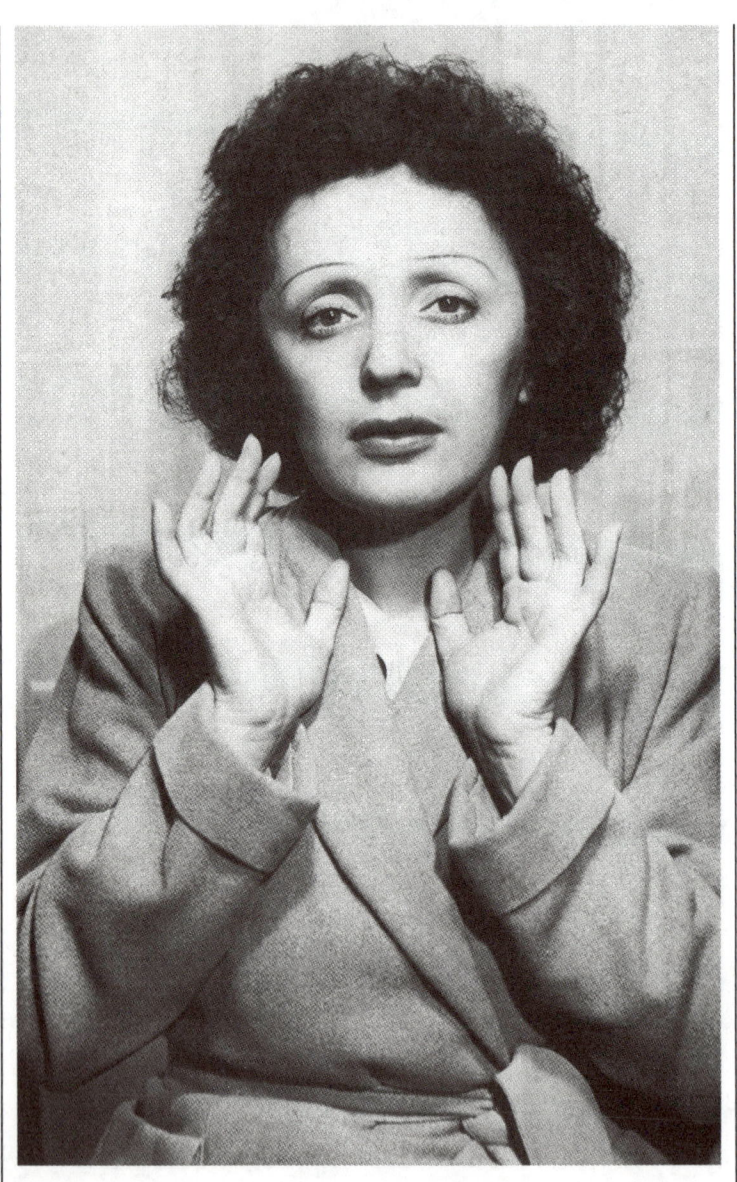

›Etoile sans lumière‹

L'ECRAN *français*

L'HEBDOMADAIRE DU CINÉMA

10ᶠ

US LES
REDIS

N° 41
AVRIL
1946

Edith PIAF prouve dans
« Étoile sans lumière »
qu'elle n'est pas seulement
la grande chanteuse réa-
liste que l'on connaît,
mais une comédienne d'une
rare intensité dramatique.

DIMANCHE 10 AOUT 1941

les programmes radiophoniques

Les Ondes

2f50
44 PAGES

L'hebdomadaire
de la Radio

Édith Piaf

POINT DE **VUE** **IMAGES** DU MONDE

PIAF-CERDAN reporta compl

5ᵉ ANNÉE

DANS CE NUMÉRO : **RÉVELATIONS**

0 JANV. 49 SUR L'AFFAIRE DES 13

NOUVEL SÉRIE - Nᵒ

40

LE PRISONNIER DE LA TOUR
SI LE ROI SAVAIT CA.. ISABELLE
AROLES DE
FRANCIS BLANCHE
MUSIQUE DE
FRANCIS BLANCHE
ET
GÉRARD CALVI
EDITH PIAF
ET
LES COMPAGNONS DE LA CHANSON
SUR DISQUES COLUMBIA
ÉDITIONS RAOUL BRETON 3, Rue Rossini. Paris

Edith Piaf und Charles Trenet (1947)

*Edith verhilft auch den Compagnons de la Chanson zu
Ruhm und Erfolg*

4

Henri Contet

In den Süden hat Edith auch ihre Sekretärin Andrée Bigard mitgenommen, die die Finanzen regeln soll. In Marseille bekommt Andrée den Besuch eines ziemlich zweifelhaften Kerls, der ihr ohne Umschweife erklärt:

»Ihr tätet gut daran, uns die Hälfte der Gage abzutreten, die Edith im Cabaret bekommt.«

Andrée lehnt entrüstet ab und setzt ihn vor die Tür.

Edith erfährt es und zeigt eine gewisse Angst:

»Du hättest ihn nicht einfach rausschmeißen sollen. So ist es nun mal, das Gesetz des Milieus!«

Am Abend setzen sich fünf Gangsterbosse an den Tisch von Andrée, und die ganze Angelegenheit endet zur allgemeinen Zufriedenheit – die Piaf wird von nun an gebührend ›beschützt‹.

Edith würde gerne noch im Midi bleiben, aber die Deutschen haben ihr zu verstehen gegeben, sie solle nach Paris zurückkehren, wenn sie weiter unbehelligt singen wolle. Sie gehorcht.

Noch vor Ende 1942 macht Edith ihren ersten Besuch in einem Lager für französische Kriegsgefangene . . .

Man kann nun aber nicht behaupten, Henri Contet habe im Leben der Sängerin den Platz von Paul Meurisse eingenommen, wie sehr er sich auch physisch zu ihr hingezogen fühlen mochte. Contet hat später deutlich erklärt, er habe vor allem ein guter Freund von Edith bleiben wollen, um für sie Lieder schreiben zu dürfen. 1969 sagte er sogar, er habe mit ihr ›das Spiel des

Verliebten‹ gespielt, um sie zu ihrem eigenen Besten beraten und beschützen zu können. Er wies vor allem auch auf das gerüttelte Maß an Vorsicht und Klugheit hin, die im Umgang mit der extrem empfindlichen Freundin nötig waren, denn wenn es zu Krisen kam, war immer das Schlimmste zu befürchten.

Man muß aber auch wissen, daß Contet zu jener Zeit mit einer anderen Frau zusammenlebte, die er trotz aller Wutausbrüche und Bitten von Ediths Seite nie zu verlassen gedachte − der er aber während einer gewissen Zeit doch Hoffnung auf eine solche Entscheidung gemacht hatte.

Zu sehr sich selbst überlassen, ohne ›ständigen‹ Begleiter, gerät Edith erneut unter den Einfluß von Simone Berteaut. Edith hält in der Rue Anatole-de-la-Forge ein offenes Haus, und ihre Wohnung ist bald der Ort, wo Proben abgehalten werden, die manchmal zwölf Stunden dauern, mit Henri Contet, Marguerite Monnot und den Musikern Daniel White oder Wal-Berg − bald versammeln sich dort auf engstem Raum Liebhaber oder zufällige Freunde, die alle von ihr profitieren... Klagen wegen Trunkenheit oder Störung der Nachtruhe häufen sich, und die beiden Frauen beschließen umzuziehen.

Henri, dem aufgefallen ist, daß Edith immer fröstelt, findet für sie den einzigen Ort, an dem nie Mangel an Kohle herrscht: Es handelt sich ganz einfach um das ›Haus‹ von Billy, an der Rue de Villejust (heute Rue Paul Valéry), wo die Chefs der Wehrmacht verkehren. Im obersten Stock einquartiert, hat die Piaf keinen eigentlichen Kontakt zu den Kunden. Die berühmte Billy, eine hochgewachsene, schöne Frau, gebieterisch und geistreich, benützt übrigens die Vorteile ihrer Stellung dazu, um bedrohten jüdischen Freunden so viel Hilfe wie möglich zukommen zu lassen. Aber es gelingt ihr nicht, ihre Geschäftsmitinhaberin Madame Sée vor der Deportation zu retten − worauf Momone sofort deren Krokodillederschuhe stiehlt und sie am Pigalle verkauft.

Trotz der leider wirkungslosen Vorhaltungen der besonneneren Andrée Bigard, die mit ihnen zusammenlebt, kehren Edith und Momone schnell wieder zu ihren früheren Verrücktheiten zurück, und Billy ist nicht immer glücklich über die oft recht geschmacklosen Streiche. Wie an dem Tag, an dem sie mit verschränkten Armen nackt am Fenster stehen, um ›sich selbst für eine Dummheit zu bestrafen‹!

Im Oktober 1942 tritt Edith im ›A.B.C.‹ auf, in einem seltsam bunt gemischten Programm, in dem die Marionetten von Jacques Chesnais zu sehen sind, der Sänger und Pianist Robert Valentino, die Tänzer Mona und Olivier, der Chansonnier Géo Dorlis, Champi, Suzet Maïs, die Gedichte rezitiert, Jean Solar, der seine Lieder singt, Lysiane Rey mit ihren eigenwilligen Chansons und zahlreiche andere...

Ediths Repertoire scheint den Kritikern und auch dem Publikum je länger je vollkommener. Die Lieder bilden dieses Mal – und das ist neu – eine Einheit, sie sind nüchtern, streng, rein, schmucklos, werden begleitet von sparsamen, doch treffsicheren Gesten, mit jenem totalen Einsatz der ganzen Person vorgetragen, der jedes Chanson zu einem Aufschrei nach Menschlichkeit macht – aber sie zeugen auch vom unerbittlichen Wunsch nach Perfektion, dem Willen, das Repertoire zu erneuern und den alten, bekannten Chansons neue, unerwartete Seiten abzugewinnen.

Von den neuen Chansons werden *Le Lapin et les Chameaux* und *La Légende du swing* nicht auf Platte aufgenommen. *Le Disque usé*, nach einer originellen Idee von Michel Emer, erzählt vom traurigen Leben einer Kneipenmagd, die von wunderbaren Reisen träumt, während der Plattenspieler den Gassenhauer wiederholt:

> *... Tant qu'y a d'la vie, y'a d' l'espoir*
> *Le bonheur viendra vous voir*
> *Il faut l'attendre sans trêve...*

Sie hat einen schönen Matrosen kennengelernt, der fortgegangen ist, nachdem er ihr versprochen hat, zurückzukehren, sobald er Hauptmann geworden sei. Aber sie wartet zwanzig Jahre lang auf seine Wiederkehr, und die Schallplatte nützt sich immer mehr ab...

All diejenigen, die die Piaf hören, geraten in den Bann ihrer einzigartigen Anziehungskraft: Sie legt ihre Seele in ihre Lieder, und dies ist es, was ihren Chansons eine Macht und Wirkung verleiht, die den Rahmen des Gewohnten sprengen.

Im Privatleben gelingt es Edith nicht immer, die Gunstbezeugungen Henri Contets auf sich allein zu konzentrieren. In der Hoffnung, ihn damit eifersüchtig zu machen, lebt sie einige Zeit mit dem jungen Sänger Yvon Jean-Claude zusammen – sie verhilft ihm auch zu seinen ersten Auftritten, die allerdings ohne große Wirkung bleiben. Henri hingegen nimmt die ganze Angelegenheit auf die leichte Schulter und macht daraus ein Chanson.

Etwa zur selben Zeit leistet sich Edith eine zweifach verbotene Freude: einen jüdischen Liebhaber in der Person des polnischen Pianisten Norbert Glanzberg, den sie bei sich aufnimmt und vor der Gestapo rettet. Die zwei liefern sich heftige und lautstarke Szenen – trotzdem bleibt Glanzberg einer ihrer bevorzugten Komponisten...

Im Januar 1943 tritt sie in einem neuen Cabaret auf, im ›Le Perroquet au nid‹, wo sie zum ersten Mal *Le Brun et le Blond* singt. Zwei Männer lieben dieselbe Frau, und schließlich bringt sich der Blonde um. Dieser Blues von Marguerite Monnot und Henri Contet, von der Stimmung her bedrückend und angsterfüllt, ist sicher eine beachtliche Leistung, aber kein unsterbliches Meisterwerk.

Im Februar schlägt Henri Varna der Piaf vor, zwischen zwei Nummern im ›Casino de Paris‹ aufzutreten. Inmitten eines Lichtstrahls, ganz allein auf der Bühne, vom Orchester getrennt, singt sie sechs Chansons, während ein völlig unnötiges Bühnenbild auf eine Leinwand im Hintergrund der Bühne projiziert wird. Die magische Kraft der kleinen Sängerin im schwarzen Kleid, die die Aufmerksamkeit aller Zuschauer auf sich zieht, genügt vollkommen und braucht keinerlei technische Unterstützung.

Daneben singt Edith im Cabaret ›Le Vie en rose‹ ein leicht abgeändertes Programm.

Fast ganz ohne Gesten, unbeweglich, nur manchmal ein leichtes Schwanken, das eine Art inneren Taumel anzeigen will, besingt sie das bittere Dasein der kleinen Leute, das menschliche Leid, die Resignation, das Aufbegehren... und der Auftritt dieser Botschafterin des Unglücks des kleinen Mannes besitzt alles, was er braucht, um die Zuschauer des ›La Vie en rose‹ bis ins Innerste zu erschüttern.

Unter den neuen Liedern ist *C'était une histoire d'amour*, mit einer einfachen Melodie im Stil der Nachtclub-Auftritte, wie man sie oft hört, ohne sie groß in Erinnerung zu behalten. Auch *Un coin tout bleu*, zu schwerfällig und einfallslos, ist ganz einfach schlecht, aber glücklicherweise hat die Piaf in ihrem Repertoire auch Chansons von anderer Qualität!

In ihrem Hotel Garni von recht zweifelhaftem Ruf feiert unsere Heldin weiterhin tolle Feste. Angetrieben von Simone trinkt sie sich hier einige denkwürdige Räusche an, die ihre an sich schon angeschlagene Gesundheit weiter zerstören. Henri macht ihr deswegen oft Vorhaltungen, und um ihm zu gefallen, verspricht sie:

»Wenn du nicht mehr vor meinen Augen trinkst, werde ich nie mehr ein Glas anrühren!«

Einige Tage und mit ihrem Einverständnis schließt er sie in seiner Abwesenheit ein, damit sie nicht auf die Suche nach Flüssigem gehe. Leider klügelt Simone ein richtiges System von Rollen und Hebeln aus, die es dem Kellner der ›Bidou-Bar‹ ermöglichen, ihnen trotzdem Trinkbares zukommen zu lassen...!

Von Zeit zu Zeit, wenn Edith allzu sehr lostobt, sehen Henri oder Glanzberg kein anderes Mittel mehr als eine gehörige Tracht Prügel: ein Mittel, das sie übrigens zu schätzen gewußt haben soll...!

Dennoch darf man nicht annehmen, das Leben der Piaf habe sich in einem schmutzigen Ghetto abgespielt. Ganz im Gegenteil, in diesem Luxusetablissement, prunkvoll ausgestattet, mangelt es ihr an nichts, denn die beachtlichen Gagen erlauben es ihr, auch noch die gesalzensten Rechnungen zu bezahlen. Außerdem empfängt sie in der Rue de Villejust ihre treuesten Freunde aus Theater und Literatur, wie Jean Cocteau, Mary Marquet (die bald darauf mit großem Erfolg ihre Chansontexte öffentlich rezitiert), Marie Bell und Jean Chevrier, Madeleine Robinson mit ihrem Mann Robert Dalban, Mona Goya oder auch den berühmten Michel Simon, der ihr wiederholt versichert:

»Beklag dich ja nicht darüber, als Kind in einem Bordell aufgewachsen zu sein, denn die Huren sind die besten Mütter der Welt. Glaub mir das, denn ich kenne sie gut!«

Michel – von Natur aus sehr großzügig – sieht es nicht gern, wenn Edith alle freihält und fünfzehn oder zwanzig Personen verköstigt, was in dieser Zeit der Rationierung astronomische Summen verschlingt. Und es macht ihn immer wieder ein wenig traurig zu sehen, wie Edith mit ihrer Gesundheit Schindluder treibt...

Von Zeit zu Zeit – und zu häufig sogar – übt Edith Barmherzigkeit auf ihre Weise, indem sie Andrée Bigard erhebliche Summen entlockt, die oft die Gage mehrerer Tage ausmachen. Diese schenkt sie dann irgendeinem unglücklichen Clochard oder einem Säufer, der – durchtriebener als die übrigen – ihre Sympathie zu wecken versteht. Nachher aber macht sie ihrer Sekretärin eine schreckliche Szene, klagt sie an, das Geld verloren zu haben.

Eines Morgens erfährt Edith, man habe ihre Mutter im Sterben liegend in einem Appartement aufgefunden, das einem jüngeren Burschen gehörte, mit dem sie die Rauschgiftsucht verband. Die unglückliche Line Marsa, die trotz Ediths finanzieller Unterstützung ein erbärmliches Leben führte, hatte man oft im Rinnstein aufgelesen, stockbetrunken wie eine Landstreicherin. Wiederholt hatte sie die Zeitungen aufgehetzt mit der Behauptung, ihre Tochter schwimme im Geld und lasse sie im Elend krepieren... Henri kümmert sich um ihr Begräbnis auf dem Friedhof von Thiais.

Im Juni 1943 tritt Edith die Nachfolge von Léo Marjane im ›A.B.C.‹ an, in einem Programm mit Georgette Plana und Jacques Tati. Sie profitiert zu dieser Zeit von ihrem hohen Bekanntheitsgrad im Radio (Hunderte von Malen wird ihr damals größter Erfolg *Je n'en connais pas la fin* ausgestrahlt) und an Litfaßsäulen – sie erntet großen Triumph. Unter ihren neuen Chansons sind *J'ai qu'à le regarder*, zu dem sich Alec Siniavine von alten russischen Volksliedern inspirieren ließ, leider mit genau so schwachem Text wie in *Vagabond*, das trotz Chorbegleitung nur mittelmäßig bleibt:

> *Le vagabond*
> *Joli garçon*
> *Chante des chansons*
> *Qui donne des frissons...*

Histoire de cœur ist auch nicht viel besser, und die Piaf singt es ohne große Überzeugung. Fast alle neuen Lieder von 1942 sind schlecht. Ist dies Zufall oder eine logische Folge des allzu bewegten Lebens, das die Sängerin damals führte?...

Im Juli ist sie im ›Bobino‹.

Kurz darauf geht sie erneut auf Tournee in den Süden. Bald nach ihrer Rückkehr erfährt Andrée Bigard, die eben vom Einkaufen kommt, vom chinesischen Koch, daß die Deutschen die Sängerin verhaftet haben. Es gelingt ihr, bei der Gestapo bis zu Edith vorzudringen, wo diese ihr lachend entgegnet:

»Anscheinend habe ich ein Schiff in Marseille und verfrachte Kerls nach England!«

Andrée kann den deutschen Offizieren beweisen, daß Edith gerade dieses Mal nicht nach Marseille gekommen ist.

An Weihnachten fährt Edith, die die Patenschaft für ein Kriegsgefangenenlager übernommen hat, mit Henri auf Tournee in die Lager. Auch Robert Dalban ist dabei. In Berlin werden sie in Zimmern ohne Heizung und Warmwasser untergebracht, dazu scheußlich verköstigt. Edith wird von General Wechter empfangen, der sie bereits in Paris gesehen hat, und sie erhält eine ganze Reihe von Vergünstigungen. Trotzdem weigert sie sich, in deutschen Fabriken aufzutreten.

Als sie eben den Zug besteigen will, um ein Lager zu besuchen, wird sie von einem Leutnant der SS zur Seite gestoßen. Edith ohrfeigt ihn. Festnahme, Hilferufe an General Wechter, Erklärungen, und der Leutnant muß sich entschuldigen. Wegen der Bombardierungen besucht sie nur elf statt wie vorgesehen einundzwanzig Lager. Während all der Zeit ist ihr Robert Dalban ein immer amüsanter und besonders wertvoller Begleiter.

In Wirklichkeit aber erlauben es diese Reisen Andrée Bigard, einem verbürgten Mitglied der Résistance, zahlreiche Gefangene mit falschen Papieren auszustatten und ihnen so die Flucht zu ermöglichen. Einige schließen sich sogar der Tournee an, noch bevor sie die Grenze passiert hat; sie geben sich als Musiker des Orchesters aus.

Im Januar 1944 singt Edith im ›Moncey‹, wo erneut die Präzision ihrer Gesten auffällt: etwa in *Le Brun et le Blond*, wenn sie ganz einfach mit einer Hand ihre Augen bedeckt und so mit äußerster Zurückhaltung und doch eindrücklich Tränen andeutet. *Un Monsieur me suit dans la rue*, ein sehr humoristisches Chanson, mit einer Prise Surrealismus und ganz eindeutig unter amerikanischem Einfluß, ist eigentlich ein kleines Theaterstück – die Autoren sind Besse und Lechanois. Die Heldin des Chansons, ein kleines Mädchen, ist überglücklich, wenn ihr jemand folgt:

> *Un monsieur me suit dans la rue*
> *J'en avais rêvé bien souvent*
> *Et j'suis d'avance tout émue*
> *Qu'est-ce qui va s'passer maintenant?...*

Aber es ist nur ein häßlicher Alter! Später verliebt sie sich in einen Gangster, und nun sind es die genagelten Polizeistiefel, die ihr folgen. Sie erkrankt schwer, und schließlich folgt man ihr an ihrem Begräbnis... Edith ist in diesem Chanson äußerst überzeugend!

Im Frühjahr, als die Leute von der Gestapo sich als etwas zu aufdringlich zeigen und ohne Zweifel auch wegen der zu gesalzenen Rechnungen, verläßt Edith die Rue de Villejust, um wieder ins Hotel Alcina zu ziehen.

Am 3. März erreicht sie eine traurige Nachricht: Ihr Vater Louis Gassion ist mit 62 Jahren gestorben. Seit vielen Jahren – eigentlich seit sie dazu in der Lage war – hat die Piaf ihn regelmäßig unterstützt, in der Erinnerung an ihre Jugendjahre, und ihn so vor einem traurigen Ende bewahrt. Was noch mehr zählt: Sie hat ihm sogar zu einem... Kammerdiener verholfen, der von Zeit zu Zeit in seine bescheidene Bleibe an der Rue Rébeval Nr. 84 kam – eine Geschichte, wie geschaffen, um bei den Freunden Eindruck zu schinden! Als braves Mädchen hatte Edith so die alten Träume des guten Mannes erfüllt, der nun auf dem Friedhof Père Lachaise im selben Grab wie die kleine Marcelle seine Ruhe fand.

Henri Contet, allzeit für sie da, findet schnell Mittel und Wege, um die Piaf aus ihren trüben Gedanken zu reißen:

– Da du selbst auch Chansons schreibst, müßtest du also auch Autorenrechte kriegen. Wir werden dich deshalb zur Prüfung bei der SACEM* anmelden.

Aber Edith, tief beeindruckt von dieser Institution, fällt ein erstes Mal durch, bevor sie ein sehr aktives Mitglied dieser wichtigen Organisation werden kann.

An einem schönen Frühjahrstag 1944 sucht ein großer junger Mann, blond, sympathisch und bestimmt, Edith auf:

– Madame Piaf, ich bin Impresario und ich möchte mich um Ihre Geschäfte kümmern. Ich weiß, daß Sie niemanden haben, der Sie beschützt, und Sie sind voll im Kommen. Jetzt oder nie müssen Sie Ihren Ruf und Ihre Einnahmen vergrößern. Ich garantiere Ihnen schnellen und nachhaltigen Erfolg.

Er kommt genau im richtigen Moment: Auch das gehört zum Genie eines Impresario! Edith, die sich immer auf ihre gute

---

* SACEM = Société des auteurs, compositeurs et éditeurs de musique (Gesellschaft der Textdichter, Komponisten und Musikverleger)

Nase verläßt, spürt, daß sie ihm vertrauen kann. Sie täuscht sich nicht und findet in Louis Barrier, ›Loulou‹ genannt, einen außergewöhnlichen Förderer ihres Aufstiegs und einen Freund fürs ganze Leben – noch dazu einen Bruder, denn wenn man den Gerüchten glaubt, dann ist es ihr nicht gelungen, ihn zu verführen, vielleicht weil Loulou eine ihrer großen Rivalinnen zur intimen Freundin hatte, die auch Henri Contet sehr nahe stand...

Im Juni tritt Edith im ›Moulin de la galette‹ auf, zwischen zwei Akten einer farbenfrohen Revue, und die Qualität ihrer Chansons erscheint den herbeiströmenden Kritikern nun schon fast als eine Selbstverständlichkeit.

Y'a pas de printemps ist ein verdienter Erfolg von Marguerite Monnot und Henri Contet. Das Chanson schildert das eintönige Leben – ein leider nur zu aktuelles Thema – eines armen, kleinen Mädchens, das eine langweilige Tätigkeit ausübt:

> *Jamais d'repos*
> *Toujours courir:*
> *Métro, bureau,*
> *Et repartir...*

Und traurig meint sie:

> *P't être que j'suis pas assez jolie*
> *Mais dans ma vie y'a pas d'printemps...*

So ist der Alltag, bis zu dem Augenblick, da sie auf einen gutaussehenden Burschen stößt, der endlich Frühling in ihr Herz bringt. Für einmal ein optimistischer Schluß.

Im liebenswürdigen Walzerlied *Les deux Rengaines* schwirren zwei Schlager im Kopf der Sängerin herum, der eine traurig, der andere lustig, aber eines Tages bleibt nur noch der lustige, ebenso schön wie die neue Liebe.

C'est toujours la même histoire ist von noch höherer Qualität. Contet und White haben hier die Poesie der alten Balladen wiederentdeckt:

Il lui a demandé un fil et des aiguilles
Pour accrocher un cœur à son manteau de drap...

Edith ist gerade in diesem Chanson, das die ›klassische‹ Strenge einer großen Stimme erfordert, besonders überzeugend.

Humoristisch dagegen die Geschichte des *Chasseur de l'hôtel*: ›amaint d'un amour fou une certaine mademoiselle couverte de bijoux‹, die Hunde, Blumenverkäufer und Bewunderer hinter sich herzieht. Der Page träumt nachts von ihr, voller Eifersucht. Er zieht schließlich einen Revolver, doch sein ›Rivale‹ ist schneller. Er findet sie im Himmel wieder ›sur un nuage de gala‹... Glücklicherweise – für ihn – erweist sich das Ganze als ein bloßer Traum!

Mit seiner mächtigen Orchesterbegleitung beeindruckt *Il riait* nachhaltig. Contet erzählt darin vom Schicksal des armen Jungen, der nach einem Gefängnisaufenthalt im Kriege fällt. Auffällig ist in diesem Chanson der Wechsel von drei Rhythmusarten: Blues, Walzer für den Refrain, Militärmarsch.

Die Kritik rühmt mehr und mehr die mitreißende Kraft ihrer Stimme, die – nie irgendeiner Methode oder Schulung unterworfen – als Konservatorium nur die Straße kannte.

Im selben Monat, nämlich im Juni erfährt Edith, daß das Lager Stalag IV D, dessen Schirmherrin sie ist, bombardiert wurde. Es gab dabei sogar Tote. Einige Familien werden ihre gefangenen Angehörigen niemals wiedersehen. Plötzlich hat Edith die Idee, eine große Gala-Vorstellung für die Hinterbliebenen der Opfer zu organisieren. Aber da sie in all den Jahren der Besatzung in Paris oft gesungen hat, befürchtet sie, ihr Name allein rechtfertige noch nicht die außergewöhnlich hohen Eintrittspreise. Sie denkt deshalb an Sacha Guitry, der – französischer Esprit in verkörperter Vollkommenheit – auch unter der Gewaltherrschaft immer wieder Gutes in seiner Umgebung tat und für die Aufrechterhaltung dessen eintrat, was er als kulturelle Ausstrahlung seines Vaterlandes betrachtete. Edith greift zum Telefon und erzählt dem Meister von ihrem Plan. Sacha ist hocherfreut über den Anruf der Künstlerin, die er sehr verehrt:

»Wo wollen Sie denn diese Gala geben?«

»Vielleicht im Cabaret ›Le Beaulieu‹, wo ich zur Zeit auftrete.«

»Aber ich bin noch nie in einem Cabaret aufgetreten. Es wäre das erste Mal, und das erste Mal ist immer schwierig. Geben Sie mir doch bitte eine Bedenkzeit von 24 Stunden und rufen Sie mich morgen nochmals an...«

Edith glaubt schon, die Sache sei ins Wasser gefallen, doch am andern Tag sagt Sacha zu ihr:

»Ich habe eine Idee. Doch bevor ich Ihnen davon erzähle, möchte ich mir auf jeden Fall dieses Cabaret anschauen. Ist das möglich?«

Nach dem Besuch führt er Edith zu seiner prachtvollen Villa an der Avenue Elisée-Reclus und zeigt ihr, wie all jenen, die er mag, seine berühmte Bibliothek mit Galerie, gefüllt mit erlesenen Werken und historischen Erinnerungsstücken:

»Ich hab' an etwas gedacht, das bisher noch nicht im Druck erschien. Aber ich muß diese Idee noch weiter ausarbeiten. Auf jeden Fall werde ich einige Gedichte rezitieren und vielleicht ein Gelegenheitsstück...«

»Also sind Sie einverstanden, Meister?«

»Haben Sie je daran gezweifelt... An welchen Erlös haben Sie denn gedacht?«

»Mit Ihrem Namen auf den Plakaten können wir 200 pro Person verlangen, und es hat 200 Plätze...«

»400 000, das ist wenig, aber uns wird schon etwas einfallen...«

Am 11. Juli, mitten in der hinreißenden Vorstellung, tritt Jean Weber auf die Bühne:

»Ich darf Ihnen nun eine Auktion ankündigen. ›Schon wieder!‹, werden Sie sagen. Nun ja, schon wieder. Aber diesmal eine originelle, nach einer Idee von Sacha Guitry. Originell in dem Sinn, daß wir im Moment, wo ich zu Ihnen spreche, nichts zu versteigern haben. Nichts! Nun hat aber Sacha gemeint, es gäbe hier an diesem Abend entzückende Damen, glückliche Damen, die ihren Gatten, ihren Verlobten, ihren Bruder oder ihren Vater neben sich haben dürfen, und sie wären ausschließlich deswegen gekommen, um ihre Solidarität mit jenen andern

Frauen zu bekunden, mit denen, die ihre Männer, ihre Verlobten, ihre Brüder und Väter nie mehr wiedersehen werden. Und er hat sich gesagt, Sie werden sich sicher gerne von Ihrem Schmuck oder Ihren Pelzen trennen, um jenen ein wenig zu helfen, die nie mehr etwas haben werden. Was ich zur Versteigerung bringe, meine Damen, ist das, was Sie mir geben!«

In einigen Minuten hat Jean Weber einen beeindruckenden Berg von Pelzmänteln, Schals und Schmuck vor sich... den er den Eigentümerinnen wieder verkauft!

»Und nun, zur Krönung dieser Versteigerung, hier die Spende eines Herrn, der nicht genannt werden will und der seine Gabe nicht zurückkaufen wird: die Brieftasche von Sacha Guitry mit zwei Briefen, der eine von Lucien Guitry, der andere von Octave Mirabeau, und ein noch selteneres Dokument − eine Photographie von Lucien Guitry und Sacha als Kinder, aufgenommen in St. Petersburg im Jahre 1890.«

Aufrecht hinter den Kulissen und käsebleich vor Aufregung, spürt Edith, wie Sacha Guitry ihr die Hand auf die Schulter legt:

»Sobald Jean Weber zu Ende gesprochen hat, gehen wir alle gemeinsam auf die Bühne, Sie gehen an die Rampe und sagen, indem Sie auf uns zeigen: ›Wir haben getan, was wir konnten.‹ Dann, auf das Publikum weisend, fügen Sie hinzu: ›Aber Sie, Sie haben zwei Millionen gespendet! Bravo und vielen Dank!‹«

Im Juli tritt Edith im ›A.B.C.‹ auf, wo die Durchschlagskraft dieser kleinen, unscheinbaren Frau in ihrem schwarzen Kleidchen und dem weißen Kragen weiterhin die Kritiker in Erstaunen setzt: Sie kommt mit langsamen Schritten auf die Bühne, wie im Schlaf, und sie gleicht überhaupt nicht dieser außergewöhnlichen Künstlerin, die sie ist! Jede andere wäre mit dem Hauptteil eines solchen Repertoires höchstens mittelmäßig oder gar vulgär. Aber sie, sie gibt den abgedroschenen Sätzen ihren Sinn zurück, sie greift mit größter Selbstverständlichkeit zu alltäglichen Worten, um Geschichten zu erzählen, Geschichten, banal wie das Leben, aber mit jener unverdorbenen Schlichtheit, die das Innerste aufwühlt. Auf ihrem Gebiet verkörpert sie nun die höchste Vollendung.

Im Jahre 1948: Edith in Begleitung von Simone Berteaut,
der ›Momone‹ aus den schlechteren Tagen, deren Rolle auch
20 Jahre nach Ediths Tod undurchsichtig bleibt

Die Piaf vor dem berühmten Cabaret ›Versailles‹ in New York

Am 4. Mai 1948, bei einem Empfang im ›Ambassadeurs‹ in Paris

Im Januar 1950; Edith als Botschafterin Frankreichs beim
Erscheinen des Films ›L'homme de la tour Eiffel‹;
eine Direktschaltung verbindet
den Eiffelturm mit der Freiheitsstatue in New York

C'est la vie !...

91, Champs-Élysées, PARIS - Tel. ÉLY 88-64 - C.C.P. 1149-10 Paris

N° 18 - 10 MARS 1950
— HEBDOMADAIRE —
RÉDACTEUR EN CHEF:
JEAN NOHAIN

JEANINE II
"Reine d'un Jour"
de Nantes

★ Un ministre dans
les égouts
☆

★ Les hommes qui
rebatissent la France
★ Offensive éclair de
la politesse

★ La vérité
sur le sérum
de vérité
☆

Deux vedettes :
Fuchs et Guderian
et
"SURPRISE"

**24
PAGES
20
FRANCS**

EDITH PIAF
Reine de la Chanson, a chanté
pour la *" Reine d'un Jour "*

Edith beim Rollenstudium für ›La P'tite Lili‹
von Marcel Achard

Die ›P'tite Lili‹ zwischen ihrem Regisseur (Raymond Rouleau)
und ihrem Autor (Marcel Achard, rechts)

5

Yves Montand

Im Sommer 1944, kurz vor der Befreiung von Paris, unterschreibt Edith für eine Reihe von Auftritten im ›Moulin Rouge‹. Wie gewöhnlich soll ihr Name nicht allein auf die Plakate kommen. Lou Barrier schlägt ihr für das Vorprogramm einen jungen Sänger und Unterhaltungskünstler italienischen Ursprungs vor, der von Marseille nach Paris kam und vor einigen Monaten mit vielversprechendem Erfolg zum ersten Mal aufgetreten war. Er heißt Yves Montand. Edith kennt ihn zwar nicht, aber sie will sich den Burschen mal anhören, der sich seinerseits ziemlich widerwillig zu einem Vorsingen im ›Moulin Rouge‹ einfindet. Denn Montand hat auch seinen Stolz. Die ersten Bravorufe des Publikums gaben ihm ein gewisses Vertrauen in sein eigenes Talent, und er kann sich nun nur schwer dazu herablassen, sich dem gnädigen Willen dieser Chansonsängerin zu unterwerfen, deren Talent er zwar anerkennt, die aber doch eine ganz andere Art von Liedern singt als er.

Es ist ganz offensichtlich: Er hat Lampenfieber, was ihn ein wenig aggressiv macht, wie alle Schüchternen.

Eines schönen Tages hört sich Edith vier seiner Lieder an. Wenn ihr das sympathische Äußere von Montand auch auf Anhieb gefällt, so sagt ihr kritischer siebter Sinn, der sie noch selten getäuscht hat, daß sein Repertoire nicht gut ist:

»Deine Cowboy-Refrains sind einfach zu simpel. Diese amerikanische Masche zieht zwar momentan beim Publikum, doch nicht für lange, und ich bin mir ziemlich sicher, daß du wesentlich mehr kannst als das! Wenn du willst, kann ich dir einige Tips geben.«

Montand ist zwar gekränkt, doch er wagt dem Star nicht zu widersprechen, bedankt sich, verspricht sich zu bessern und zieht sich zurück.

Nun ist er zwar engagiert, doch er bekommt Edith einige Wochen überhaupt nicht zu Gesicht.

Anfangs August gibt die Piaf ein Rezital in der Salle Pleyel mit großem Orchester unter der Leitung von Guy Luypaerts. Sie überzeugt bei dieser Gelegenheit sogar ein Publikum und Kritiker, die vorher nicht viel von ihr hielten. Pierre Hiegel stellt sie vor als die genialste aller Chansonsängerinnen, und sie hat keine Mühe, etwaige Vorbehalte zu besiegen und zu beweisen, daß er sich in ihr keineswegs getäuscht hat. Zwar sind die neuesten ihrer Chansons ganz gewöhnliche Melodramen – aber was zählt, ist, was sie daraus macht, was zählt, ist ihr kleines, blasses Gesicht unter der roten Haartracht, was zählt, das ist ihre rauhe Stimme, vibrierend von unnachahmlicher Ergriffenheit, die wie eine Klage tönt, anschwillt und wieder schwächer wird, schluchzt, stöhnt oder nach Hoffnung schreit. All das beruht offensichtlich auf der vollkommenen Beherrschung ihres Metiers, dem klugen Einsatz all ihrer Mittel, der vollständigen Übereinstimmung von äußerer Erscheinung und dem, was sie singt, aber auch – und vor allem darauf, was sich letztlich nicht definieren läßt: außergewöhnliche Präsenz, Herzlichkeit, Großzügigkeit, selbstverständliches Sich-selbst-Sein und sonst nichts – absolut und jeden Abend wieder neu.

Eines ihrer erstaunlichsten Chansons ist zweifellos *Coup de grisou*, von Contet und Louiguy, mit großem Orchester, das Drama eines Minderjährigen, der sich in ein Mädchen mit schimmerndem Haar verliebt, das ihn betrügt. ›Coup de grisou‹ stirbt auf dem Grunde eines Brunnens, ›épousant la nuit‹...

Monsieur Saint Pierre, mit völlig überflüssigem, oft sogar unpassendem Chor versehen, ist das Gebet einer einfachen weiblichen Seele, die schöne Männer etwas zu sehr liebt und befürchtet, sie werde deswegen nicht in den Himmel kommen. Deshalb wendet sie sich an den heiligen Petrus, um doch einen Platz zu erhalten:

Regardez-moi bien, je suis si pauvre
Regardez mes mains, des mains du pauvre
Et regardez tous mes péchés
Et mon vieux cœur las de tricher...

An dieser Stelle wird Edith ganz groß: eine einzigartige Mischung aus Pariser Volks-Spott, Angst und innerer Bewegung – und auch sensationeller Beherrschung des Metiers, vor der man nur den Hut ziehen kann.

In den kommenden Wochen, die von der Befreiung Frankreichs und Paris' geprägt sind, tritt Yves Montand in das Privatleben von Edith.

Trotz der einleuchtenden Tatsache, daß die Piaf nicht sofort auf gewisse ihr schädliche Mitglieder in ihrer Gefolgschaft verzichten kann und daß ihr unbeständiger Charakter sie leider nur allzu oft zu entsetzlichen Auseinandersetzungen hinreißt, die dann aber immer in Versöhnungen enden – trotz all dem bringt dieser junge, gesunde Bursche – noch ein wenig naiv und mit der Welt des Chansons kaum vertraut – frischen Atem und reine Luft in ihr Leben.

Montand wird später selbst betonen, wie sehr die zwei Jahre, die er im Gefolge der Piaf verlebte, im wesentlichen von gemeinsamer Arbeit und Freude gekennzeichnet waren. Was das Privatleben betrifft, tritt er mit aller Klarheit gewissen Lästerzungen entgegen und beteuert – wie vor ihm schon Henri Contet und Paul Meurisse –, daß Edith damals ein ›sauberes Mädchen, hübsch und anständig‹ war. Dazu muß auch gesagt sein, daß die zahlreichen Erfolge der Piaf bei den Männern – vor allem im ersten Abschnitt ihres Lebens – auf ihrer Lebhaftigkeit beruhen, auf ihrer magischen Anziehungskraft, aber auch auf ihrer Schönheit, auch wenn man diese nicht als klassisch bezeichnen konnte.

Verhängnisvoll war bestimmt ihre Unfähigkeit – von ihren ersten Erfolgen an –, klar zwischen Bewunderung, Eigennutz und wahrer Liebe zu unterscheiden.

Sie war dadurch verurteilt, ein ganzes Leben lang einem trügerischen Gefühl nachzulaufen, an das sie selbst nicht zu glauben vermochte, sogar wenn es echt war...

In diesem Jahr 1944 widmen Edith und Yves drei Viertel des Tages ihrer Arbeit, obwohl sie dazwischen auch über dieselben Witze lachen, über dieselben harmlosen Streiche, die sie in ihre Jugendzeit zurückversetzen. Die vordringlichste Aufgabe, die sich Edith gestellt hat, besteht darin, bei Montand die letzten Spuren seines Akzentes auszumerzen. So verurteilt sie ihn zu stundenlangen Aussprache-Übungen mit einem Bleistift zwischen den Zähnen...

Am 15. Januar 1945 beauftragt sie ihren Freund, den Cinéasten und ehemaligen Journalisten Marcel Bleustein, einen großen Empfang im Cabaret ›Le Mayfair‹ zu organisieren, um der Presse ihre Entdeckung vorzustellen, die mit ihr am Etoile im nächsten Programm auftreten soll.

Aber es ist ganz offensichtlich: Der aufregende Star dieser Vorstellung ist wieder Edith, auch wenn man dem originellen Montand in den Kritiken einige liebenswürdige Zeilen widmet!

Im Frühjahr, nach wochenlanger Probearbeit, begleitet Yves Edith auf eine Tournee in die Provinz. Er hat sein Repertoire inzwischen geändert und vor allem erweitert. Henri Contet, mit dem er sich aus leicht ersichtlichen Gründen angefreundet hat, und Jean Guigo haben für ihn auf Ediths Wunsch hervorragende Lieder geschrieben, die später zu großen Erfolgen werden – wie *Battling Joe* oder *Luna Park*. Die Piaf selber schrieb für ihn *Elle a des yeux* und *Mais qu'est-ce que j'ai*.

Leider wird diese Tournee für den Anfänger eine große Enttäuschung und Entmutigung, da die Leute in Wirklichkeit nur wegen des Namens PIAF herbeiströmen: Sie warten nur auf sie, sie haben nur Augen für sie. Und so erweist sie ihrem Schützling tatsächlich einen schlechten Dienst, wenn sie ihn neben sich ankündigt. Er tritt im Vorprogramm auf, und man hört ihm nur mit halbem Herzen zu – doch selbst wenn er am Schluß käme, stünde das Publikum immer noch im Banne der Piaf. Ein Dilemma ohne Lösung!

Aber der junge Mann ist ein ›Kämpfer‹. Hartnäckig verkündet er:

»Ich werde es ihnen beweisen!«

Er benutzt den Aufenthalt in Marseille, um Edith seinen Eltern vorzustellen, und denkt ernsthaft an Heirat.

Edith sagt ein wenig später zu Simone (die sie immer noch ziemlich regelmäßig sieht):

»Er betet mich an, und ich bin verrückt nach ihm!«

Und Montand ist sicher einer der wenigen, den sie nicht betrügt.

Schon 1943 hatte sie mit Marcel Blistène vereinbart, die Hauptrolle in dem Film zu spielen *Etoile sans lumière*, in dem er Regie führen sollte. Die ersten Aufnahmen finden nun in der zweiten Hälfte des Jahres 1945 statt. Edith hat Blistène gebeten, eine Rolle für Montand einzubauen, der sich allerdings bei seinem ersten Leinwandauftritt sehr scheu und sogar ein wenig linkisch zeigt, glücklicherweise aber immer von seiner sympathischen Seite.

Die Handlung selbst spielt im Milieu des Films: Der Stummfilmstar Stella Dora (Mila Parély), deren Stimme sich für den Tonfilm als ungeeignet erweist, muß sich von ihrer ehemaligen Zofe Madeleine (Edith Piaf) – sie wurde vom Regisseur Roger Marney (Marcel Herrand) entdeckt – doublieren lassen. Sehr bald ist Madeleine nicht mehr damit zufrieden, nur der ›Stern im Hintergrund‹ zu sein. Sie wird ihrerseits zum Star und verläßt ihren einfachen Geliebten, den netten Pierre (Yves Montand), zugunsten des aufregenden Gaston Lansac (Serge Reggiani). Doch sie lernt den trügerischen Glanz der Welt des Films durchschauen, worauf sie die Studios ohne Bedauern verläßt und zu ihrem früheren Geliebten zurückkehrt.

Dieser trotz recht guter Photographie naive und manchmal ungeschickte Film zeigt die Schwierigkeiten auf, denen die Stummfilmstars mit dem Aufkommen des Tonfilms begegneten. Das Thema hätte zu einem interessanten Filmdokument gestaltet werden können. Wenn auch die Dialoge von André-Paul Antoine manchmal etwas lang und literarisch anmuten, so sind die schauspielerischen Leistungen immerhin überzeugend. Nicht so sehr wegen der Anfänge des großartigen Schauspielers, zu dem Yves Montand später einmal werden sollte, oder wegen der Mila Parély, sondern vor allem durch die überragende Schauspielkunst eines Marcel Herrand und Jules Berry sowie den klugen Einsatz von Serge Reggiani. Die angenehmste Überraschung aber ist Edith Piaf. Der Film wurde im wesentlichen um sie herum aufgebaut, und sie beweist ebenso viel Geschick wie Natürlichkeit, Einfühlungsvermögen und obendrein komisches Talent, was sie, würde sie es wollen, zu einer durchaus überzeugenden Filmschauspielerin machte. Doch das überrascht nur jene, die sie nicht in ›Le bel indifférent‹ bewundert haben.

In diesem Film singt sie *C'est merveilleux*, eine Hymne an die Liebe und auf das Glück der Zweisamkeit, mit ziemlich traditionellem Text – vielleicht enttäuscht Edith darin ein klein wenig wegen des allzu eindringlichen Insistierens auf dem *Merveilleux*.

Mariage – die Geschichte einer Frau: Sie wird aufs Polizeikommissariat gebracht, weil sie ihren Geliebten getötet hat, der ihr am Hochzeitstag Treue schwor und sie belogen hat. Die Musik stützt sich allzu sehr auf ein eindringliches Glockengeläute, das Hochzeit und Begräbnis symbolisieren soll. Und dann läßt sich die Piaf auch zu einer Art Geschrei verleiten, das sie nicht nötig hätte, um ihre Aufrichtigkeit zu beteuern, und das den Zuhörer darüber hinaus zu ermüden droht.

Edith hat inzwischen sehr wohl begriffen, daß es weder für Montand noch für sie gut sein konnte, wenn sie beide im selben Programm auftraten. Sie beschloß deshalb, für Yves eine ›One-Man-Show‹ im ›Théâtre de L'Etoile‹ zu organisieren: und – um ihm Glück zu bringen – gelobt sie, ein halbes Jahr lang keinen Tropfen Alkohol mehr anzurühren. Dieser Liebesbeweis gelingt ihr sogar.

Im September präsentiert sie als erste ihr Programm im Etoile. Die Pariser können voller Freude ihr Idol wieder erleben, das sie diesmal mit neuer Lockenfrisur und neuem Repertoire überrascht.

De l'autre côté d'la rue, ein sehr gutes Chanson von Michel Emer, beschreibt die Trostlosigkeit einer Frau, die nichts besitzt und auf die Frau gegenüber eifersüchtig ist:

> *De l'autre côté d'la rue*
> *Y'a une fille, une belle fille*
> *Qui a tout c'qui lui faut*
> *Et même le superflu...*

Aber eines Tages tritt plötzlich die Liebe in ihr Leben – sogleich wird die andere zum armen Mädchen!

In *Les gars qui marchaient*, einem eindringlichen Lied über die Soldaten, kämpft die Piaf gegen ein übermächtiges Orchester an, so daß ihr Text fast untergeht. Vielleicht untergehen muß?

Regarde-moi toujours comme ça ist die ekstatische Hymne einer Liebenden an die Augen ihres Geliebten. Edith glaubt offensichtlich an diesen Text – doch trotz der bewegenden letzten Sätze, die fast nur noch gesprochen sind – vermag das Chanson nicht zu überzeugen.

Der Blues *Celui qui ne savait pas pleurer*, von einem, der seine Unfähigkeit beklagt, großen Kummer in Tränen aufzulösen, und der dann vergeblich versucht, seinen Ärger noch zu verdoppeln, ja, der sich sogar umbringen will... bis er ein Mädchen kennenlernt, das ihn jeden Tag zum Weinen bringt – ist ein origineller Text, unglücklicherweise von einer ziemlich nichtssagenden Musik begleitet. Aber was Edith aus dem Chanson macht, ringt uns doch ehrliche Bewunderung ab.

Schließlich *L'Escale*, von Marèze und Monnot, das die berühmten Zeilen enthält:

> *Le ciel est bleu*
> *La mer est verte*
> *Laisse un peu*
> *Le fenêtre ouverte...*

Trotz der völlig unnötigen Chorbegleitung, die den Zauber zu zerstören droht, klingt Ediths Stimme wie aus einem Nebel kommend, phantastisch, bewunderungswürdig, einzigartig!

Edith nimmt dieses Mal die Flut von Bravorufen ohne Kommentar hin – sie verdient sie ja nur zu Recht. Denn dieses Rezital ist auch ein Wunder, was die Vorbereitung und die Realisierung betrifft. Alles ist minutiös aufeinander abgestimmt, nicht nur jede ihrer Gesten, die sparsam und um so wirksamer eingesetzt sind, sondern auch die Beleuchtung stimmt bis ins kleinste Detail. Bewundernswert, wie es am Ende einer Reihe von Chansons langsam dunkel wird und die Scheinwerfer nur noch für einen kurzen Augenblick ihre großen Augen im verwirrten Gesicht oder ihre Hände beleuchten.

Einen Monat später kann Yves Montand den ersten Triumph seiner Karriere buchen. Der Erfolg hält während mehreren Wochen an, und der Sänger darf vom ›Etoile‹ ins ›Alhambra‹ wechseln. Als er am Abend der Premiere von der Bühne kommt, nimmt er Edith in seine Arme und sagt zu ihr:

»All das verdanke ich dir!«

Wenig später, als sie erfährt, daß Marcel Carné für seinen nächsten Film *Les Portes de la nuit* einen jungen, noch unbekannten Hauptdarsteller sucht, der Jean Gabin ersetzen soll, bedrängt Edith den berühmten Regisseur:

»Du mußt unbedingt Yves Montand nehmen! Er hat das Zeug zu einem großen Star, und dir wird das Verdienst zukommen, ihn entdeckt zu haben.«

Schließlich gibt Carné nach. *Les Portes de la nuit* wird zwar nicht sein bester Film, und Montand wird auch erst später ein überzeugender Schauspieler – aber im nachhinein hat sich auch hier die Piaf wieder einmal als Prophetin erwiesen.

Im Laufe des gleichen Jahres 1945 nimmt Edith zehn neue Lieder mit dem Orchester Raymond Legrand öffentlich auf. *Amour du mois de mai* ist ein sentimentaler Schlager, der die aufkeimende Liebe, den Beginn der Leidenschaft besingt, ohne sich um das

Morgen zu kümmern. Die Piaf gibt hier ihr Ganzes. Ein anderes Liebeslied *Une chanson à trois temps* bleibt nichtssagend. Ein großer Erfolg dagegen wird *Si tu partais* von Michel Emer – es ist ein einziges ergreifendes Flehen:

> *Si un jour tu brisais notre amour*
> *Si un jour tu partais pour toujours...*

Dieser ›Hit‹ wurde seither auch von anderen Interpreten gesungen, aber niemand vermochte diesem Aufschrei dieselbe Ausdruckskraft zu verleihen.

Monsieur X heißt das traurige Chanson vom braven kleinen Franzosen, guterzogen, schweigsam, namenlos. Seine Frau hat ihn verlassen, er geht an Kälte und Gleichgültigkeit zugrunde.

Originell und voll mitreißendem Witz ist *Les cloches sonnent*. Die bittere Klage einer Frau, der die andern von nun an gleichgültig sind: Ihr Leben ist zu Ende, seit ihr Geliebter sie verlassen hat. Zu sehr hat sie geweint, als daß sie noch mit andern fühlen könnte. Aber bald erklingen auch für sie wieder die Glocken, und ihre Freunde sagen zueinander:

> *C'était un garçon épatant*
> *En s'en foutant éperdument...*

Trotz seinem ernsten und traurigen Ton soll *Le geste* ein optimistisches Chanson sein: Auch die schlimmsten Schicksalsschläge gehen schließlich vorüber wie alles andere, man braucht nur eine kleine Geste zu machen und sich nicht groß über sein Elend aufzuhalten.

Les vieux bateaux, ein schönes Gedicht von Jacques Bourgeat über die stolzen Schiffe von einst, die die Weltmeere überquerten und nun als abgetakelte Wracks an die große Zeit von damals erinnern. Leider brilliert die Musik vor allem durch ihre Abwesenheit.

Die schöne Mademoiselle *Sophie*, früher so hübsch, hat ihr Leben durch die Liebe verloren. Dem ausgelassenen Jazz-Rhythmus fügt die Piaf noch eine Art Spott hinzu, der nicht immer zum Text paßt.

In *Cousu de fil blanc* erklärt eine Frau, die zunächst aus Liebe zu sterben glaubte, sie habe wieder zum Leben zurückgefunden durch die Begegnung mit einem andern – ein schwaches Chanson. *Monsieur Ernest a réussi* dagegen ist ein sehr überzeugendes Stück. Monsieur Ernest hat, als er noch arm und mittelmäßig war, die Garderobiere seines Stammlokals verführt. Doch jetzt, da seine Geschäfte florieren, bricht er mit ihr. Er feiert Hochzeit, und sie kehrt in ihre Garderobe zurück: C'est la vie! Die Musik ist hier nicht so wichtig, man stellt einmal mehr fest – wie übrigens in Zukunft noch öfters –, daß die Sängerin Piaf von der Schauspielerin Piaf überflügelt wird.

Während der Dreharbeiten zu *Portes de la nuit,* die ab März 1946 einige Monate in Anspruch nehmen, arbeitet Edith wieder an ihrer Karriere. Sie hat sich Robert Chauvigny als Pianisten engagiert, der ihr den Akkordeonisten Marc Bonel vorstellt. Edith kann zwar zunächst mit ihm nicht warm werden, doch Chauvigny meint beharrlich:

»Er ist der Musiker, den Sie brauchen! Er hat Herz, er hat gelitten, er kommt von der Straße, mit ihm haben Sie alles, was zum wehmütigen Akkordeon gehört. Sie werden sehen, er hat Klasse!...« Und Marc Bonel bleibt während siebzehn Jahren im Dienst der Piaf.

Nach der Befreiung sind einige neue Gesichter in der Umgebung der Piaf aufgetaucht. So Roland Avelys, der eine kleine Karriere als ›Chanteur sans nom‹ gemacht hatte und der Edith nicht mehr verläßt. Er erklärt:

»Bei ihr bin ich zugleich Vertrauter, Sekretär, Verwalter, wenn nötig sogar Zimmermädchen und dazu der Hofnarr von Edith. Wenn sie deprimiert ist, komme ich mit meiner netten Visage und einem meist schrecklichen Kalauer – und schon geht es wieder.«

Ein anderer fröhlicher Bursche, Charles Aznavour, als Sänger und Pianist noch ganz am Anfang, führt mit seinem Partner Roche im kleinen Saal des ›Washington‹ eine Nummer vor, die

Edith sich anhört. Nach seinem Auftritt geht sie mit ihm tanzen und lernt dabei sein Gefühl für Rhythmus so sehr schätzen, daß sie einwilligt, ihn so oft wiederzusehen, wie er wolle. Und als er ihr nach einer Vorführung des ›Links-Herum‹-Walzers auch noch gesteht, er habe auch auf der Straße gesungen, ist sie völlig hingerissen. Ein wenig später aber geht sie in den Süden auf Tournee und nimmt statt seiner einen andern Sänger mit. Als Aznavour nach dem Grund fragt, entgegnet sie lachend:

»Er hat einen schönen Hintern!«

Der geduldige und sanftmütige Aznavour ist zunächst bereit, für einige Zeit einen der Begleiter der Piaf zu spielen. Sie hat zu ihm gesagt:

»Du wirst eine Chanson-Karriere machen, aber die Lieder, die du schreibst, mußt du den andern geben. Du selbst mußt meine singen! Wenn du nicht auf mich hörst, bist du blöd!«

Ein wenig später dann, immer noch im Jahre 1946, läßt sie ihn auf eine Tournee in die Schweiz mitkommen. Doch sie bestimmt die Dauer seines Auftritts, sie stellt auch sein Programm zusammen... Und er dient ihr gleichermaßen als Chauffeur, Regisseur, Maschinist, Beleuchter und Tonmischer...

Anfangs Juni 1946 tritt Edith im ›Club des cinq‹ auf. Sie trägt den weißen Kragen nicht mehr, ihr neues schwarzes Kleid ist hochgeschlossen, mit einem schmalen Goldband als Gürtel, dazu eine kleine Kette mit einem goldenen Kreuz. Jeden Abend bereiten fünf- oder sechshundert Zuschauer dieser winzigen Person einen Triumph sondergleichen. Denn sie überragt mit ihrem ungewöhnlich selbstsicheren Auftreten alle andern Sängerinnen, wie ›realistisch‹ sich diese auch geben, und reicht mit ihrer unwahrscheinlichen Ausdruckskraft an die größten Poeten heran, die aus der Gosse kamen − nennen wir den Vorläufer derer aller als ersten: François Villon.

Unter den neuen Chansons ist *Il a chanté* von einem schönen symphonischen Orchester begleitet. Es erzählt das traurige Schicksal einer Frau, die sich vom Gesang eines fröhlichen Mähers verführen ließ, der die Natur lobpries. Sie brennt mit ihm durch, doch er läßt sie bald am Wegrand stehen und zieht singend weiter.

Un refrain courait dans la rue besingt den verzweifelten Versuch einer verlassenen Frau, sich in Würde zurückzuziehen. Glücklicherweise läßt sie ein fröhliches Lied ihren Kummer vergessen. Edith muß hier ein wenig forcieren, um ihren eigenen, etwas widersprüchlichen Text glaubwürdig vorzutragen.

Qu'as-tu fait John?, von Michel Emer, ist in musikalischer Hinsicht nicht sehr überzeugend, doch wieder wie geschaffen, um das komödiantische Talent der Piaf zum Tragen zu bringen. In Lousiana wird ein Schwarzer gelyncht, den man der Vergewaltigung einer weißen Frau bezichtigte. Aber in Wirklichkeit hat die Frau gelogen. Sie begehrte den Schwarzen, dessen einziges Verbrechen darin bestand, daß er sie zurückwies. Was soll's! Im Himmel, nahe beim Lieben Gott, ist John glücklicher als je zuvor...

J' m'en fous pas mal ist einer der größten Erfolge aus der Feder Michel Emers. Dieses Chanson bringt die Sorglosigkeit einer Verliebten zum Ausdruck. Voller Glück trifft sie ihren Geliebten zu den sonntäglichen Vergnügungen: Tanzfeste, Spaziergänge im Wald... Und selbst wenn das Ganze traurig enden sollte, dann rufen schöne Erinnerungen die Momente des Glücks zurück:

> *...J' m'en fous pas mal*
> *Il peut m'arriver n'import'quoi:*
> *J'ai mon amant qui est à moi*
> *Et ce que les gens pensent de nous*
> *Ça m'est égal*
> *J' m'en fous...*

Am 18. Juli, immer noch im ›Club des cinq‹, organisiert sie eine große Gala, die André Chanu präsentiert. Sie wird *Le Bel Indifférent* spielen, mit Gérard Landry (der anstelle des angekündigten Paul Meurisse auftritt). Im selben Programm sind auch Luc Barnay, Mario Podesta, Mado Robin und Yves Montand – der im zweiten Teil großen Erfolg hat – zu sehen, ferner die Compagnons de la Chanson, eine neue Gruppe von neun jungen Leuten, für die sich Edith ganz speziell zu interessieren beginnt.

Im September gibt Yves Montand sein Rezital im ›Etoile‹ – er erweist sich aufgrund seiner Fortschritte als der originellste Sänger der neuen Generation.

Einen Monat später tritt Edith dort auf. Es ist klar, daß sie in den Music-Halls von niemandem mehr übertroffen werden kann. Sie entfesselt unter den Zuschauern fieberhafte Begeisterung; selbst die anspruchsvollsten Kritiker sind überwältigt. Man ist fasziniert von ihrem Aussehen, das dem eines geschlagenen Hundes gleicht, von ihrem Mut zu einem Repertoire, das nicht immer nur die einfachsten Mittel verlangt, und von ihrer tragischen Genialität, die nun all ihre Interpretationen prägt. Ohne sie könnte man viele ihrer Chansons gar nicht anhören, sie wären unmöglich, einige sogar lächerlich. Sie aber erlebt jede dieser Geschichten so intensiv, empfindet sie als so wirklich und bringt sie mit solch großartiger dramatischer Kunst zum Ausdruck, daß man auch noch die schlechtesten beklatscht.

Für das große Publikum, für das Volk, ist die Piaf ein einzigartiges Phänomen. Sie ist zum Symbol geworden und zwar nicht nur für die traurigsten menschlichen Schicksale, sondern auch zu einem Symbol für diese Nachkriegszeit, die von Bitterkeit geprägt ist, von Vergangenheitsbewältigung, von moralischen und materiellen Einschränkungen und von Empörung. Darüber hinaus zieht sie nun auch neue Zuschauerkreise an – sie sind gebildeter oder vielleicht snobistischer –, die lange Zeit nichts mit dieser ›Poesie aus der Gosse‹ zu tun haben wollten, die nun aber an einer Künstlerin von solchem Niveau nicht mehr vorbeisehen können!

Schon allein durch ihr bloßes Erscheinen auf der Bühne vermag dieses Persönchen von einer Frau einen wahren Schock hervorzurufen – ihr konzentriertes Innehalten, ihr erstaunter Blick, der aus weiter Ferne kommt oder aber ernst und schwer verharrt angesichts der enthusiastischen Beifallsstürme ihrer Bewunderer.

Und selbst bei den reserviertesten Zuschauern dauert es nicht länger als drei oder vier Chansons, bis sie ihrer inneren Bewegung und ihrer Anerkennung mit derselben Begeisterung und Intensität Ausdruck verleihen wie ihre Stuhlnachbarn.

Adieu mon cœur, deutlich amerikanisch beeinflußt, ist unverfälschte Western-Musik:

> *... Autrefois tu respirais le soleil d'or*
> *Tu marchais sur des trésors*
> *On était vagabond, on aimait les chansons*
> *Ça finit dans la prison...*

Dieser wehmütige Stil, im Halbton vorgetragen und etwas anderes als der ihrer übrigen Lieder, liegt der Piaf ganz besonders.

Le chant du pirate, eher traditionell, mit Chorbegleitung, ist weder im Text noch in der Musik geglückt: Edith legt trotzdem all ihr Können hinein.

Un homme comme les autres zeigt, daß derjenige, den man liebt, in unseren Augen immer einzigartig ist. Doch es ist keines der Lieder, die einem in Erinnerung bleiben, ebenso wenig wie *Le petit homme*, dessen junge Geliebte ihm ihre kostspielige Liebe schenkt bis zu dem Tag, da sie ihn verläßt: Trotz gepflegter Orchesterbegleitung bleibt weder das eine noch das andere im Gedächtnis haften.

La vie en rose dagegen geht um die Welt. Dieses unbestrittene Meisterwerk eines Chansons, das der Zusammenarbeit von Louiguy und der Piaf zu verdanken ist, hat eine seltsame Geschichte. Da ihre Umgebung das neue Stück nicht mochte, hat Edith es zunächst einer jungen Sängerin, Marianne Michel, angeboten, bevor sie selbst es mit unglaublichem Erfolg sang. Es ist wahr, Text und Musik sind einfach, leicht zu behalten, gefällig und treffen ins Herz. Wer hat noch nie seit fast vierzig Jahren mitgesummt:

> *Quand il me prend dans ses bras*
> *Qu'il me parle tout bas*
> *Je vois la vie en rose...!*

Für den ersten Teil des Auftritts hat Edith die Compagnons de la Chanson engagiert. In der Meinung, Montand nicht mehr viel beibringen zu können, hat sie beschlossen, das Repertoire der neun jungen Burschen zu verbessern, das sich ihr bisher allzu sehr auf alte französische Lieder, die bevorzugten Stücke der Gesangsvereine, zu beschränken schien.

Im Laufe ihrer Schweizer Tournee entdeckte sie *Les trois cloches* und wollte es den Compagnons anbieten. Doch diese lehnten ab.

»Und wenn ich es mit euch singe?«

Und so erscheint sie am Ende des Auftritts der Compagnons im pastellfarbenen Kleid mitten unter ihnen, und ihre herrliche Stimme fällt in den Chor ein, bei *Les trois cloches* und auch bei *La complainte du roi Renaud*, das unglücklicherweise nie aufgezeichnet wird. *Les trois cloches* ist ein erbauliches Gedicht von Jean Villard, arrangiert von Marc Herrand. Die Geschichte vom kleinen Manne, geboren in einem Dorf ganz hinten im Tal, der getauft wird, heiratet und stirbt – und jedesmal läuten die Glocken. Dies ist das Schicksal, das jeden Menschen trifft. Und das Chanson schließt mit der Hoffnung für die Gläubigen:

Dieu nous fera signe un jour!

Auch musikalisch ein sehr gelungenes Lied. Die Piaf und die Compagnons sind darin phantastisch, und ihre vereinten Stimmen tönen wie das Jüngste Gericht.

Edith singt auch mit in *Céline*, einem alten und etwas naiven Volkslied. Es handelt von einem jungen Soldaten, der Urlaub bekam, um seine schöne Céline zu besuchen. Aber als er aufs Schloß ihrer Eltern kommt, ist Céline gestorben; sie hat immer wieder seinen Namen gerufen. Er besucht ihr Grab und weint. Sie antwortet ihm (durch die Stimme der Piaf):

... Ma bouche est pleine de terre
La tienne est pleine d'amour
Je garde l'espérance de te revoir un jour...

Verzweifelt kehrt der Soldat in die Armee zurück. Leider entspricht der musikalische Rhythmus nicht dem Sinn des Textes.

Le roi a fait battre tambour, ein weiteres ›historisches‹ Chanson, besingt das Drama einer Favoritin des Königs, die von ihrem Mann gegen seinen Willen für den Titel eines Marschalls aufgegeben werden mußte. Die eifersüchtige Königin ließ sie dann aber vergiften. Dieses berühmte Lied geht auf die Zeit der Katharina von Medici zurück:

> *Le roi a fait battre tambour*
> *Pour voir toutes ses dames*
> *Et la première qu'il a vue*
> *Lui a ravi son âme...*

Dans les prisons de Nantes ist Teil desselben alten Volksliedgutes. Edith Piaf ist der Mittelpunkt dieser zwei Chansons, die Compagnons beschränken sich auf ihre Unterstützung, allerdings auf sehr hohem Niveau. Zwei bewunderungswürdige Lieder, denen die metallklare Stimme der Piaf einen Widerhall wie aus einer andern Welt verleiht.

Dies ist vermutlich das erste – und einzige – Mal, daß man den Star des Abends ganz einfach am Ende des ersten Teiles auf die Bühne kommen sieht, um ihre Kameraden zu unterstützen. Jean Cocteau meinte, daß Edith durch ihr derart bescheidenes Auftreten die Compagnons und sich selbst nur noch größer machte.

In diesem Jahr 1946 unterschreibt Edith einen neuen Schallplattenvertrag mit Columbia-la Voix de son Maître. Von nun an wird Ediths Stimme mehr und mehr durch die Mikrophone getragen. Sie dagegen ist mit ihren Einspielungen nie zufrieden, sie will immer noch mehr, will immer noch einmal von vorne beginnen, oft bis zu zehn Mal! Sicher kann die kalte Maschinerie den direkten Kontakt mit dem Publikum nicht ersetzen, vor allem nicht für eine Sängerin von solchen stimmlichen Mitteln, die während Jahren daran gewöhnt war, ohne Mikrophon zu singen, nicht nur auf der Straße, sondern auch in den Cabarets und Music-Halls, und das bis in die vierziger Jahre. Es wäre interessant, wenn man von damals solche ›Pirat-Aufnahmen‹ fände, Aufnahmen von öffentlichen Auftritten...

Im Januar 1947 singt Montand im ›A.B.C.‹. Kurz danach geht Edith auf Tournee ins Elsaß. Ihr Programm wird durch die Compagnons ergänzt. Sie läßt Lou Barrier wissen, sie wolle nicht mehr im Hotel wohnen und er solle ihr eine große Wohnung besorgen. Barrier mietet für sie eine geräumige Parterre-Wohnung an der Rue de Berri 26.

Bei ihrer Rückkehr ruft Yves Montand sie an. Eine neue Sekretärin, Yvonne (die während zwei Jahren ›Dédée‹ Bigard zur Hand geht), antwortet ihm mit einiger Verlegenheit, Edith sei nicht allein zurückgekehrt. Eine Woche später haben die zwei großen Sänger eine relativ ruhige Aussprache. Edith gibt Yves zu verstehen, daß Jean-Louis Jaubert, der Chef der Compagnons, ihn in ihrem Herzen und ihrem Leben abgelöst habe. Montand erscheint zwar äußerlich sehr ruhig, doch später erklärt er, er habe mehrere Monate gebraucht, um sich von diesem Schock zu erholen.

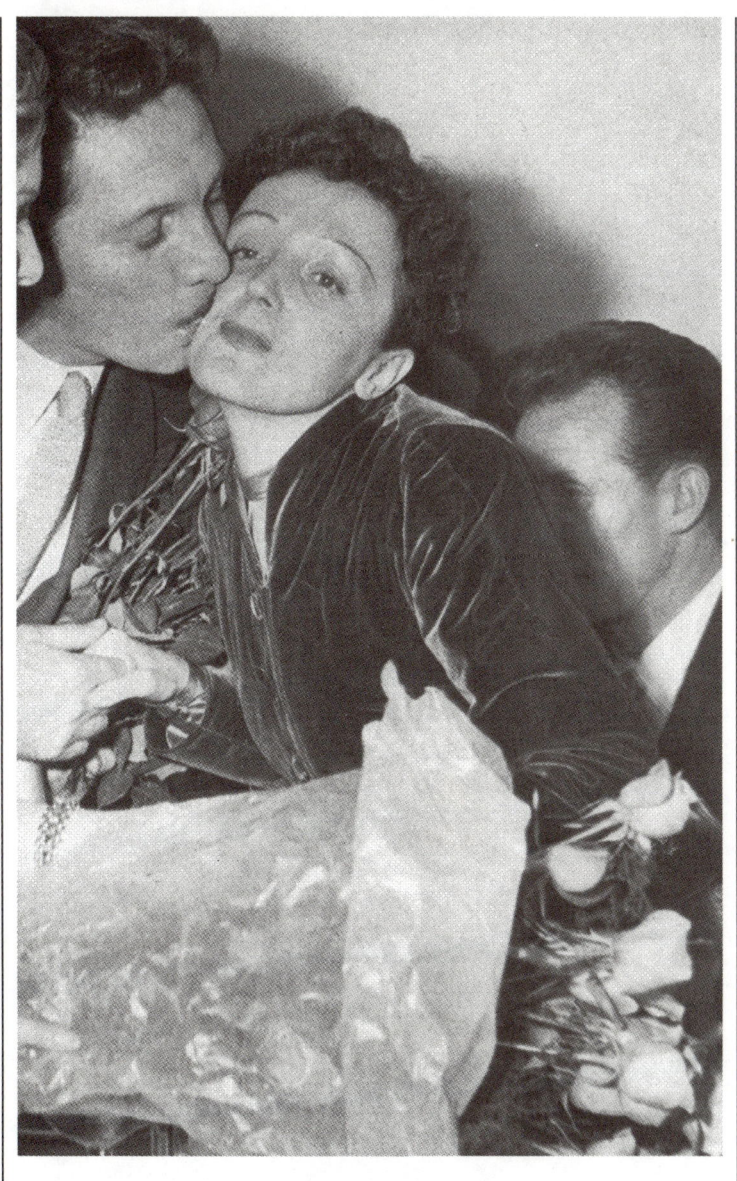

Dezember 1951: Herzliche Begrüßung durch Jean Sablon

Die Piaf mit Constantine und Aznavour bei Aufnahmen im Radiostudio

Die Piaf und Aznavour,
der ihr seine große Karriere verdankt

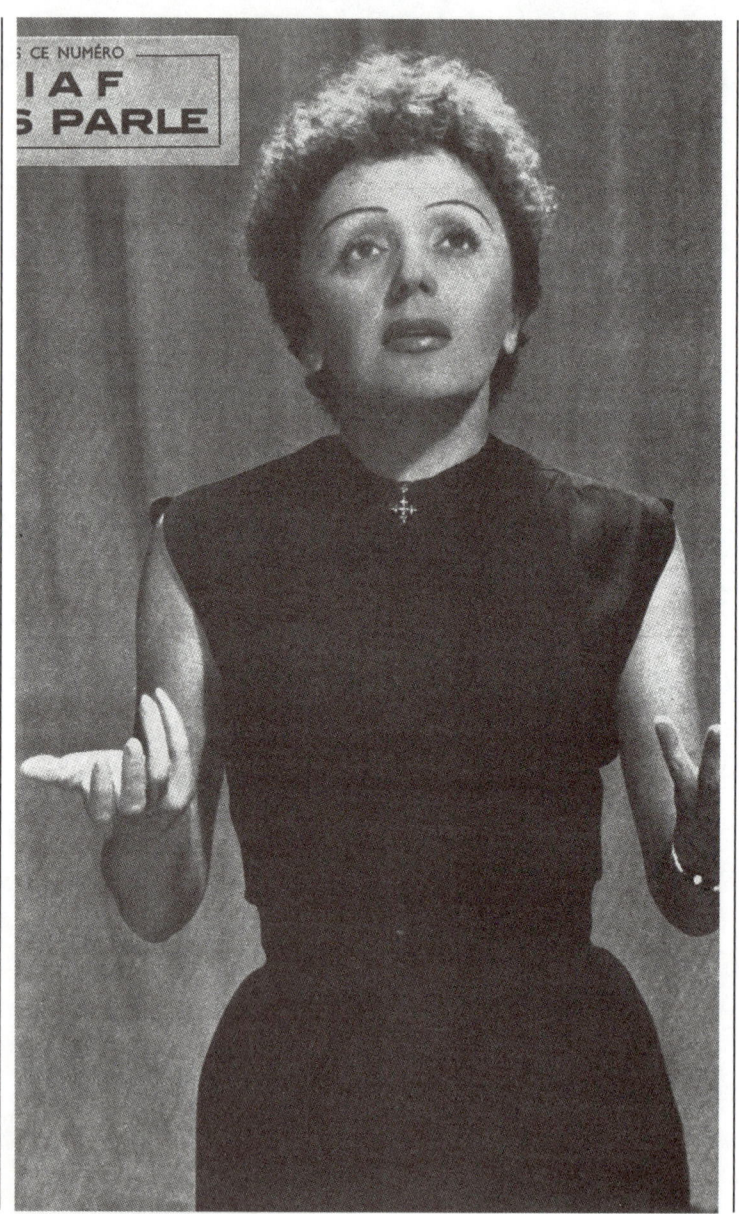

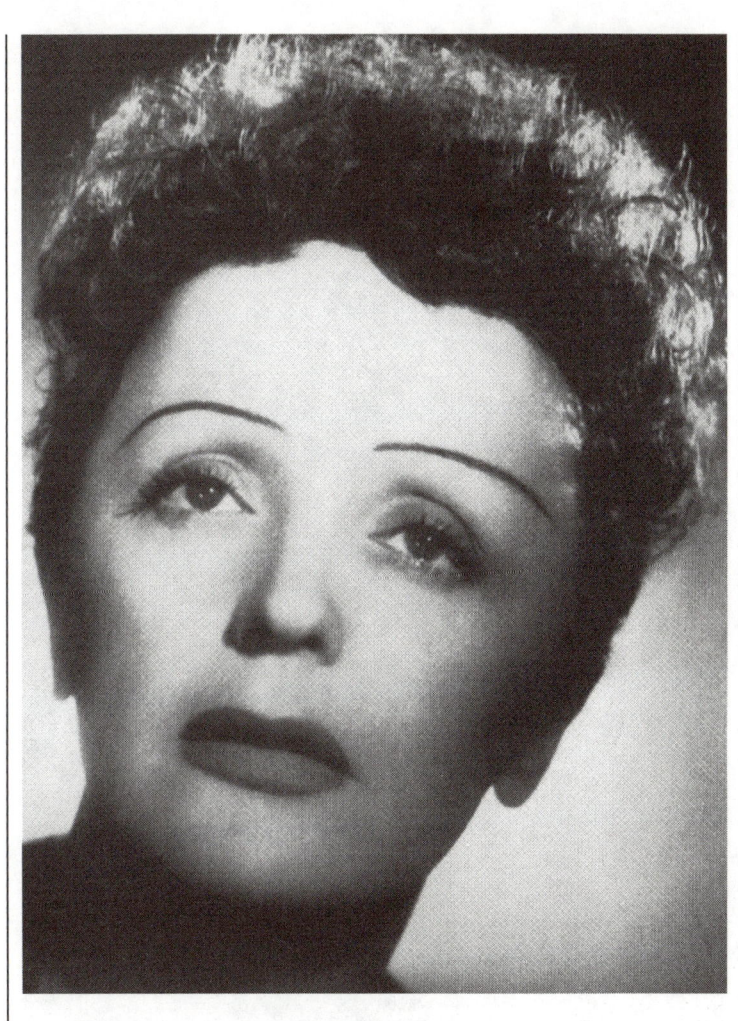

Berühmte Trauzeugin bei der Hochzeit von Edith und Jacques:
Marlene Dietrich

Jacques Pills und Edith mit dem Geschenk für ihre amerikanischen
Freunde, einem Zwergterrier

Edith und Marcel Cerdan

6

Marcel Cerdan

Im April 1947 geht Edith mit den Compagnons auf eine große Tournee, die sie von der Schweiz nach Belgien, dann nach Norwegen, Schweden, Portugal, nach Ägypten und Griechenland führt, und über Italien kehren sie zurück. Bei ihrem Aufenthalt in Athen trifft Edith einen glühenden Bewunderer, den Schauspieler Takis Ménélas, der zu einem ihrer treuesten Freunde wird.

Im Mai und Juni 1947 dreht sie mit den Compagnons den Film *Neuf garçons et un cœur*, unter der Regie von Georges Freedland. Es handelt sich um eine Art naive und beinahe kindische Weihnachtsgeschichte. An einem Heiligabend stehen die Sängerin Christine (Edith Piaf) und ihre Freunde völlig mittellos da. Auch Victor (Lucien Baroux), der Portier des Cabarets ›Le Paradise‹, weiß keinen Ausweg aus dieser Not. Der Besitzer des Nachtlokals (Marcel Vallée) behandelt sie rüde: Wer den ganzen Tag verschläft, braucht auch nichts zu essen! Christine und ihre Kumpane schlafen schließlich ein und träumen, sie wären im Paradies... Beim Erwachen aber finden die Freunde sich wieder in der traurigen Wirklichkeit. Jedoch der liebe Gott bleibt nicht tatenlos: Ein reicher Gast des Cabarets (Lucien Nat) hat die kleine Bande liebgewonnen und verschafft ihr ein glänzendes Engagement.
    Unter den zahlreichen Chansons, zu denen dieser Film den Vorwand liefert, sticht das hübsche *C'est pour ça* hervor, das die Allmacht der Liebe preist: Sie ergreift zwei junge Leute, die sich vorerst schlecht verstanden.

Anfangs September treten Edith und die Compagnons im ›Etoile‹ auf, bevor sie sich auf der ›Queen Elizabeth‹ einschiffen, um ihr Glück in New York, Kanada und Kalifornien zu versuchen. Die Piaf hat die Absicht, danach in Paris (zusammen mit ihren Freunden) die ›Dreigroschenoper‹ auf die Bühne zu bringen.

Im November wird sie von ihrem amerikanischen Agenten Clifford empfangen, und sie bezieht eine Suite im Hotel Ambassador. Die Compagnons und sie selbst werden im ›Playhouse‹ am Broadway, in der 48. Straße, auftreten.

Dieser erste Kontakt mit dem amerikanischen Publikum wird für Edith Piaf ein Mißerfolg, der wohl vor allem auf einer Fehleinschätzung beruht. Denn Edith, die immer an ihre Freunde denkt, obwohl der Haussegen zwischen ihr und Jaubert schon schief zu hängen scheint, wollte wie in Paris im ersten Teil ihrer Vorstellung inmitten der Compagnons auftreten. Und die Zuschauer konnten nicht verstehen, daß diese kleine, ärmlich gekleidete Frau, deren Äußeres in ihren Augen so gar nicht nach französischem ›Sexy Girl‹ aussah, sich so bescheiden im Ganzen einordnen wollte, wo sie doch als der Star des Abends angekündigt worden war. Noch dazu übersetzt ein Ansager während ihres eigenen Teils laufend am Mikrophon die Texte ihrer Chansons, die man darüber hinaus auch noch für zu schwermütig hält. Dieser Schlag war für Edith um so härter, als die mitreißenden Melodien der Compagnons großen Erfolg ernteten.

Wie durch ein Wunder ließ der Kritiker Virgile Thompson, der sich üblicherweise nicht für die Music-Hall interessierte, einen bedeutenden Zeitungsartikel erscheinen, in dem von der Unkenntnis und der Dummheit des Publikums die Rede war, das die Piaf nicht begreife. Sofern setzten sich Clifford Fischer, Edith und die Compagnons zusammen:

»Ihr müßt euch unbedingt trennen«, sagt Fischer. »Madame Piaf muß allein auftreten. Wir mieten eines der elegantesten Cabarets von Manhattan, ›Le Versailles‹, und starten eine neue Werbekampagne für Edith. Ferner muß sie unbedingt ihre Texte selbst auf amerikanisch ansagen, sie muß auch mindestens zwei oder drei Chansons in unserer Sprache singen.«

Gesagt, getan. Edith trennt sich ohne großes Aufheben von den Compagnons und macht sich mit Feuereifer an die Arbeit, englisch zu lernen. Inzwischen läßt Fischer sie neu ankündigen als »die phantastische französische Sängerin, die die G.I. bei der Befreiung von Paris entdeckt haben«. Mit Rücksicht auf ihre Körpergröße wird für sie die Bühne des ›Versailles‹ erhöht, wo sie dann auch auf einen Schlag ungeheuren Erfolg erntet.

Alle in New York anwesenden Stars kommen, um sie zu beklatschen, ganz speziell Marlene Dietrich, die bis zu Ediths Tod eine ihrer treuesten Freundinnen wird. Sie hat ihr das kleine Goldkreuz mit Smaragden zum Geschenk gemacht, das Edith lange Zeit um ihren Hals trägt.

Dieses außergewöhnliche Ereignis ihrer Karriere hat sich im Februar 1948 abgespielt. *La vie en rose* aber wird für Amerika (und bald auch für die ganze Welt) zur beliebten Erkennungsmelodie dieses kleinen ›French Girl‹, das während sieben Wochen im ›Versailles‹ Triumphe feiert.

Zu diesem Zeitpunkt ereignet sich auch in ihrem Privatleben Entscheidendes.

Sie ist mittlerweile in einem sehr eleganten Appartement an der Park-Avenue einquartiert. Dort erfährt sie eines Tages, daß der große französische Box-Champion Marcel Cerdan eben ein Match in Montreal bestreitet. Sie kennt ihn seit 1946, als er sie im ›Club des cinq‹ bewundern kam. Damals schon war sie bezaubert von seiner Einfachheit, seinem angenehmen Wesen, seiner Höflichkeit und seinem Charme, naiv wie der eines großen Kindes. Im Dezember 1946, nach seinem Sieg über Georgie Abhrams in New York, hatte sie ihm ein Telegramm geschickt:

»Bravo Marcel, ich hab's ja gewußt!«

Anfangs dieses Jahres 1948 nun greift sie zum Telefon und ruft ihn in Montreal an:

»Ich wäre glücklich, wenn ich Sie in New York treffen könnte!«

»Leider muß ich nach Québec, ich habe versprochen, dort als Schiedsrichter bei einem Catch-Match zu fungieren...«

Ein wenig später nimmt er doch die Reise auf sich, um Edith applaudieren zu können. Schnell werden sie unzertrennlich. Die Romanze der beiden Franzosen läßt in der amerikanischen Presse die Tinte in Strömen fließen. Für Cerdan ist diese Art Publicity nicht günstig, denn er hat eine reizende Frau, namens Marinette, von der er hübsche Kinder hat, und man weiß, daß das prüde Amerika zu jener Zeit in solchen Dingen keinen Spaß verstand. Aus Ärger über die dauernde Belagerung durch die Journalisten willigt Cerdan schließlich ein, eine Pressekonferenz abzuhalten, und er erklärt:

»Sie können mich fragen, was Sie wollen. Ich werde Ihnen sagen, was ich Ihnen sagen kann, und morgen werde ich wohl wissen, ob Sie Gentlemen sind!«

Am nächsten Tag kein Wort über irgendwelche ›Enthüllungen‹ – und die Piaf erhält von den Journalisten ein wundervolles Blumenarrangement...

Im Frühjahr reisen beide nach Frankreich zurück, wo Marcel ein Privatleben führen kann, wie er es sich vorstellt: Seine Familie lebt in Casablanca!

Wie immer hat sich die Piaf in den Kopf gesetzt, ihren Geliebten nach ihren eigenen Vorstellungen zu formen. Sie bringt ihn dazu, sich anders zu kleiden, und rät ihm vor allem zu Lektüre, die seinen Geist bereichern soll. Der freundliche Marcel, ganz im Banne der Autorität dieser kleinen Frau, ihres Talents, aber auch ihrer Lebenserfahrung, fügt sich willig. Sein Manager Lucien Roupp jedoch bringt diesem Verhältnis beträchtliches Mißtrauen entgegen. Er befürchtet, daß Cerdan, für den er den Weltmeistertitel anstrebt, nun den sinnlichen Freuden erliege und die Schnelligkeit seiner Reflexe einem gesellschaftlichen Leben opfere, auf das er gar nicht vorbereitet sei.

Diesen Moment wählt Simone Berteaut, um wieder an Ediths Seite aufzutauchen. Sie gibt vor, sie habe Cerdan in Casablanca kennengelernt, wohin sie einer Zufallsbekanntschaft gefolgt war. Danach hatte sie in einer Vorstadt-Garage als Tankwartin gearbeitet. Als sie erfährt, daß die Piaf zurück und fürs erste im Claridge abgestiegen sei, telephoniert sie ihr, und die Piaf lädt sie ein, ebenfalls in die kleine Villa zu ziehen, die sie an der Rue Leconte-de-Lisle gemietet hat.

Selbstverständlich hört Edith nicht mit Singen auf. Sie soll im ›A.B.C.‹ auftreten und bei Carrère, wo ihr die zukünftige Königin von England applaudiert und sie an ihren Tisch bittet.

Das Prinzenpaar schätzt vor allem drei der neuen Chansons. *Les amants de Paris,* ein hübsches Walzerlied von Léo Ferré und Eddy Marnay, mit etwas allzu schmalziger Chorbegleitung. Das klassische Thema vereinigt Paris, die Liebe und das Chanson – dann *Il pleut,* mit gefälligen Strophen über den Regen, von Roche und Aznavour, etwas zu traurig in der Klangfarbe vielleicht – und schließlich *Monsieur Lenoble,* ein Walzerlied von Michel Emer. Es erzählt die Geschichte eines zu vertrauensseligen Mannes, der von seiner Frau verlassen wird, da er sie nicht glücklich machen konnte. Monsieur Lenoble öffnet den Gashahn und schläft ein...

Marcel Cerdan bereitet währenddessen seinen Kampf gegen Tony Zale vor. Lucien Roupp hat bei Edith erreicht, daß sie ihren Champion wenigstens regelmäßig trainieren läßt und daß er ein bißchen von seiner Zeit in Casablanca verbringen darf. In seiner Abwesenheit strickt sie für ihn viel zu große Pullover in den schreiendsten Farben. Sie hat mit Lou Barrier und Fischer auch eine neuen Vertrag für das ›Versailles‹ vereinbart, für den Herbst, kurz nachdem Marcel seinen Kampf beendet haben wird. Was die Reise betrifft, hat ihr Lucien Roupp unmißverständlich klargemacht, daß sie unmöglich an der Seite des Champions in New York landen könne – das würde die puritanischen Kreise Amerikas zu sehr vor den Kopf stoßen. Im September begibt sich Edith in Begleitung Simones in aller Heimlichkeit an einen Ort in den USA, 160 Kilometer von New York entfernt, nicht weit vom Trainingslager der Boxer in Loch Sheldrake. Sie mietet ein Appartement in einer kleinen Familienpension nahe beim Hotel Evans, wo Marcel abgestiegen ist.

Sie möchte, daß Jo Rizzo, der Begleiter von Roupp und Cerdan, sie jeden Tag zum Lager fährt. Der Manager, der ein solches Hin und Her um jeden Preis vermeiden will, gibt Rizzo den Auftrag, im Innern des Trainingslagers einen Bungalow zu mieten »für seine kranke Schwester, die von ihrer Freundin begleitet ist und den Wunsch nach größtmöglicher Ruhe und Zurückgezogenheit hat«. Roupp ringt Edith auch das Versprechen ab, daß es in den zehn Tagen vor dem Weltmeisterkampf zu keinem physischen Kontakt zwischen ihr und Cerdan komme. Dieser Schwur wird gehalten, und ihre Begegnungen finden nachmittags statt, wobei sie dann meist endlos lang Karten spielen.

Am 21. September 1948 wird Marcel Cerdan in New Jersey Weltmeister. Am folgenden Tag trifft er Edith, die im ›Versailles‹ auftritt, und während zehn Tagen feiern die beiden dieses außergewöhnliche Ereignis, bis die Wände wackeln.

Im November bringt eine heftige Szene im ›Waldorf Astoria‹ Momone und Marcel auseinander. Die Piaf und Cerdan wollen jeden Skandal vermeiden und verfrachten die völlig kopflose Simone in das erstbeste Flugzeug, das Frankreich anfliegt. Simone sinnt auf Rache mittels einiger Liebesbriefe, die sie aus dem Gepäck der beiden gestohlen hat. Ja, sie geht sogar so weit, diese der Familie Cerdans anzubieten . . .!

Im Januar 1949 ist Edith Piaf in Paris. In ihrer Umgebung findet sich ihre Schwester Denise Gassion, die ihr eines Tages in den Galeries Lafayette beim Kauf von Zelluloid-Tierchen zuschaut, die Cerdan beim Baden erfreuen sollen!

Selbstverständlich gibt es für beide lange Perioden der Trennung. Für Edith ist dieses Jahr vor allem durch zwei Galas in der Salle Pleyel und eine Tournee in Ägypten gekennzeichnet.

Die neuen Chansons dieser Saison sind *Dany*, ein sinnlicher Blues von dem Burschen, nach dem alle Mädchen verrückt sind. *Pour moi tout'seule* – ein beachtlicher Erfolg – ist ein weiterer Blues mit Chor und handelt von dem armen Mädchen, dessen Leben sich im täglichen Grau in Grau abspielt; doch nachts begegnet ihm die Liebe. *Bal dans la rue*, ein Walzer von jener Unglücklichen, die die Unvorsichtigkeit beging, ihren Liebsten einer andern vorzustellen: Liebe auf den ersten Blick, Hochzeit und damit Grund für ›ce soir il y a bal dans ma rue‹. Die Piaf interpretiert dieses Chanson mit ungeheurem Schwung und macht daraus einen Triumph. Dann *Le prisonnier de la tour* von Francis Blanche und Gérard Calvi, wundervoll interpretiert – eine Huldigung an die alte französische Volkspoesie, die bis ins Mittelalter zurückreicht:

> *Le prisonnier de la tour s'est tué ce matin*
> *Grand-mère, nous n'irons pas à la messe demain*
> *Il s'est jeté de la tour en se tendant les mains...*

Und man wird wohl noch lange wie die Piaf singen:

> *Si le roi savait ça, Isabelle...*

L'orgue des amoureux, ein schönes Gedicht von Francis Carco nach der Musik von Varel und Bailly, von Edith mit großer Zartheit vorgetragen, erinnert an eine alte Drehorgel, deren wehmütige Musik wie all jene Schwüre klingt, die man für ewig hält und die doch nur eine gewisse Zeit dauern.

In *Pleure pas*, von Contet und Barelli, ersucht die Sängerin ihren Freund, sich doch nicht dem Kummer darüber auszuliefern, daß er sie nicht mehr liebt. Das Ganze ist mehr gesprochene Beichte denn ein Chanson – die Piaf ist darin unvergleichlich!

Im selben Jahr dreht Marcel Cerdan den Film ›L'homme aux mains d'argile‹. Edith ist überglücklich, darin einen hübschen Walzer von Bernheim einzubringen, über Paris:

> *Paris c'était la gaieté*
> *Paris, c'était la douceur aussi...*

Im September verreist sie wieder für mehrere Wochen zu Auftritten ins ›Versailles‹, während Marcel eine Tournee mit Schaukämpfen zugunsten alter Boxer unternimmt. Es ist vereinbart, daß er ihr nach Beendigung der Tournee per Schiff nach New York nachreist. Aber kurz vor seiner Abreise ruft sie ihn an:

»Ich kann nicht mehr warten! Nimm das Flugzeug, das dauert weniger lang.«

Er sollte am frühen Morgen des 28. Oktober in New York landen. Wie vereinbart begibt sich Lou Barrier zum Flughafen, um Marcel abzuholen. Da erfährt er, daß das Flugzeug Paris – New York auf den Azoren zerschellt ist...!

Völlig gebrochen will die Piaf dennoch am Abend im ›Versailles‹ singen, aufputschende Medikamente sollen ihr helfen. Unter dem Applaus eines brechend vollen Saales kündigt sie an:

»Heute abend singe ich zur Erinnerung an Marcel Cerdan.«

Ohne fehl zu gehen, kann man sagen, daß dieser unerwartete Verlust den wohl größten Schock im Gefühlsleben von Edith Piaf darstellt. Natürlich hat sie Schuldgefühle. Aber noch härter ist es für sie, in so brutaler Weise auf eine naive und vielleicht auch allzu schöne Liebe verzichten zu müssen, die imstande war, sie in die Kindheit zurückzuversetzen.

Im Film ›Si Versailles m'était conté‹ singt die Frau aus dem Volke (Edith) ihr mitreißendes ›Ça ira‹

*Für das Fernsehen spielen Edith und Jacques Pills
wiederholt unterhaltsame Sketches*

*Januar 1954: Edith erhält zum Jahrestag ihrer Hochzeit
einen Abguß ihrer Hände*

Besuch von Jean Gabin in der Garderobe des Théâtre Marigny,
wo Edith und Jacques erneut in ›Le bel indifférent‹ auftreten

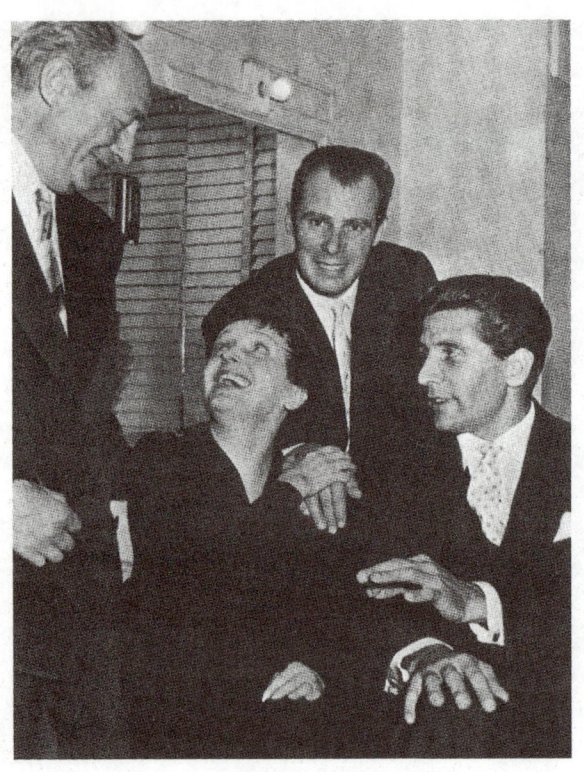

Edith, umringt von ihrem Herausgeber Raoul Breton,
ihrem Impresario Loulou Barrier
und Gilbert Bécaud, auch er ein ›Star‹ des Chansons,
der seinen Start der Piaf verdankt

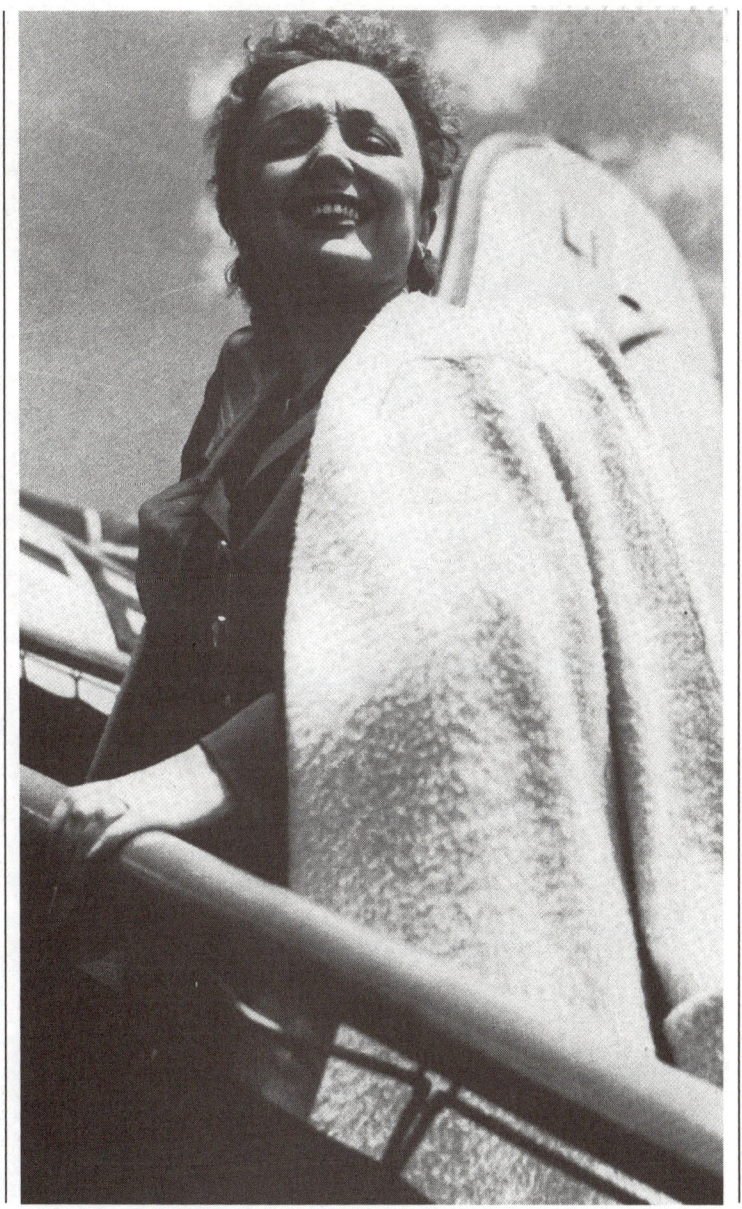

164

165

7

La P'tite Lili

Im Dezember 1949 singt Edith immer noch im ›Versailles‹, als ihre Schwester Denise ihre Hochzeit ankündigt. Edith rafft sich zu einem Glückwunschbrief auf und schickt ihr auch mehrmals Geld.

Simone Berteaut benutzt das Unglück dazu, sich Edith wieder zu nähern. Diese steckt zur Zeit gerade in einer mystizistischen Phase und wird darin wärmstens unterstützt von Marlene Dietrich. Marlene hat ihr die Hilfe einer Art ›Gegenreligion‹ verschafft: der mystische Orden der Rosenkreuzer – er bewegt sich nahe bei der Freimaurerei, ist aber weniger stark auf materiellen Erfolg ausgerichtet. Außerdem hat die Mutter von Ginette Neveu, der großen Künstlerin, die beim gleichen Flugzeugunglück ums Leben kam wie Marcel, Edith wissen lassen, es sei ihr mit Hilfe von Medien und Tischerücken gelungen, mit dem Geist ihrer Tochter in Verbindung zu treten...

Mehr braucht es nicht, um Edith zu veranlassen, unmittelbar nach ihrer Rückkehr Anfang Februar 1950 mit Simone einen kleinen runden Tisch zu kaufen, von dem sie nun Wunder erwartet.

Angeregt von jenen, die ein Interesse daran haben mußten, hat dieser kleine Tisch während allzu langer Monate die unglückliche Edith zeitlich viel zu stark beansprucht.

Es gab sogar solche, die ihn dazu ausnutzten, sich selbst Geld zukommen zu lassen... Und Simone behauptet in ihren Erinnerungen, *La chanson bleue* sei auf diese Weise vom Geist Marcel Cerdans diktiert worden! Das Chanson ist übrigens eine Art

Wiegenlied, von Harfenmusik und ›himmlischen Chören‹ begleitet, einer Künstlerin wie der Piaf völlig unwürdig, trotz aller Beschwörungen darin, an den heiligen Petrus gerichtet, an die Engel, an den lieben Gott!...

Edith will auch unbedingt mit der Witwe und den Kindern von Marcel zusammenkommen! Ende Februar trifft sie in Casablanca ein. Sie lädt die kleine Familie sogar ein, einige Zeit bei ihr zu verbringen...

Kurz nach ihrer Rückkehr gibt sie zwei Rezitals in der Salle Pleyel...

Sicher, weniger denn je kann sie sich jetzt mit der Einsamkeit abfinden. So tauchen mehrere neue Gesichter in ihrer Umgebung auf. Da ist zunächst Danièle Vigneau, Ex-Wunderkind und später Akrobatik-Tänzerin – Edith hat sie in einem Cabaret getroffen, und sie wird ihre neue Sekretärin, als Dédée Bigard sich zurückzieht. Danièle heiratet ein Jahr später Marc Bonel. Dann ist da auch Eddie Constantine, Sänger österreichischer Herkunft, in Los Angeles geboren – in Amerika hat er so ziemlich alle Berufe ausgeübt, bevor er sich zur Zeit der Befreiung in Paris niederließ. Er hatte einigen Erfolg bei Amateur-Wettbewerben, dann aber hat ihm Lucienne Boyer ein erstes Engagement im ›Club de l'Opéra‹ verschafft. Man hatte ihn auch schon bei Léo Marjane und Suzy Solidor auftreten sehen. Edith, die immer auf dem laufenden ist über das, was sich im Bereich der Music-Halls abspielt, hat ihn charmant gefunden, außerdem habe er eine hübsche Stimme. Mehr braucht es nicht, damit sie sich näher für ihn interessiert:

»Für den Anfang mußt du zunächst einmal korrektes Französisch lernen!«

Sie empfängt auch zahlreiche Texter und Komponisten, die ihr die neuesten Schöpfungen vortragen. Unter ihnen vermag sich Léo Ferré rasch durchzusetzen. Auch Robert Lamoureux, den das Publikum schon schätzen lernte, ist eine der sympathischen Erscheinungen. Und die Piaf verspricht ihnen Hilfe, sobald sich dazu eine Gelegenheit biete.

Im April 1950 tritt sie wieder im ›A.B.C.‹ auf. Die Pariser sind etwas erstaunt über ihre neue Kurzhaar-Frisur, doch Ediths sängerische Ausdruckskraft fasziniert sie erneut. Ihr Repertoire enthält zahlreiche Neuheiten von unterschiedlicher Qualität.

La p'tite Marie, ein Chanson, mehr gesprochen als gesungen, beweint den Tod eines tapferen Mädchens, das das Leben liebte.

Ein weiteres dramatisches Chanson, *Tous les amoureux chantent*, zeigt zwei Verliebte auf ihrem Weg zum gemeinsamen Stelldichein, mitten durch alle Gefahren des Verkehrs. Einer der beiden stirbt denn auch bei einem Unfall, umgeben von einer teilnahmslosen Menge. Der Text ist nicht sehr gut, trotz der dröhnenden Orchesterbegleitung, die den ohrenbetäubenden Straßenlärm symbolisieren soll.

L'hymne à l'amour dagegen ist ein sehr gelungenes Chanson von Monnot und Piaf, mit einer sehr ansprechenden und eingängigen Musik. Es wird ein Riesenerfolg, und die ganze Welt singt mit:

> *Le ciel bleu sur nous peut s'effondrer*
> *Et la terre peut bien s'écrouler:*
> *Peu n'inporte, si tu m'aimes,*
> *Je me fous du monde entier!*

Robert Chauvigny, der das gewohnte Orchester der Piaf leitet, hat es jedoch für gut befunden, dem allem noch Chorbegleitung beizugeben, völlig unnötig – wie immer übrigens, wenn ein solcher Chor nicht das Niveau der Compagnons de la chanson aufweist. Doch da die Piaf das so sehr mag...

Le ciel est fermé, eine hübsche Legende von Henri Contet, erinnert in ihrem Humor oft an Jacques Prévert. Darin ist vom Abdanken des lieben Gottes die Rede, auch von anderen tiefgreifenden Veränderungen in der Welt. Glücklicherweise steigen die Gebete aber weiter zum Himmel auf und – dank den Poeten – blüht auch die Liebe überall zaghaft wieder auf. Leider nur im Chanson! In diesem Lied erleben wir eine erstaunliche Edith: voller Inbrunst, Enthusiasmus und Eindringlichkeit.

Ihre Echtheit rettet auch *Il fait bon t'aimer* vor der Banalität – eine ganz einfache Liebeserklärung derjenigen, die sich bei ihrem Geliebten geborgen fühlt.

Was der eigentliche Sinn von *Chevalier de Paris* sein soll, ist schwer zu erraten, handelt es doch von einem vornehmen Herrn mit seiner Geliebten, die ›n'a pas peur des loups, sous un pommier doux...‹!

C'est un gars besingt in eher leichtem Ton die Liebe, die das Leben erhellt.

C'est d'la faute à tes yeux erzählt das Drama einer Mörderin aus Liebe. Um sie zu verteidigen, hat ihr Advokat eine wunderschöne Geschichte zusammengezimmert, doch der Richter verurteilt sie trotzdem zu einer langen Gefängnisstrafe. Auch dieses Lied ist nicht hervorragend, aber immerhin besser als die zwei vorangehenden.

L'hymne à l'amour zusammen mit *La fête continue* bildet eindeutig den Höhepunkt des Abends. Das letztere ist eine eigentliche Saga des Elends, in dem der Lärm des Volksfestes alle Misere übertönt: Die hungernden Kinder, die unglücklich Liebenden, die trauernde Witwe mit ihrem nichtswürdigen Sohn, das in der Schule bestrafte Kind, die armen alten Leutchen, die ihre Töchter verloren haben und nun an spiritistischen Sitzungen teilnehmen (eine persönliche Anspielung?):

> *La fête bat son plein*
> *Musique et manège*
> *Nougats, carabines*
> *Voyantes, femmes nues...*

Aber die Beobachterin schließt vor allem die Augen: Sie ist blind vor Liebe und unfähig zum Mitleiden!

Dieses bemerkenswerte und hervorragend interpretierte Chanson ist eines der besten von Michel Emer und wird zu einem der größten Triumphe von Edith Piaf.

Nach dem ungeheuren Erfolg dieses Programms schlägt Mitty Goldin seinem Star vor, sich auf dem Gebiet des Musicals zu versuchen – ein Plan, den sie selber schon zur Zeit der Compagnons gehabt hatte. Da sie mit Marcel Achard seit jeher gut auskommt (er hat ihr in ihren Anfängen sehr geholfen), ruft Edith ihn an:

»Ich möchte unbedingt ein Stück von dir im ›A.B.C.‹ aufführen. Vorerst aber muß ich noch nach Amerika; wenn du willst, kann die Sache sofort nach meiner Rückkehr steigen, Anfang nächsten Jahres.«

Sie vereinbarten für die Aufführung ein Datum im ersten Vierteljahr 1951.

Constantine sollte Edith in die USA begleiten, wo er auch seine Familie hatte: eine Frau und eine Tochter, die er trotz der wütenden Proteste der Piaf gern wiedersehen wollte. Edith drängt ihm, ganz nach ihrer Gewohnheit, großzügige Geschenke auf, die nicht immer vom besten Geschmack zeugen! Wie alle seine Vorgänger hat auch er Anrecht auf Krokodillederschuhe, auf den marineblauen oder schwarzen Anzug, auf schwarze Hemden zu weißen Krawatten...

Nach dem Tode von Cerdan hatte sie geschworen, nicht mehr zu trinken, aber eines Tages, als sie ihren Tisch befragt und sich in eine heftige Nervosität hineinsteigert, gibt ihr ›Marcel‹ seine Einwilligung für eine Kiste Bier. Sie stürzt sich auf das Getränk, das ihr nicht bekommt, und einige schwere Alkohol-Vergiftungen sind das unvermeidliche Resultat...

In diese Zeit fallen auch einige harmlose Zerstreuungen: Edith sitzt nicht gerne zu Hause, sie geht gerne ins Theater oder ins Kino, immer mit ihrer ganzen ›Truppe‹. Unglücklicherweise aber beliebt es ihr, mehrere Male hinzugehen – wenn ihr etwas gefällt –, um alle Nuancen zu entdecken. Damit bringt sie Constantine und Aznavour an den Rand des Wahnsinns – sie schleppt sie siebzehn Mal in den Film ›Der Dritte Mann‹: Sie haßt diesen Joseph Cotton wirklich, »weil er im Film diesen phantastischen Orson Welles umbringt«!

Der arme Aznavour, dem sie x-mal versprochen hat, ihn nach Amerika mitzunehmen, muß im letzten Moment darauf verzichten:

»Ich beginne in Kanada, und ich habe nichts für dich zu tun.«

»Das ist mir egal, ich komme nach.«

Im September, eine Woche nach ihrer Ankunft in Kanada, erfährt sie, Charles sei verhaftet worden, weil er nicht alle nötigen Papiere bei sich trug. Die Piaf findet das lustig, bezahlt eine Kaution, und er trifft bei ihr in New York ein, im Beverly-Hotel, wo sie ein Appartement gemietet hat. Aber da sein Zimmer tiefer als das von Edith liegt, und da sie behauptet, ihr werde oben schwindlig, will sie mit ihm tauschen. Als sie sieht, wie klein sein Zimmer ist, zieht sie wieder in ihres zurück ... und lädt ihn ein weiteres Mal ins Kino ein, diesmal ›Der Dritte Mann‹ in Originalversion! Immerhin bezahlt sie als gute Freundin seinen Aufenthalt – das Restaurant ebenso wie sein Taschengeld ...

Für ihr amerikanisches Publikum ließ die Piaf eigens *L'hymne à l'amour* übersetzen (der neue Text stammt von Eddie Constantine), dazu *Les trois cloches* (dieses bedeutende Chanson verliert einiges an Qualität durch das Fehlen der Compagnons) und *La vie en rose*, dessen Begleitmusik nicht mehr sehr überzeugend ist (doch das Publikum mag so sehr den Kuß, der am Ende hörbar ist).

Außerdem will sie die Originalversion von *Simply a Waltz (Simplement une valse)* von Normen Wallace singen, eine eher traditionelle Karussellmusik (Merry-go-round).

Als das Jahresende naht, gesteht ihr Eddie:

»An Weihnachten möchte ich gerne meine Tochter Tania in Kalifornien wiedersehen.«

Edith läßt sich überzeugen – nicht ohne Zögern – und sieht ihren Gefährten entschwinden. Nun aber erlaubt sie nicht, daß auch noch Aznavour nach Kanada zu seinem Freund Pierre Roche fährt, der dort Arbeit fand und ziemlich Erfolg hat:

»Deine Zukunft liegt hier, hier in Frankreich, und nicht in einer Duett-Nummer! Laß dir inzwischen die Nase operieren, da du hier ja doch keine Arbeit hast; dafür gibt es hervorragende Spezialisten. Mit einem neuen Gesicht kommst du auch wieder auf andere Gedanken!... Und dann versuch doch in der Zwischenzeit, den Hit von Franckie Lane, *Jezebel*, für mich zu bearbeiten!«

Simone Berteaut erzählt, ihre ›Halbschwester‹ habe – im Moment so ganz ohne ihre Männer – beschlossen, zahllose Male ins Theater zu gehen, und John Garfield als ›Hamlet‹ zu bewundern, und sie habe sogar eine kurze Affäre mit ihm gehabt...

Am 6. Januar 1951, um 13.15 Uhr, steigt Edith in Orly aus einer Constellation, die soeben aus New York gekommen ist. Als sie durch die Zollschranken tritt, werfen sich ihr Juliette, Marcel, Michel Emer, Marguerite Monnot und die Compagnons de la chanson, alle sonntäglich gekleidet, an den Hals:

»Paßt auf!« sagt sie ihnen, »ich habe eine original amerikanische Erkältung mitgebracht!«

»Du kannst beruhigt sein«, antwortet Marcel, »wir haben schon die spanische Grippe!«

Juliette überreicht ihr einen wunderschönen Strauß aus Margeriten und rosa Hyazinthen:

»Oh! Großartig! Die Blumen in Paris sehen einfach echter aus als die in New York!«

»Ich habe ein neues Chanson für dich«, meint der Texter.

»Ich würde es dir gerne vorsingen, doch ich bin noch heiserer als du!«

»Wir werden sehen!«

In der Halle des Flughafens erspäht sie plötzlich Orson Welles, der immer noch seinen Othello-Bart trägt:

»Ich fliege nach Rom, wo ich noch einige letzte Szenen für meinen Film drehe.«

»O. k. I am glad to see you!«

Edith dreht sich zu Marcel um:

»Hast du gehört, wie ich englisch spreche?«

Raoul Breton, Herausgeber ihrer Chansons, lädt sie zu einem riesigen Dreikönigskuchen ein.

»Den verdrücken wir zu Hause!«

Dann steht die ganze Gesellschaft vor der Villa im Bois de Boulogne. Wie sie in der Tasche nach dem Schlüssel sucht, um die Türe zu öffnen, merkt Simone Berteaut, daß sie den Schlüssel zu ihrem Appartement im Beverly-Hotel mitgenommen hat...!

»Hört einmal her! Wir alle werden heute abend die Compagnons im ›A.B.C.‹ besuchen gehen. Ich hoffe, Goldin hat mein Telegramm erhalten. Ich hab' zwölf Plätze für uns reserviert. Nachher machen wir alle zusammen die Nacht durch, ich will tanzen!«

Alle zwängen sich in den kleinen Living-Room im Erdgeschoß, Marguerite Monnot probiert das Klavier aus:

»Es ist nicht sehr gut!«

Aus dem Stegreif wird nun *La p'tite Lili* geprobt. Um sieben Uhr bittet der chinesische Koch zum Willkommens-Menü ins Eßzimmer: Eiersuppe, Truthahn und Maronen, Angkor-Salat, Dreikönigskuchen. Edith eröffnet die Tafel, Marcel sitzt zu ihrer Linken, Eddie zu ihrer Rechten.

Beim Champagner sucht man die Königsfigur. Edith wird gekrönt – versteht sich. Um 8.30 Uhr wird die Tafel aufgehoben; die Königin geht sich in aller Eile umziehen. Man pfercht sich in die Autos und fährt um die Wette zu den Boulevards. Der Wagen von Edith – Aznavour am Steuer – ist als erster dort. Die Vorstellung hat schon begonnen, aber die Compagnons treten erst im zweiten Teil auf. Als sie an der Reihe sind, beginnt Edith mitzusingen, klatscht in die Hände, schreit Bravo und vergnügt sich aus vollem Herzen. Um Mitternacht, nach der Vorstellung, auf dem Trottoir der Rue Saint-Fiacre, wird die Vertrauensfrage gestellt:

»Wohin gehen wir nun?«

»Ins ›Potofou‹«, schlägt Marcel vor.

Ab geht's ins Quartier Latin – aber da ist's zu wenig lustig!

»Gehen wir zum Pigalle, zu ›Lulu‹.«

Dort hat die Piaf debütiert. Man ist bewegt, Erinnerungen steigen auf...

Um vier Uhr morgens schreit Edith:

»Ich habe Hunger!«

Henri, Patron des ›La chloche d'or‹, wohin man sich nun begibt, serviert ihr Lieblingsmenü: Moules marinières, Rahmschnitzel mit Champignons, flambierte Crêpes, nicht zu vergessen die unvermeidlichen Galettes. Um 6.30 Uhr, auf dem Trottoir, kann es Edith nicht fassen:

»Ihr habt mich seit einem halben Jahr nicht mehr gesehen und seid schon müde!«

Aber nun beginnen die ernsthaften Proben. Als Ersatz für Pierre Destailles, der vorgesehen, aber zur Zeit nicht frei ist, muß ein Komödien-Schauspieler gefunden werden. Edith scheint zunächst zu suchen, doch dann sagt sie zu Marcel:

»Ich hätte eigentlich gerne einen Burschen, der noch nie Theater gespielt hat, der aber komisch ist: Robert Lamoureux.«

Mitty Goldin engagiert ihn diskussionslos. Was Eddie betrifft, laufen die Dinge nicht so gut. Bei seinem ersten Versuch zeigt sich Constantine – der später eine beachtliche Leinwand-Karriere macht – als so miserabler Schauspieler, daß der Regisseur zu schreien beginnt:

»Ich will ihn nicht! Er watschelt beim Gehen wie ein Bär! Dazu dieser scheußliche Akzent! Und dann, zwei Anfänger neben Edith, das ist zuviel!«

Die Piaf regt sich auf. Sie ist es gewohnt, ihre Schützlinge bis aufs Blut zu verteidigen... aus Liebe:

»Ohne ihn spiele ich nicht!«

Marcel und der Regisseur, Raymond Rouleau, bringen die Sache wieder ins Lot.

»Wir schneiden seinen Text einfach weg. Er soll ja einen Gangster spielen. Nun, Gangster sind Leute, die wenig sprechen und viel handeln!«

Der kluge Mitty Goldin hatte Lamoureux und Constantine zum Glück zum gewerkschaftlich vorgeschriebenen Minimum engagiert.

Marcel wird von Rouleau bedrängt, der laut nach dem Drehbuch verlangt:

»Ich brauche es für meine Arbeit!«

»Reg dich nicht auf: Ich hab' alles in meinem Kopf!«

174

In der Tat, innerhalb von nur einer Woche schreibt er sein Buch: ein Kriminal-Musical, wie geschaffen, die Fähigkeiten eines jeden zur Geltung zu bringen. Täglich bringt er wieder einige neue Szenen an den Drehort.

Constantine und Lamoureux stürzen sich auf ihn:

»Bin ich der Mörder?«

»Wer wird Edith nun am Ende heiraten?«

»Geduld! Fortsetzung in der nächsten Ausgabe!«

Aus Zeitgründen finden die Proben nicht im ›A.B.C.‹ statt, sondern im ›Capucines‹, dessen Direktor auch Goldin ist. Um 17 Uhr ist Pause. Ein Angestellter des Theaters bringt ein großes Tablett mit Tassen, Teekännchen, Sandwiches und Brioches. Die Sandwiches sind für Eddie, der immer Hunger hat... aber keinerlei Fortschritte macht. Eine nach der andern schneidet ihm Rouleau alle seine Dialog-Partien:

»Das Stück wird nur besser, und du verlierst dabei nichts!«

Edith kocht innerlich vor Wut, sagt aber nichts – bis zu dem Tag, an dem Goldin das Faß zum Überlaufen bringt: Er erklärt, man lasse nun auch seine Chansons weg, die »die Handlung nur verlangsamten«. Da explodiert sie:

»Haltet ihr mich eigentlich für blöd? Ihr seid allesamt Idioten! Eure Gemeinheit kotzt mich an. Ihr nutzt die Tatsache, daß Eddie schlecht Französisch versteht, dazu aus, ihm seine Rolle auf Null zu kürzen, aber er wird spielen, er wird singen – oder wir hören mit allem auf. Ich bin bereit, die Konventionalstrafe zu bezahlen!«

Glücklicherweise arrangiert man sich, und die Piaf beruhigt sich endgültig, als Marcel ihr den Text für ihr letztes Chanson bringt, für *Demain il fera jour*:

»Das da, Marcel, das erzählt mein ganzes Leben... und trotzdem ist es optimistisch!«

Anfangs März stellt Achard sein Musical vor:

»Alle wirklichen Volks-Chansons sind Liebeslieder, so lebendig und stürmisch wie die von Bérard oder Dalbray:

Ein leidenschaftliches Drama, das lebenslustige Menschen erfaßt. Ich weiß nicht, ob man mir zustimmt, aber ein Drama ist viel weniger aufregend, wenn es einen trifft, der bereits unglücklich ist... *La p'tite Lili* ist zu drei Viertel lustig, zu einem Viertel rührt es die Zuschauer. Also wird die Piaf lustige Dialoge sprechen und ihren Kummer in den Chansons ausdrücken. Ich kenne Edith seit der Zeit, als sie noch die ›Môme Piaf‹ war. Und diese Piaf hatte mich gebeten, eine Komödie für sie zu schreiben. Ich mußte also noch die Idee finden, die auf ihre Mittel zugeschnitten ist. Sie besitzt große Fähigkeiten als Komödiantin, man hat das im Film *Etoiles sans lumières* sehen können. Ich dachte zunächst an eine Geschichte, in der sie ein Zimmermädchen spielt. Doch das ging nicht: Man darf schließlich die Anhänger der Piaf nicht verunsichern... Was mir dabei gefällt, ist die Tatsache, daß ich mir keine Schauspielerin vorstellen kann, außer Edith, die die Rolle der Lili interpretieren könnte... oder Madeleine Renaud, aber die kann einfach alles spielen... Es ist eine ganz simple Geschichte: zwei Menschen aus dem Volk (eine Näherin und der Portier eines Modehauses) verbindet eine große Liebe. Sie lieben sich wie Romeo und Julia, wie Isolde ihren Tristan liebte. Aber es fehlen ihnen die Worte, diese Liebe auch auszudrücken. So müssen sie sich ihre Gefühle durch entsprechende Taten beweisen. Daher also das Drama... Und dies gilt es dann in Chansons auszudrücken... Edith singt zehn Chansons. Geschrieben sind sie von Michel Emer oder von mir, eines von Aznavour und zwei von Edith selbst (bei einem sogar Musik und Text). Nicht zu vergessen, daß drei Viertel ihrer Chansons von ihr handeln... Als Komponistin weiß sie nicht allzu viel von Harmonielehre, aber sie hat einen sicheren Instinkt. Fast die ganze Musik ist von Marguerite Monnot. Das Chanson muß hier Teil der Handlung sein, soll also nie die Handlung unterbrechen. Zumindest drei davon – ihr werdet sehen – sind in sich geschlossene, eigenständige Spielszenen. Für mich ist dies fast ein neuer Beruf und sehr aufregend... – Das ›A.B.C.‹ ist der ideale Ort für den Kontakt mit diesem Publikum, mit dem wirklichen Volk. *La p'tite Lili* hätte auf den Champs-Elysées oder am Michel oder an der Michodière nicht in den Rahmen gepaßt. Eher wäre das Gymnase, die Porte Saint-Martin oder das Renaissance in Frage gekommen... Aber damit keine Mißverständnisse aufkommen: es ist keine Operette!«

Am Morgen des 10. März findet die Generalprobe im Beisein der namhaftesten Kritiker von Paris statt. Edith ist sichtlich aufgeregt, mehr noch für Eddie als für sich selbst. Sie geht damit nicht einmal fehl, denn – mitten in ihrem Duett – hat er eine Gedächtnislücke und bricht ab. Sie flüstert ihm ein, er entschuldigt sich, und bevor sie den Text wieder aufnehmen, sagt sie ins Publikum:

»Sie müssen ihm verzeihen!«

Sie tut dies so freundlich – daß jedermann im Saal applaudiert. Der Erfolg ist derart, daß der entzückte Mitty Goldin erstmals in seiner Karriere die ganze Truppe zu einem Festessen einlädt. Man geht zum Montmartre, und die beiden Duett-Partner verbringen den Abend Hand in Hand und blicken sich tief in die Augen...

Lili (Edith Piaf) ist Mädchen für alles in einem Modehaus und die gute Freundin aller Näherinnen. Sie hat ein gutes Herz und unterhält alle mit hübschen Liebesliedern. Ein braver Hotelbursche (Robert Lamoureux) ist ihr Geliebter – sie findet ihn sehr lieb, doch leider vermag er ihren romantischen Hang nicht zu stillen. Da sie während der Arbeit singt, wird sie vor die Tür gesetzt und dort durch Zufall in den Mord an einem Gigolo verwickelt, der wahrscheinlich seine Gangsterfreunde hereingelegt hat. Einer der Gauner, der Amerikaner Spencer (Eddi Constantine), erobert Lili ziemlich schnell, und sie verlebt mit ihm einige bewegte Wochen.

Doch Spencer empfindet für Lili keinerlei besondere Gefühle. Er verläßt sie bald und zieht wieder zu einer ehemaligen Geliebten. Die arme Lili vergiftet sich. Glücklicherweise aber hat der Apotheker (Dangelys) – welch ein Freund! – ihre Lage erkannt und ihr statt des Arsens einen völlig harmlosen Sirup verkauft.

Und schließlich wird auch der Mörder des Gigolos gefunden: Es war bloß ein eifersüchtiger Ehemann.

Am Ende findet Lili bei Mario das geruhsame Glück, das sie verdient.

Sicher ist das Stück weit entfernt von den unbestrittenen Meisterwerken Marcel Achards, Meisterwerken wie ›Voulez-vous jouer avec moâ‹ oder ›Jean de la Lune‹. Diese Folge von Sketches, die einzig dazu da sind, den Star und ihre zwei Partner ins helle Licht zu rücken, erhebt denn auch keinen literarischen Anspruch. Aber Raymond Rouleau, ein Fachmann auf dem Gebiet der Regiearbeit, ist es gelungen, Unterhaltung von hoher Qualität auf die Bühne zu bringen. Schon das überaus hübsche Bühnenbild von Lila de Nobili überrascht − es ist poetisch und zugleich auf raschen Szenenwechsel zugeschnitten. Das schöne ehemalige Mannequin Praline führt eine Gruppe von ebenfalls sehr ›ansehnlichen‹ Damen an. Robert Lamoureux zeigt großes Talent für die entsprechenden komischen Einfälle: Kaum öffnet er den Mund, schon lacht das Publikum. Eddie Constantine, als Schauspieler etwas steif, macht seine Unbeholfenheit mit seiner warmen und vibrierenden Stimme und mit seinem unwiderstehlichen Lachen wett. Und was unsere Edith Piaf betrifft: Sie verblüfft selbst eingefleischte Theaterfans durch die überzeugende Glaubwürdigkeit, mit der sie ihre Rolle spielt. Ohne Zeichen der Anstrengung findet sie sich in jeder Situation zurecht, und immer mit größter Natürlichkeit. Als Meisterin in einem Metier, das sie völlig beherrscht, kennt sie den symbolischen Wert jeder Geste, jeder Betonung, jedes Blickes, sie ist in jedem Augenblick ›sie selbst‹, ob in der unverbrauchten Naivität der Näherin, ob in der Verblüffung der ungewollten Zeugin, die ohne zu begreifen, was eigentlich geschieht, in eine schreckliche Geschichte gerät, ob in ihrer Hingabe als Liebende, ob in der Betrunkenheit oder in der großen Not einer verzweifelten Seele, die auch vor Selbstmord nicht zurückschreckt... Unter der Anleitung von Raymond Rouleau sehen wir sie gehen, sich erheben, sich hinlegen, sich andauernd bewegen, dabei singen, wenn's nötig ist − während sie uns als tragische Chanson-Sängerin an die größte Unbeweglichkeit gewöhnt hatte, indem sie jeweils wie festgenagelt hinter ihrem Mikrophon stand. Das Erstaunlichste aber ist vielleicht die Art und Weise, wie sie unmerklich vom gesprochenen Dialog zum gesungenen Text wechselt, ohne die mindeste Unterbrechung – wie wenn sie ihr Leben lang nichts anderes getan hätte... was übrigens auch zutrifft!

Daran läßt sich die gewaltige Macht messen, die sie über ihr Publikum hatte: Ihr Ansehen ist derart groß, daß sie es sich leisten kann – genau wie all die großen Volksschauspieler: Fernandel, Bourvil, Maurice Chevalier – die Handlung auf der Bühne zu unterbrechen, wenn ihr danach zu Mute ist, um sich an die Zuschauer zu wenden oder einen eigenen Text zu erfinden, wenn sie das Gedächtnis einmal im Stich läßt! Ein einzigartiger Erfolg!

Wie immer bei solchen Unternehmen sind Musik und Chansontexte von unterschiedlicher Qualität. *Si, si, si* ist ein amüsantes Duett mit Eddie. Während Eddie schwärmerisch jene besingt, die er liebt, antwortet ihm Edith ironisch, zu afrikanisch-kubanischen Rhythmen:

> *... Elle peut pas être aussi bien qu'ça*
> *Si, si, si, si*
> *Il faut s'y connaître, tu ne t'y connais pas*
> *Si, si, si, si...*

Und P'tite Lili schließt verärgert:

> *Tu m'embêtes, j'ai assez ri,*
> *Sois heureux avec ta souris!*

Ein weiteres Duett *C'est toi*, von Robert Chauvigny und der Piaf, vermag zu beeindrucken, glänzt aber nicht gerade durch Einfachheit; die tiefe Stimmlage, die dem Sänger übertragen ist, wird von Constantine nicht immer voll gemeistert:

> *C'est toi que je chante dans mes chansons*
> *C'est toi pour qui je perds la raison...*

Im Chanson *Du matin jusqu'au soir* dekliniert Lili das Verb ›aimer‹, in einer Mischung von Zärtlichkeit und Begeisterung, ungeachtet störender Chorbegleitung.

Das Paradestück des Abends aber ist *Demain il fera jour*, Text von Marcel Achard, hübsch mit Oboe umrahmt von Marguerite Monnot. Edith ist in dieser Hymne an die Hoffnung einfach perfekt:

> *C'est quand tout est perdu que tout commence*
> *... Tu vas sourire encore, aimer encore, souffrir encore*
> *Toujours...*

In *L'homme que j'aimerai* wird der hübsche Schwur getan, den idealen Partner für immer zu behalten, habe man ihn erst einmal gefunden. Ziemlich schwach erscheint *Avant l'heure*, welches das Bedauern ausdrückt, der Liebe zu spät begegnet zu sein. *Rien de rien* besteht aus kleinen, leichten Strophen, in denen Lili sich beklagt, daß sich in ihrem Leben nie etwas Außergewöhnliches ereigne. Die vorzügliche Interpretation dieses Chansons, das aus dem Repertoire von Annie Cordy zu stammen scheint, beweist einmal mehr, daß die Piaf im komischen Fach ebenso begabt ist wie im dramatischen. *La valse de l'amour* schließlich ist der altbekannte Text von den Herzen, die sich suchen.

Kurz nach der Premiere geht Edith in ein Restaurant auf den Champs-Elysées essen, zusammen mit Juliette und Marcel Achard, Marguerite Monnot, Robert Lamoureux, Henri Bernstein, Yves Montand, Simone Signoret, Henri-Georges Clouzot, Paul Péri und Jean-Louis Jaubert. Beim Dessert steigen alle auf den Balkon – sie bilden so ein Orchester, das wohl einmalig auf der Welt ist.

Anfang Mai, als Star der Sendung ›Mes Copains‹ bei Radio Luxembourg, sagt Edith zu Marcel:

»Ich möchte, daß du der erste Gast bist!«

Leider sind die weiteren Vorstellungen von *La p'tite Lili* nicht mehr vom selben Glück begünstigt wie in der ersten allgemeinen euphorischen Stimmung.

Da ist zunächst Eddie Constantine, der Edith ankündigt, er lasse seine Frau Hélène und seine Tochter nach Paris kommen. Nach äußerst heftigen Szenen verlangt die Piaf die vielzitierte Gattin zu sehen und findet sie ›nett, aber nichtssagend‹. Daraufhin gibt sie ihre Eifersucht auf, Eddie und sie wollen gute Freunde bleiben.

Halten wir doch noch die Aussage Constantines fest, die ein interessantes Licht auf das Privatleben der Piaf wirft (ohne allerdings allzu sehr darauf einzugehen, denn dies ist ja nicht unser Thema):

»Das war kein Leben... Das Leben mit Edith war schrecklich... Körperliche Liebe hat ihr nicht viel gesagt... Die Männer haben ihr derart weh getan, als sie jung war... Ich glaube, sie rächte sich, indem sie alle möglichen Männer verführte, oft sehr schöne und sehr bedeutende... Für sie war es eine Art Entschädigung für all das, was sie gelitten hatte. Aber es interessierte sie im Grunde überhaupt nicht. Darauf kam es ihr gar nicht an... Ich glaube wirklich, daß sie eine unglückliche Frau war... Manchmal, wenn sie einen Mann verführte, einen gutaussehenden Mann, war sie glücklich; während zwei Wochen war sie überglücklich... Und niemand konnte ihr widerstehen... Nein, ich glaube, kein Mann hätte ihr widerstehen können, selbst wenn es nur für eine Nacht oder zwei gewesen wäre...«[*]

Sein Nachfolger wird sich zu diesem Thema genau gleich äußern. Es handelt sich um den berühmten Radrennfahrer André Pousse, ehemaliger Sieger des Sechstagerennens. Er kam die Piaf ins ›A.B.C.‹ bewundern und suchte sie nach der Vorstellung in ihrer Garderobe auf. Die beiden waren sich schon 1948 im ›Versailles‹ begegnet, als André Pousse im Madison Square Garden mit seinem Teamkameraden Francis Grauss ein Rennen fuhr.

Edith lädt ihn zu einem Wochenende auf ihren Bauernhof ein, den sie vor kurzem in Hallier, nahe bei Dreux, gekauft hat. Wieder in Paris, zieht er bei ihr im Boulogne ein.

---

[*] Augenzeugenbericht, gesammelt von France Roche, in ›France-Soir‹ vom 5./6. Oktober 1969

Sie, die sich immer schon einen berühmten Partner wünschte, möchte, daß André wieder Rennen fährt. Als er das ablehnt, beschließt sie: »Du spielst mit mir in *Le bel indifférent*.«

Im Augenblick hat er dazu zwar keine Lust, aber es ist immerhin die Piaf, die ihn auf die Idee brachte, eine neue Karriere als Schauspieler zu beginnen, mit Erfolg, wie sich bald darauf zeigt...

Zu diesem Zeitpunkt unterhält die von ihrem Theater-Erfolg völlig berauschte Edith Piaf jeden Abend einen ganzen Schwarm von Bewunderern (...und von Schmarotzern), die sie Nacht für Nacht groß ausführt. So groß, daß ihre Schulden – obwohl sie Unsummen verdient – bald einmal sieben Millionen alter Francs betragen. Lou Barrier ist verzweifelt über ihre finanziellen Verluste und tut sich mit André Pousse zusammen, um gemeinsam zu erreichen, daß Edith endlich ›vernünftig‹ werde. André schlägt vergeblich einen strengen Ton an, wenn er sieht, wie sie dem ersten Clochard zehn- oder zwanzigtausend Francs gibt oder wenn sie ins ›Chez Maxim's‹ will, während ihr Koch zu Hause eine opulente Mahlzeit vorbereitet hat. Die einzige Lösung für diese Probleme liegt darin, Galas in der Provinz zu organisieren an den Abenden, da im ›A.B.C.‹ keine Vorstellungen sind.

Doch mit dieser Kur sind auch Strapazen verbunden. Charles Aznavour oder André Pousse, die als Chauffeure amtieren, dies über oft lange Strecken, sind keine Übermenschen. Eines Abends im Juli kommt der Citroën 15 CV mit Charles am Steuer vom Wege ab und fährt gegen einen Baum. Gott sei Dank ist die Angst größer als das Unglück. Im September aber, als die Vorstellungen von *La p'tite Lili* wieder weitergehen, verliert André Pousse auf einer Straße bei Tarascon die Beherrschung über den Wagen. Edith kommt mit einem gebrochenen Arm und Rippenquetschungen davon. Da sie sich weigert, ihre Vorstellungen zu lange ausfallen zu lassen, spielt sie einige Tage mit dem Arm in der Schlinge. Und um die Schmerzen überhaupt ertragen zu können, läßt sie sich Morphium spritzen, an das sie sich sehr rasch gewöhnt (um so mehr als das Morphium auch die heftigen

Rheuma-Anfälle dämpft, von denen sie seit einiger Zeit befallen wird) und das zu einer schweren Vergiftung führt.

Im ›A.B.C.‹ findet man sich damit ab, daß sie ersetzt werden muß, und das Publikum kommt immer noch, um Lamoureux' und Constantines willen. Aber die beiden, die von der Direktion zu Minimalgagen angestellt sind, bekommen bessere Angebote, zahlen lieber die in ihren bescheidenen Verträgen vorgesehenen Konventionalstrafen und scheiden so ebenfalls aus. Ohne Edith, ohne Constantine, ohne Lamoureux bleibt nichts anderes mehr als auf dem Gipfel des Erfolgs die Türen zu schließen – zum großen Ärger von Juliette und Marcel Achard, die in der Folge für lange Zeit mit Edith auf Kriegsfuß stehen.

André Pousse kann die Tyrannei derjenigen, die er ein ›verrücktes Genie‹ nennt, nicht lange ertragen. Auf ihn folgt ›Toto‹ Gérardin, wieder ein berühmter Radrennfahrer.

Im November kehrt Edith mit zahlreichen neuen Chansons für ein Rezital ins ›A.B.C.‹ zurück.

Il y avait, ein Walzer, bringt für eine Zeitlang einen Burschen, ein Mädchen, den Frühling und das Glück zusammen, das Glück »qui s'enfuit en pleurs d'avoir brisé deux cœurs...«.

In *Chante-moi* geht es um einen Burschen, der auf der Straße für die Unglücklichen singt: von der Liebe, die den Kummer vertreibt. Diese Melodie mit sehr schmalziger Mandolinen- und Geigenbegleitung paßt kaum ins Repertoire der Piaf.

Besser ist das Chanson von Aznavour *Plus bleu que tes yeux.* Mehr noch ist dann *Une enfant* zu bewundern, ebenfalls von Aznavour, in Zusammenarbeit mit Robert Chauvigny. Es ist von russisch-armenischen Volksliedern beeinflußt, und die Piaf interpretiert es mit viel Poesie: mit dem Blick der gerührten Beobachterin, manchmal nahe am Phantastischen:

> *Une enfant,*
> *Une enfant de seize ans,*
> *Une enfant au printemps*
> *Couchée sur le chemin...*

Den Zigeunerliedern verwandt ist *Jezebel*, von Aznavour und Shanklin, eines der gelungensten Chansons der Sängerin Piaf überhaupt – im Gegensatz zur Piaf als Komödiantin... Was natürlich nicht heißt, daß sie ohne innere Anteilnahme vorträgt:

> *Ce démon qui brûlait mon cœur*
> *Cet ange qui séchait mes pleurs*
> *Jezebel, c'était toi!...*

Kaum jemand wird sich ohne Schaudern den letzten Schrei, der dieses Chanson krönt, anhören können.

Le Noël de la rue, von Henri Contet und Marc Heyral, besingt mit treffender Wehmut das Weihnachtsfest der Pariser Straßenjungen, die mit leeren Händen ausgehen, denn für sie fällt kein Stern vom Himmel.

A l'enseigne de la fille sans cœur von Gilles ist ein schönes Matrosenlied, das die Herrscherin über eine kleine Straßenbar besingt. Alle die harten Burschen am Hafen machen ihr vergeblich den Hof. Doch eines Abends findet ein schöner Fremder den Weg zu ihrem Herzen, sie gehen zusammen fort, und das Lokal schließt seine Pforten. Treffend die Wendung am Schluß, wo der Staat am gleichen Ort... ein Büro des Finanzamtes einrichtet!

Télégramme stellt uns ein spätes Mädchen vor, das nach zwanzig Jahren wieder Nachricht von ihrem Geliebten erhält. Einst hatte er versprochen, zu ihr zurückzukehren, sobald er sein Glück gemacht habe. Aber am Flughafen erkennt er sie nicht mehr. Dieses Lied geht über die Gattung des Chansons hinaus, es ist ein eigentlicher Sketch, der von Michel Emer stammt.

Edith Piaf hat den Fehler begangen, das Chanson *Je hais les dimanches* zunächst zurückzuweisen – jenes berühmte Lied von Véran und Aznavour, das Juliette Gréco großen Erfolg brachte. Sie sieht ihren Fehler ein, nimmt das Lied auf, geht darin auch mehr aus sich heraus als ihre ›Rivalin‹. Dies schmälert den Erfolg der Gréco keineswegs. Denn Edith, die im Vergleich zu früher viel nuancierter geworden ist, hätte gerade in dieses Chanson mehr Härte legen müssen...

Padam, padam, »cet air qui l'obsède jour et nuit«, wird wieder ein ungeheurer Erfolg für Edith. Dies zu vollem Recht! Die Melodie ist wehmütig, dazu ein sehr geschickter Text, verblüffend leicht zu behalten. Das nennt man ein Chanson! Neben der Sängerin muß man auch den Autoren Contet und Glanzberg gratulieren.

Ohne den gleichen durchschlagenden Erfolg war *La rue aux chansons*, die Beschreibung dieses seltsamen Wegs zum Glück, auf dem jedermann ein Lied summt...

La chanson de Catherine beschreibt packend das Schicksal eines Mädchens, das ohne Liebe und ohne Freude eine Ehe eingegangen ist. Derjenige, den sie liebte, hat sich umgebracht. Catherine selbst geht ins Wasser. Leider aber hat diese schreckliche Geschichte keine sehr überzeugende Melodie.

Im Dezember reicht Alice Gérardin Klage ein und beschuldigt ihren Gatten, er habe, um das Ganze der Piaf zum Geschenk zu machen, »die Champion-Trophäen aus Edelmetall, Armbänder, Halsketten, Ohrgehänge, Ringe und achtzehn Kilo Gold in Barren« mitgenommen, alles in allem den Inhalt ihres ehelichen Safes, nicht zu vergessen einen Nerzmantel und eine Porzellanvase. Edith – der Komplizenschaft und der Begünstigung angeklagt – erhält den Besuch eines Polizeikommissärs!

So beginnt das Jahr 1952 unter ziemlich schlechten Vorzeichen. Charles Aznavour geht weg, um sich voll der großen Karriere zu widmen, die ihn erwartet (er hat sein erstes vorteilhaftes Allein-Engagement im Cabaret ›Le Carrol's‹ erhalten)...

Um ihre Finanzen endgültig zu sanieren, gibt die Piaf zahlreiche Galas in der Provinz. Eines Abends beschließt Gérardin nach reiflicher Überlegung, zu seiner Familie zurückzukehren. Die Piaf tritt gerade in Lille auf, und er setzt sich in den Wagen, sucht sie auf, um ihr seinen Entschluß mitzuteilen. Ein Drama steht bevor – einmal mehr... Edith annulliert die Galas in Roubaix und Tourcoing, die noch hätten folgen sollen, und bittet ›Toto‹, sie nach Paris zurückzubegleiten. Es wird eine schmerzliche Rückkehr...

Im Film ›Les amants de demain‹, mit Armand Mestral

›Les amants de demain‹

In ›Les amants de demain‹ (Edith im Vordergrund)

›Les amants de demain‹

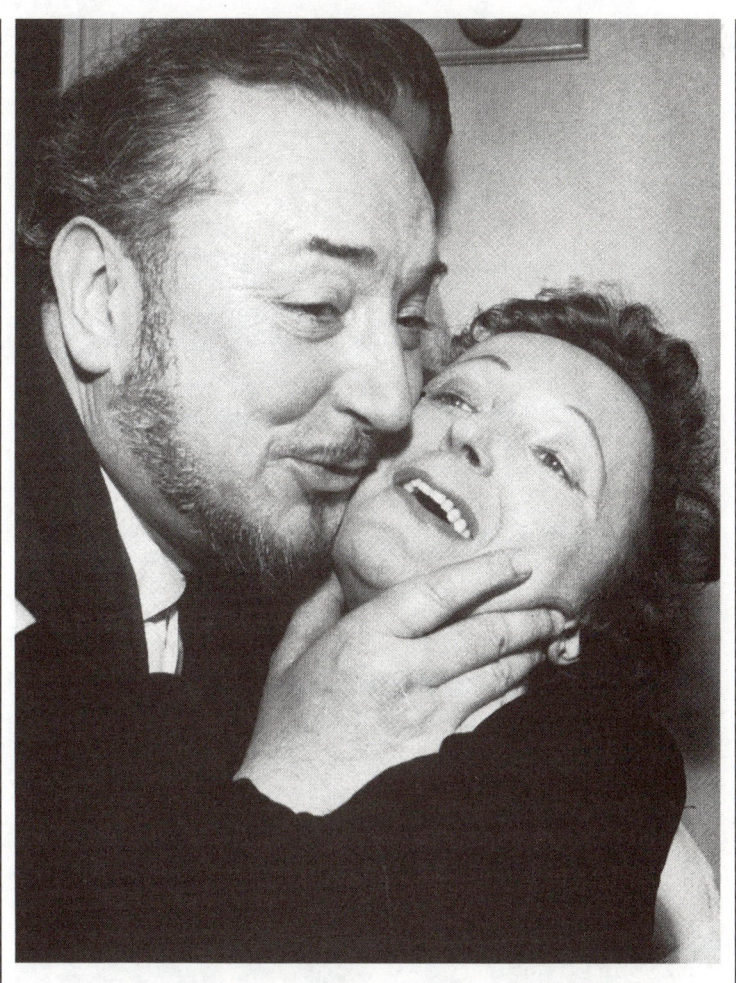

Mit Pierre Brasseur, dem Autor des Drehbuches zu
›Les amants de demain‹

Im Jahre 1958; Edith mit ihrer neuen Entdeckung:
Félix Marten

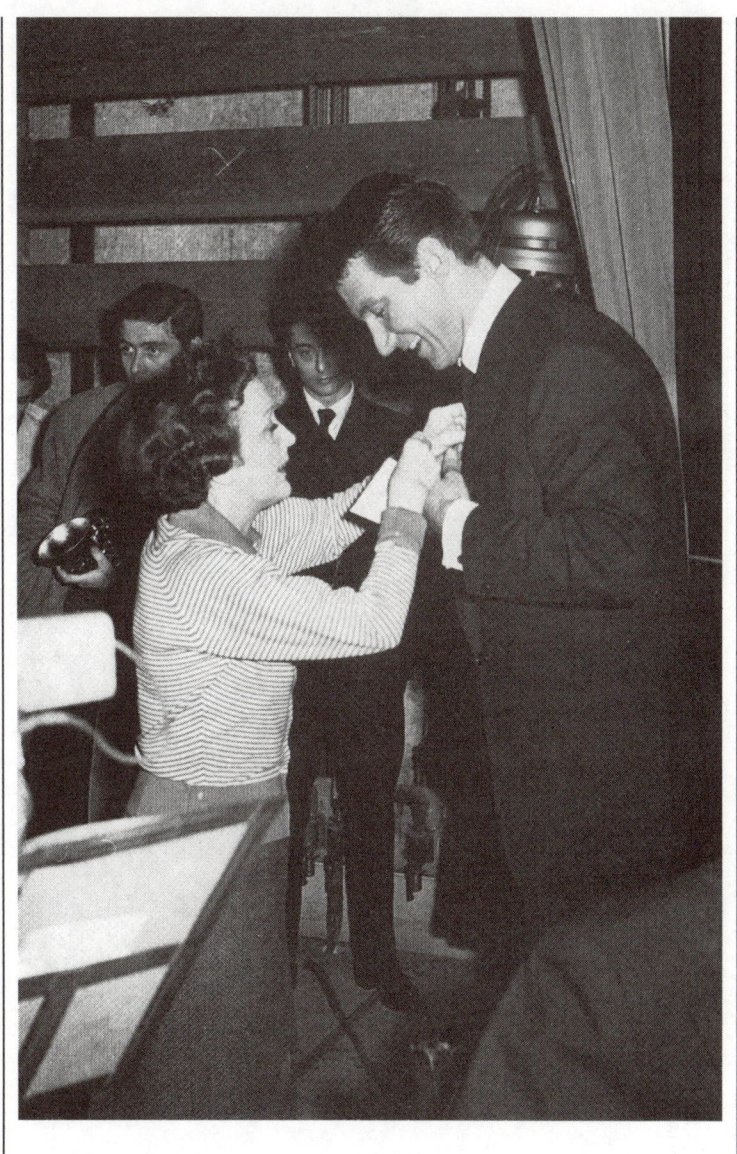

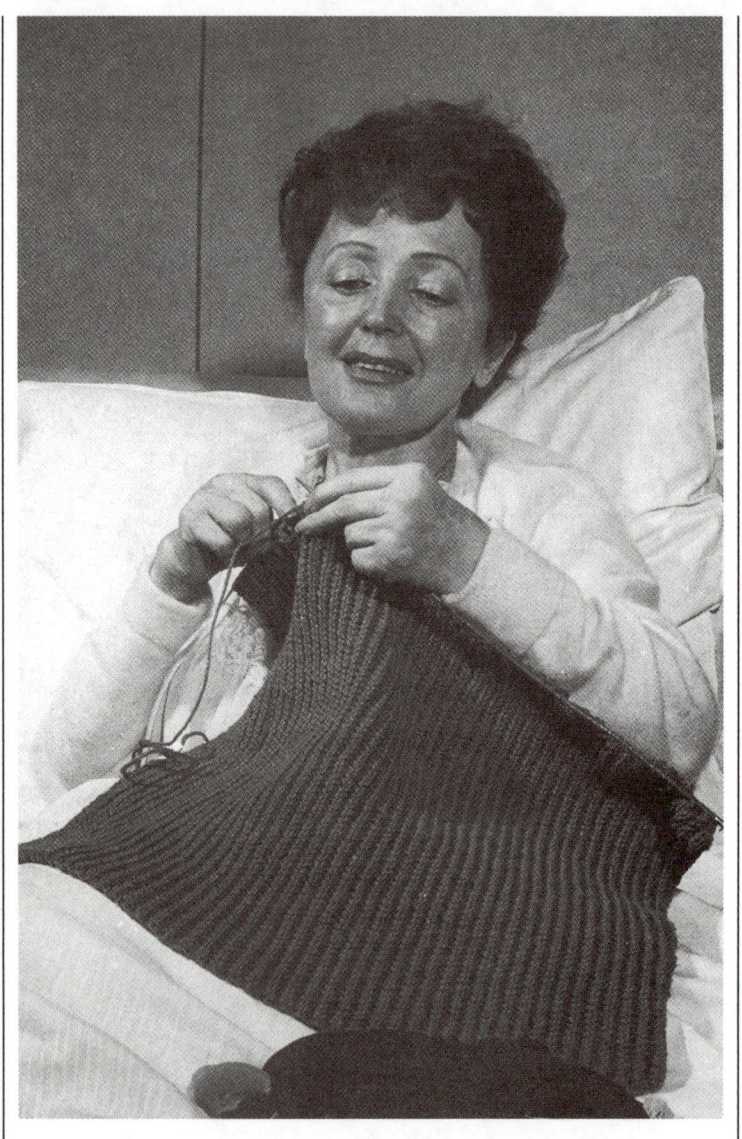

März 1959; die Piaf in New York beim Stricken..
in einem Spitalzimmer

21. Juni 1959; nach 5 Monaten Erfolg und Krankheit in den USA wird Edith in Orly von Bruno Coquatrix empfangen

Die Piaf hat den jungen Maler Douglas Davis
aus den USA mitgebracht

Paroles de
H. CONTET

Musique de
C. LÉVEILLÉ

LE VIEUX PIANO

ÉDITIONS SALABERT

Rue Chauchat, 22 — PARIS

Galerie-Besuch mit Douglas in Paris

8

Jacques Pills

In diesem Frühjahr 1952 kehrt der Sänger Jacques Pills an Bord des Ozeandampfers ›Ile de France‹ von einer Tournee in Amerika zurück. Vor dem Krieg hatte er zunächst Pharmazie studiert, war dann Bursche im ›Casino de Paris‹ und gründete darauf das sehr bekannte Duo ›Pills et Tabet‹. Nun machte er als Solist Karriere. Er hat ein kleines Chanson mit dem Titel *Je t'ai dans la peau* geschrieben und fragt nun seinen Agenten Eddie Lewis, ob er es nicht Edith Piaf anbieten könne. Es hatte sich aber auch ergeben, daß Lewis bei Edith Clifford Fischer ersetzte, der inzwischen gestorben war.

Sobald sie in Paris sind, bringt Eddie Lewis Edith und Jacques zusammen – sie sind sich ja bereits früher im Lauf ihrer Karriere begegnet.

Jacques stellt sich der Piaf zusammen mit seinem Pianisten und Komponisten vor, einem gewissen Gilbert Bécaud. Das Lied gefällt der Piaf sehr. Sie bittet also dessen Verfasser, jeden Nachmittag zu ihr zu kommen, um gemeinsam daran zu arbeiten.

Gills ist zu der Zeit ledig (er hat sich drei Jahre zuvor von Lucienne Boyer getrennt) und weiß den Empfang und die Freundlichkeit von Edith zu schätzen, die ihm oft ein kleines Essen zubereiten läßt und mit ihm vergnügt gemeinsame Erinnerungen auffrischt. Sie gibt sich sichtlich Mühe, ihm zu gefallen – und geht dabei sogar so weit, sich mit Morphium aufzuputschen. Eines Abends, als sie sich trennen müssen, tauschen sie einen langen Kuß – und Jacques kehrt diesmal nicht nach Hause zurück...

Im Herbst müssen beide wieder nach Amerika. Sie beschließen, zusammen zu reisen. Anfangs Sommer fragt Edith ihren Gefährten unvermittelt:

»Hast du mich so gern, daß du mich heiraten würdest?«

»Hast du denn Lust zu heiraten?«

»Ja. Du bist der erste, den ich um seine Hand bitte. Bisher habe immer ich diesen Vorschlag unterbreitet gekriegt und ich habe immer abgelehnt. Heute stelle ich dir diese Frage!«

Pills ist amüsiert und glaubt an einen Scherz. Er hat nichts dagegen, ihrem Wunsche für einige Wochen nachzukommen, ohne allerdings damit zu rechnen, daß die Sache von Dauer sein könnte.

So heiratet am 29. Juli 1952 auf der Mairie des 16. Arrondissement René-Victor-Eugène Ducos, genannt Jacques Pills, 47 Jahre alt, die Edith-Giovanna Gassion, 37 Jahre alt. Ihre Trauzeugen sind Jacques Bourgeat und Lou Barrier.

»Das war eine heimliche Hochzeit«, sagt die Piaf, »so haben wir die Presse nicht aufgescheucht. Aber in New York feiern wir dann im großen Stil!«

Nun beschließt sie, die Wohnung zu wechseln.

»Ich habe zu viele Erinnerungen an dieses Haus, vor allem an die Tage der Einsamkeit, ich will wieder bei Null anfangen.«

Loulou Barrier findet eine große Parterre-Wohnung mit neun Zimmern, mit separatem Eingang und einem kleinen Vorgarten am Boulevard Lannes, Nr. 67.

Jacques merkt bald, daß Edith sehr unausgeglichen ist. Ihre langen Aufenthalte im Badezimmer und auf den Toiletten der Restaurants, wenn sie auswärts essen, auch ihre Gespräche im intimen Kreis haben seinen Argwohn erregt: Drogen! Er wollte mit ihr in aller Offenheit darüber sprechen:

»Ja, es ist wahr«, hat sie ihm gestanden. »Es ist blödsinnig, doch das wird schon wieder in Ordnung kommen. Außerdem tut es mir nun mal gut gegen die Rheumaanfälle!«

Unglücklicherweise greift sie immer häufiger zum Morphium und vergiftet sich in einem Maße, das ihre Abwehrkräfte übersteigt. So kommt es zu schlimmen Krisen, wie sie für Leute auf ›Entzug‹ typisch sind.

Obendrein macht sie ihre Nerven völlig kaputt, indem sie am Abend Schlafmittel nimmt, am Morgen dann wieder Aufputschmittel...!

Im August gehen sie beide auf Tournee in die Badeorte.

Am 20. September findet in der Kirche Saint-Vincent-de-Paul in New York die kirchliche Trauung von Edith und Jacques statt, die im Waldorf Astoria abgestiegen sind. Marlene Dietrich, Ediths Trauzeugin (sie trägt ein langes, himmelblaues Kleid), schenkt ihr das Brautbouquet aus weißen Rosen. Jacques trägt einen marineblauen Anzug mit einer weißen Nelke im Knopfloch. Zitternd vor Aufregung erlebt Edith den traditionellen Hochzeitsmarsch und die Menge, die ihnen am Ausgang Reis zuwirft.

Drei Empfänge finden statt, der eine auf dem Französischen Konsulat, dann ein von der Direktion des ›Versailles‹ offerierter Cocktail und ein Champagner-Frühstück im berühmten Restaurant ›Le Pavillon‹. Edith ist außer sich vor Glück und gibt leidenschaftliche Erklärungen ab:

»Das Leben ist phantastisch! Da hat man Monate der Krise, man glaubt, nichts geht mehr, man möchte sterben... Dann eine neue Begegnung und man glaubt sich im siebten Himmel. Ich glaubte schon oft, so etwas Wunderbares gefunden zu haben, aber sobald die erste Begeisterung vorbei war, habe ich gemerkt, daß ich mich getäuscht hatte − ich hatte dem andern meine eigenen Gefühle untergeschoben. Jedesmal, wenn ich liebte, habe ich daran geglaubt. Es fehlte nicht viel und ich hätte mein Glück auf Tränen und Leid gebaut. Ich hatte unrecht, aber ich bereue nichts, denn all meine Erfahrungen haben mich schließlich mit Jacques zusammengeführt... Der einzige Mann, dessen Erinnerung ich behalten will, ist der wunderbare Champion, der mir auf der Höhe seines Ruhmes durch den Tod entrissen wurde! ... Aber ich hoffe nun, daß meine unglücklichen Jahre vorbei sind, daß all die kleinen Sorgen uns vergessen haben und wir endlich glücklich und frei leben können!«

Während mehrerer Wochen singen die beiden Neuvermählten – Edith im ›Versailles‹ und Jacques im ›La vie en rose‹. Charlie Chaplin lädt sie in sein Haus in Beverly Hills ein, und anstelle einer Hochzeitsreise singen beide in Hollywood, in San Francisco, in Las Vegas und in Miami.

In diesem Jahr 1952 nimmt die Piaf einige neue Chansons in ihr Repertoire auf. Zunächst natürlich das *Je t'ai dans la peau*, ein ›sinnliches‹ Chanson, das uns in Ediths Interpretation nicht voll geglückt scheint – es ist ausgearbeitet bis ins kleinste Detail und hektisch zugleich.

Mon ami m'a donné, mit einer nicht ganz passenden Melodie, ist ein Gedicht ›à l'ancienne‹, von einigem Niveau, das die Piaf von einem alten Freund erhalten hat, von Raymond Asso. Sie macht es zu einem ebenso großen Erfolg wie *Le prisonnier de la tour*:

> *Mon ami m'a donné un serment*
> *Le serment de m'aimer si longtemps*
> *Que la fleur restera sur la terre...*

Monsieur et Madame, von Michel Emer, ist ein Sketch von grausamer Ironie: Nach zwanzig Jahren Ehe träumt Monsieur von einem sinnlichen Mädchen mit blauen Augen, und Madame denkt an einen schönen, starken Burschen. Und dann nimmt jeder den andern in die Arme und schließt die Augen:

> *Ils sont heureux*
> *Il y a des ménages curieux...*

Au bal de la chance ist ein gefälliger Walzer:

> *Danse, danse, mon cœur d'oiseau...*

Notre Dame de Paris gibt ein ›touristisches‹ Bild der Gärten von Notre-Dame, der Clochards, der Tauben, der Seine, der Lastkähne und der kleinen, lauschigen Orte, wie dem Marché aux Fleurs, dem Pont-Neuf oder der Place Henri IV...

Elle a dit, ein Text der Piaf zu einer von Zigeunerweisen inspirierten Musik von Gilbert Bécaud, erzählt die packende Geschichte einer Trennung – ein kaum bekanntes Chanson, dabei sehr bemerkenswert.

Zum berühmten Chanson *Ça gueule ça Madame* leistet Edith auch ihren kleinen Beitrag. Es ist ebenfalls von ihr und Bécaud für Jacques Pills geschrieben. Die eigene Ehe wird darin humorvoll beschrieben:

> *Elle me dit de toute sa hauteur*
> *Faudrait pas croire que tu m'fais peur...*

Immer noch in diesem Jahr 1952 wirken Edith und Jacques im Film *Boum sur Paris* mit, der eine Anzahl von Music-Hall-Nummern enthält. Die Piaf singt darin *Je t'ai dans le peau* und beide spielen einen unterhaltsamen Sketch mit dem Titel *Pour qu'elle soit jolie ma chanson*, in dem ein Sänger und Liedtexter der Piaf ein neues Chanson vorschlägt. Sie versorgt ihn mit Ratschlägen und erinnert an die großen Erfolge: *La vie en rose, Ça gueule ça Madame, C'est un monsieur très distingué, Bravo pour le clown* und *L'accordéoniste*.

Ende April 1953, zurück in Frankreich, treten die Piaf und Pills im ›Théâtre Marigny‹ auf.

Zunächst tritt Edith vor ein Publikum, das keineswegs zum voraus schon erobert ist und das das neue Paar mit spürbarer Reserve empfängt. In Schwarz wie immer, außer ihrem Ehering ganz ohne Schmuck, das Gesicht durch den Drogenkonsum etwas aufgedunsen – so tritt sie mit kleinen schnellen Schritten auf die Bühne, die hängenden Arme vom Körper abgewinkelt, ein wenig die Schulter rollend, ähnlich einem hartgesottenen Burschen aus der Vorstadt, der zu einem Kampf antritt. Aber sobald sie ihren Platz hinter dem Mikrophon eingenommen hat, wird sie wieder die kleine, unscheinbare Frau, von der kein Mensch solch dramatische Sturzfluten erwartet, wie sie dann aus ihr herausströmen...!

Die mechanische Verstärkung in diesem mittelgroßen Saal, der eigentlich nicht für die Music-Hall vorgesehen war, fügt ihrer großen Stimme nur Schaden zu – denn, wie wir wissen, kann die Piaf sehr wohl auf ein Mikrophon verzichten.

Wenn die Formulierung nicht ein wenig gewagt wäre, könnte man fast sagen, die Heirat habe ihr eine neue ›Reife‹ gebracht und das Kind der Vorstädte, die kleine Göre von einst habe einer anständigen Frau aus geordneten Verhältnissen Platz gemacht, die nun viel mehr Zuschauerin als handelnde Hauptperson in den Dramen ist, die sie besingt. Unter ihren neuen Chansons sind einige übertrieben dramatisch, wie *Jean et Martine*, die Geschichte vom Fernfahrer, der ohne Rast und Ruhe fahren muß, am Tag und in der Nacht, bei jedem Wetter – und dessen Geliebte ständig auf seine Rückkehr wartet, bis er einen tödlichen Unfall hat. *Les amants de Venise*, das überraschende Bild von den armen Liebenden an der Porte d'Italie, die mitten im Regen die Augen schließen und kraft ihrer Phantasie sich in die Stadt der Dogen versetzt fühlen – leidet unter der einfallslosen Melodie mit den unvermeidlichen Mandolinen. Die Piaf bringt dann – überlaut und mit steifer Nüchternheit – *Les croix*, das berühmte Erfolgschanson von Gilbert Bécaud und Louis Amade, dessen zu anspruchsvolles Thema wir ehrlicherweise noch nie haben schätzen können.

Nach ungefähr zehn Chansons überläßt Edith ihren Platz Jacques, dem Typ des ewigen ersten jugendlichen Liebhabers. Er wechselt ab zwischen sehr sentimentalen und ironischen Chansons oder unheimlichen Geschichten aus dem ›Milieu‹.

Dann tritt wieder die Piaf mit einem guten Dutzend Chansons auf. Und mit *Padam, padam, Jezebel, L'accordéoniste* und vor allem mit einem neuen Chanson von Louiguy und Henri Contet *Bravo pour le clown* findet sie zu ihren eigentlichen Erfolgen zurück. Bei *Bravo pour le clown* handelt es sich um das ätzende Portrait eines unglücklichen Clowns, dem die Menge zujubelt, den sie gleichzeitig aber auch verspottet:

> *Pour ton nez qui s'allume*
> *Bravo...*

Der arme Kerl verbirgt unter seinem Kostüm die Bitterkeit eines verpfuschten Lebens: Sein Sohn bestiehlt ihn und seine Frau betrügt ihn! Er wird wahnsinnig und wirft seine Frau aus der Höhe der Zirkuskuppel in die Menge. Die beiden Autoren haben hier Edith Piaf eine Gelegenheit für einen ihrer großen tragischen Auftritte verschafft, wo sie sich selbst übertrifft, indem sie ihre ganze Sensibilität und den vollen Umfang ihrer phantastischen Stimme einsetzen kann. In diesem Chanson ist sie einfach genial!

Zur Krönung dieses Auftritts spielt sie mit ihrem Gatten *Le bel indifférent*, diesmal unter der Regie von Raymond Rouleau. Glücklicherweise beschließen bei dieser Gelegenheit die künstlerischen Direktoren der Columbia, diesen hervorragend gelungenen Monolog aufzuzeichnen!

Dennoch ist festzuhalten, daß diese Auftritte im ›Marigny‹ – von Edith restlos finanziert – sie viel Geld gekostet haben. Sie hatte sich dafür maßlos in Unkosten gestürzt...

Jeden Abend ließ sie sich eine Morphiumspritze geben, um überhaupt durchzuhalten. Nach einiger Zeit bekommt das erbärmliche Subjekt, das ihr den Stoff zu einem maßlos übersetzten Preis liefert, Angst vor ihren wachsenden Forderungen und taucht unter. Durch Vermittlung eines der Compagnons de la chanson wird Claude Delaval zu ihrem behandelnden Arzt. Vor ihm kann sie ihren Zustand nicht verheimlichen. Er weiß, daß es unmöglich ist, die Droge in diesem Stadium von einem Tag auf den andern abzusetzen. Deshalb willigt er ein, ihr die nötigen Rezepte zu verschreiben, unter der Bedingung, daß sie sich schriftlich verpflichtet, nach Beendigung ihrer Auftritt-Serie eine Entziehungskur zu absolvieren.

Getreu ihrem Versprechen sucht die Piaf am Tag nach ihrem letzten Auftritt eine Klinik in Meudon auf, gestützt von Pills und Barrier. Unglücklicherweise versteckt einer ihrer engsten Freunde in diesen ersten Tagen kleinere Vorratsmengen der Droge in ihrem Zimmer. Das bringt die Ärzte zur Verzweiflung, sie begreifen bei diesem seltsamen Krankheitsfall überhaupt nichts mehr. Nach einer heftigen Auseinandersetzung zwischen dem Ehemann und dem allzu liebenswürdigen Freund der Sängerin findet man alle Verstecke, so daß nun einer seriösen Behandlung nichts mehr im Wege steht. Und sie führt denn auch zum Erfolg.

Sacha Guitry, schon gezeichnet von der schweren Krankheit, der er 1957 erliegen wird, dreht während des Sommers einen großartigen historischen Film über das Schloß Versailles. Er bittet Edith, die mittlerweile genesen ist, in seinem außergewöhnlichen Darstellerteam mit lauter großen Namen eine leidenschaftliche Revolutionärin aus dem Volk zu mimen. So singt sie das *Ça ira*, beide Hände an das Gitter des Schlosses geklammert, wobei sie auf einer Leiter steht, die von Clément Duhour gehalten wird. Edith ist glücklich, ihrem berühmten Freund einen Gefallen tun zu können, und sie singt die berühmte Melodie, arrangiert von Jean Françaix und Louiguy mit herrlicher Überzeugungskraft:

> *... V'la trois cents ans qu'y nous promettent*
> *Qu'on va nous accorder du pain ...*
> *... Ah ça ira, ça ira, ça ira,*
> *Les aristocrates à la lanterne,*
> *Les aristocrates on les pendra! ...*

So spielt Edith in diesem Film *Si Versailles m'était conté*, der bei einigen humorlosen Historikern zwar umstritten ist, der aber zahlreiche bewegende Szenen enthält. Edith selbst bietet uns eine äußerst eindrückliche Szene, in der sie ganz allein die glühende, unerbittliche, reine Volksseele verkörpert.

Im Herbst 1953 unternehmen Edith und Jacques eine Reihe von Reisen in die Provinz und setzen diese auch im folgenden Jahr fort.

Ende 1953 singt die Piaf mehrere neue Chansons:
Zunächst *Johnny tu n'es pas un ange,* einen internationalen ›Hit‹ vom Gitarristen Les Paul mit dem französischen Text von Fran-

cis Lemarque. Es erstaunt ein wenig, daß die Piaf aus dieser sehr schönen Musik nicht noch mehr herausholt.

Et moi von Michel Emer ergibt eine hübsche Definition der Leidenschaft. Die Sängerin, die nie zu beten gelernt hat, bittet nun jeden Morgen:

> *Donnez-moi aujourd'hui son amour quotidien...*

Sœur Anne, ebenfalls von Emer, ist eine Art erbaulicher Choral. Die Piaf besingt hier die ganze Trostlosigkeit der Welt, aus der sogar die Liebe gewichen ist:

> *...Je vois des soldats couverts d'armes*
> *Tout prêts à mourir et à tuer*
> *Partout je ne vois que des larmes*
> *Le monde semble s'y habituer...*

Aber da nähert sich Gott in einem großen Licht und bringt die Hoffnung...

Heureuse gehört zur selben Art von Chanson, die man ›mystisch‹ nennen könnte. Zu Orgelbegleitung spricht eine Verliebte ihren Dank dafür aus, daß sie in den Armen des Geliebten ein Stück des Himmels erleben darf... Von ganz anderer Art ist *N'y vas pas, Manuel,* ein Sketch von Michel Emer, der zu einem schönen Erfolg wird. Darin wird die Geschichte eines streitsüchtigen Jungen erzählt. Die Ermahnungen seiner Mutter sind vergeblich. Als Erwachsener, nun ein großer Gangster geworden, hört er dieselben Ermahnungen von seiner Frau wieder. Und am Abend seines letzten Coups sagt es ihm noch einmal eine seltsame, fremde Stimme, das Gewissen, aber er hört nicht darauf...

L'effet qu'tu m'fais, ein halb ironisches, halb ernsthaftes Chanson, versucht ein weiteres Mal die Leidenschaft der Liebe zu beschreiben.

Im Jahre 1954 befinden sich Edith und Jacques auf Tournee, als die Sensations-Presse erneut von Drogen- und Alkohol-Exzessen zu berichten weiß. Vor allem in Royat hat der Mißbrauch katastrophale Folgen: In Anwesenheit ihrer konsternierten Freunde muß man eine völlig benommene, haltlose Edith auf die Bühne stoßen, wo sie nach zwei Chansons zusammenbricht. Ein entfesseltes Publikum pfeift sie aus, beschimpft sie. Sie rappelt sich wieder hoch, vermag sich zu fassen. Unter dem anfeuernden Beifallsklatschen des Publikums gelingt es ihr, das Programm zu Ende zu bringen. Zurück in Paris, völlig verängstigt, gibt sie ihre Einwilligung zu einer erneuten Entziehungskur. Aber schon nach zwei Tagen entflieht sie aus der Klinik...

Im selben Jahr hat sie dann auch die Freude, mit Jean Gabin zusammen in *French Cancan* zu spielen, dem schönen Film von Jean Renoir, in dem sie die Rolle der Volkssängerin Eugénie Buffet übernimmt. Dabei wird die berühmte *Sérénade du pavé* von Jean Varney aufgenommen, in der sie die Situation und Stimmung aus ihren Anfängen wiederfindet, handelt es sich doch um einen Straßensänger, der um Almosen bittet:

> *Sois bonne, ô ma chère inconnue,*
> *Pour qui j'ai si souvent chanté...*

Man bedauert nur, daß die Ton-Aufnahmen zum Film in der nachgestellten Atmosphäre eines ›Café-Concert‹ stattfanden. Leider fehlt so die nötige Wehmut, die an vergangene Zeiten erinnern läßt. Dazu werden die Strophen von einer dröhnenden Blaskapelle übertönt.

Aus Geldmangel, aber auch, weil sie von ihrem Gatten, der an seiner Karriere arbeitet, etwas vernachlässigt wird, unterschreibt die Piaf für eine dreimonatige Tournee mit dem ›Super Circus‹. Und wieder bringt sie einige neue Chansons.

Allen voran steht *La goualante du pauvre Jean*, in leicht verständlicher Umgangssprache, ein überaus gelungenes Chanson von Rouzaud und Monnot. Edith singt diese Lebensweisheit voll ironischen Feuers:

> *...Et n'oublions pas:*
> *Sans amour on n'est rien du tout!...*

Jahrelang noch dient der Piaf diese Musik als Erkennungsmelodie.

Avec ce soleil von Philippe Gérard und Jack Larue ist ein hübscher Text über die Unfähigkeit zur Kommunikation: Es hätte
nur noch sehr wenig gebraucht, und die Liebe hätte zwei junge
Menschen ergriffen, die vom Leben schon hart angepackt
wurden.

Mea culpa ist die Liebesbeichte einer Enttäuschten, die all ihre
Sünden bereut... aber mit Vergnügen wieder dasselbe tun
würde!

> *Que ceux qui n'ont jamais aimé*
> *Me refusent une prière...*

Es erstaunt aber doch, daß dieser ziemlich schwache Text den
Grand Prix de la Chanson Française jenes Jahres erhielt.

Auch nicht sehr überzeugend erscheint uns *Enfin le printemps*,
das die Rückkehr dieser Jahreszeit der Liebe und der Chansons
freudig besingt.

L'homme au piano (mit packendem Refrain) schlägt mit aller Kraft
auf die Tasten eines verstimmten Klaviers, um seinen Kummer
zu vergessen. Und die Sängerin bittet ihn:

> *De frapper à coups de marteau*
> *Pour casser dans mon cerveau*
> *Mon amour en morceaux...*

Die Piaf hat auch *Sous le ciel de Paris* in ihrem Programm, von Giraud und Dréjac, dieses unbestrittene Meisterwerk des französischen Chansons, so liebenswert poetisch mit seinem gefälligen
Refrain:

> *Sous le ciel de Paris*
> *S'envole une chanson*
> *Elle est née d'aujourd'hui*
> *Dans le cœur d'un garçon...*

Aber man muß doch sagen, daß die Interpretation von Edith – mit Chorbegleitung und einer wenig einfühlsamen Orchestration – nicht wesentlich besser ist als die Einspielungen ihrer Konkurrenten.

Fast banal wirkt *Retour*, ein Allerwelts-Slow, mit dümmlicher Trompeten- und Geigenbegleitung. Das Chanson besingt die Rückkehr eines Soldaten, dessen Kameraden im Kriege bleiben müssen.

Diese viel zu lange Tournee ist für die Piaf und ihre Umgebung die Hölle. Jeden Abend muß Barrier befürchten, Edith breche zusammen. Sie selbst nimmt nichts wahr von den Landschaften, die man durchreist. Immerhin hält sie bis zur Endstation in Cholet durch. Danach wird sie einmal mehr zu einer Entziehungskur in die Klinik gefahren.

Zur Erholung und auch um sich auf ihren nächsten Auftritt im ›Olympia‹ vorzubereiten, begibt sie sich mit Jacques nach Les Landes, wo er einen Bauernhof besitzt. Sie, die sonst kaum eine Beziehung zur Natur findet, liebt nun für einmal die frische Luft. Sie machen lange Spazierfahrten auf dem Tandem. Edith geht früh zu Bett und beginnt wieder zu stricken – aber sie beendet diesen Pullover nie, denn noch im Stadium des Entstehens gefällt ihr die Farbe bereits nicht mehr. Sie legt ihn beiseite, um einen neuen anzufangen!

Bevor sie sich dem Pariser Publikum stellt, nimmt sie eine neue Schallplatte auf. Darauf findet sich eine andere Einspielung von *L'accordéoniste*, ein fast einmaliges Ereignis in ihrer Karriere, denn ihre künstlerischen Direktoren scheinen nie auf die Idee gekommen zu sein, Ediths große Erfolge aus der Anfängerzeit nochmals aufzunehmen – bestimmt zu unserer großen Freude ... Es muß eine diesbezügliche Vertragsklausel zwischen den Plattenfirmen bestanden haben. – Diese Aufnahme von *L'accordéoniste* ist dem Original noch sehr nahe, aber zweifellos ›weicher‹ und weniger lebendig. Außerdem erscheint die Begleitmusik etwas schwach.

Le chemin des forains, ein sehr literarischer Text von Dréjac nach einer ›klassischen‹ Partitur von Henri Sauguet, versetzt einen in gewisser Weise wieder in die Opernatmosphäre, die die Piaf in den 40er Jahren bevorzugte. Doch für das Publikum ist es sicher ein relativ schwieriges Stück.

Sehr symphonisch ist auch die von Marguerite Monnot geschriebene Partitur zu *Un grand amour qui s'achève.* Doch ist der Text der Piaf nicht sehr originell.

Miséricorde, im selben übersteigert lyrischen Stil, mit Chor und Glockengeläute, gibt der Piaf Gelegenheit zu brillieren. Das Chanson singt von der Hoffnungslosigkeit einer Frau aus dem Volk, deren Geliebter für seine Überzeugung gestorben ist:

> *... Plus jamais ne prierai*
> *Plus jamais ne rirai ...*

Légende von Gilbert Bécaud und der Piaf, mit einer langen gesprochenen Einleitung, handelt von einem alten, verlotterten Schloß in der Heide, von seinen Gespenstern, die um Mitternacht ihre Klagen ertönen lassen: Es sind die von ihren Familien getrennten Liebenden, wie die an ihrer Liebe zugrunde gegangene Schöne ... Hübsch ist die gefällige Orchestration, trotz des etwas verunglückten Schlusses mit den unvermeidlichen Chören.

C'est à Hambourg, von Monnot, Délécluse und Senlis, ist ein Klagelied der Freudenmädchen, die ein zu großes Herz für einen einzigen Geliebten haben und den Matrosen Träume verkaufen, von Hamburg bis Borneo. Dieses Chanson mit der fesselnden Pianobegleitung wird ein Welterfolg.

Ende Januar 1955 singt Edith Piaf für drei Wochen im ›Olympia‹. Als Star eines Programms, in dem auch Poiret und Serrault auftreten, singt sie zwölf Lieder. Bereits beim Betreten der Bühne empfängt sie minutenlanger Beifall. Ihr Publikum braucht sie nicht mehr zu überzeugen, doch nun erringt sie auch noch die Bewunderung ihrer Kritiker, die immer wieder über ihre Art, jede Silbe zu betonen, jedes Wort hervorzuheben, ohne jedoch zu übertreiben, in Begeisterung geraten. Sie identifiziert sich so total mit jeder einzelnen ihrer Figuren, daß alles, was sie macht, das kleinste Lächeln, die geringste Geste ebenso notwendig wie echt erscheint, ebenso treffend wie spontan. Ihr psychischer und physischer Einsatz, ihre Gabe, alle Mittel so außergewöhnlich zu beherrschen, läßt daneben alle Technik klein erscheinen.

Zu unserem Glück wurden die Auftritte vom 27. und 28. Januar 1955 aufgezeichnet. Die veröffentlichten Ausschnitte sagen viel mehr über das Talent der Piaf aus als drei Viertel ihrer Studio-Einspielungen. Das Orchester steht diesmal mehr im Hintergrund und stört uns nicht mehr durch zeitweiliges Übertönen. Dasselbe gilt für die Chöre: Diese oft zu schwere ›Sauce‹ verdeckt hier nicht das köstliche und saftige ›Fleisch‹ eines von Edith gesungenen Textes. Sichtlich befreit von der beengenden Studio-Atmosphäre und glücklich über die Anwesenheit ihres Publikums ist die Piaf viel entspannter und motivierter. Sie singt allgemein schneller als auf ihren Platten und überanstrengt ihre Mittel weniger, es ist wie wenn sie für Freunde singen würde, die sich in ihrem Salon versammeln. An Beispielen mangelt es nicht: So ist der Anfang von *Heureuse* wesentlich angenehmer, beruhigender und gefälliger fürs Ohr, *Avec ce soleil* einfacher und ohne unnötige Überspannung. Dasselbe trifft auch zu auf *C'est à Hambourg*, das sich – so unerhört leicht vorgetragen – wie eine Selbstverständlichkeit anhört. *Enfin le printemps* ist auch um einiges besser als die Studio-Aufnahme und gewinnt an Wert, genauso wie *Je t'ai dans la peau*, das einen Großteil dessen, was es an Vulgarität enthalten haben mag, verliert – ebenso wie *La goualante du pauvre Jean*, trotz seines immer noch sympathischen Argots. Dem *Miséricorde* hingegen wieder war das Schreien im Studio gut bekommen, es büßt in dieser Fassung etwas von seiner Kraft ein. *Padam, padam* zeigt uns, wie die Piaf mit einem wundervoll beherrschten Repertoire spielerisch umgehen kann. Wenn man sie hört, vergißt man die außergewöhnlichen und minutiösen Vorbereitungen, die dahinter stecken, und man hat das Gefühl, eine Amateur-Sängerin zu hören, die mit größter Zwanglosigkeit improvisiert: Das ist Genie des Gesangs in Reinkultur! Doch dies hängt wesentlich mit der phantastischen Stimme Ediths zusammen. Man hat wohl noch nie in dieser Schärfe die instrumentalen Qualitäten dieser Stimme gehört, ihre wundervolle Sicherheit und ihre herrliche Klangfarbe: Ihr Vibrato ist genau dasselbe wie jenes berühmte Vibrato des Sopran-Saxophons von Sidney Bechet (um sich davon zu überzeugen, muß man nur ein zweites Mal *Je t'ai dans la peau* anhören).

Im Privatleben hingegen laufen die Dinge zwischen der Piaf und Pills nicht mehr so, wie sie sollten. Pills sagt: »Ich wollte Jacques Pills bleiben und nicht Monsieur Piaf werden!«

Außerdem hat er den Eindruck, daß ein Neuankömmling in der Umgebung seiner Frau, der Komponist Jean Dréjac, im Begriffe ist, seinen Platz einzunehmen. Da er keine Lust auf Rivalenkämpfe hat, unterschreibt er mit Vergnügen einen Vertrag für eine Musical-Rolle in London.

»Ich glaube«, sagt er zu Edith, »eine kleine Trennung tut uns gar nicht schlecht.«

»Achtung!« erwidert sie, »es ist gefährlich, mich so ganz allein zu lassen...!«

Von diesem Moment an darf man das Paar wohl als praktisch getrennt betrachten.

Edith, der die Freunde schnell einmal auf die Nerven fallen – sie steht zu der Zeit ständig unter Drogen –, ist glücklich über einen neuen Vertrag im ›Versailles‹ in New York. Dann folgt eine sehr lange Tournee durch die Vereinigten Staaten, so daß sie bis Frühjahr 1956 Paris entfliehen kann.

Als außergewöhnlichste Erinnerung an diese Tournee bleibt sicher ihr Auftritt in der ›Carnegie Hall‹ in New York, wo man ihr minutenlang begeistert applaudiert. Doch ihr körperlicher Zustand nach all diesen Anstrengungen ist alles andere als glänzend. Ihre Rheumatismusanfälle bereiten ihr furchtbare Schmerzen. Doktor Delaval hat ihr Cortison verschrieben, ein entzündungshemmendes Mittel, das zwar nicht hilft, aber wenigstens die Schmerzen nimmt. Unglücklicherweise hat Edith unwahrscheinliche Dosen davon genommen, indem sie die in den Rezepten vorgeschriebenen Dosen verzehnfachte..., denn Cortison ist auch ein hervorragendes ›Doping‹. Jede Medaille hat ihre Kehrseite, und jedes Medikament ist auch ein Gift: Cortison kann Geschwüre und Magenblutungen hervorrufen. Und Edith wurde im Laufe ihrer Tournee von heftigen Magenschmerzen befallen. Der Arzt rät ihr, sich röntgen zu lassen und ihm die Aufnahmen zu schicken, damit er ein neues Rezept ausstellen könne. Doch das tut sie nicht.

Jacques Pills, der sie gegen Ende der Tournee aufsuchte, kann gerade noch ihre notfallmäßige Einlieferung in die Klinik miterleben, wo man sie wegen eines Magendurchbruchs operiert! Obwohl sie schnell wieder hergestellt ist, warnen die Mediziner sie vor übermäßigen Erschöpfungszuständen, wie sie sie sich bei ihren Auftritten holt... oder auch anderswo.

Bei ihrer Rückkehr wird sie von den Journalisten gefragt, ob sie viel Geld mit nach Hause bringe:
»Ich habe keinen Pfennig«, antwortet sie, »aber das ist mir egal. Seit Jahren frage ich mich, wie das passieren kann. Geld verdiene ich genug. Aber es verschwindet noch schneller, als es kommt. In den Vereinigten Staaten habe ich beträchtliche Summen verdient, aber wenn ich meine Musiker bezahlt habe, meine Chormitglieder, wenn ich den Advokaten dort drüben alle Konventionalstrafen und solches Zeug beglichen habe, dann weiß ich nachher jeweils nicht mehr so genau, was mir noch bleibt. In Las Vegas wurde ich reingelegt. Ich sollte im Casino auftreten. Der Vertrag war unterzeichnet. Und dann wollten sie nichts von mir hören. Das ist die Stadt des Spiels. Die Leute können nicht zuhören. Was die wollen, sind nackte Mädchen. Außer dem Roulette interessiert sie nur noch dies. Sie wollten nichts von mir wissen, aber sie haben mich dennoch be-

zahlt. Aber nachher kam ein Advokat, der hat den Vertrag zerpflückt, und von den Dollars blieb nicht mehr viel übrig! So geht es mir immer. Das ist wohl mein Schicksal.«

Bruno Coquatrix, Direktor des ›Olympia‹, hat sie gebeten, wieder bei ihm aufzutreten. Da ihn die pessimistischen Gerüchte um den Gesundheitszustand seines Stars doch ein wenig beunruhigen, hat er zunächst nur Auftritte für einen Monat vorgesehen...

Im April nimmt Edith ihre neuen Chansons auf, wobei sie wieder einmal ihren alten Wagemut unter Beweis stellt, etwa wenn sie die Verrücktheit des *L'homme à la moto* besingt:

> *Il portrait des culottes, des bottes de moto,*
> *Un blouson de cuir noir avec un aigle sur le dos,*
> *Sa moto qui partait comme un boulet de canon,*
> *Semait la terreur dans toute la région...*

Dieser traurige Held einer Gruppe wilder Abenteurer, der seine Maschine lieber hat als seine kleine Freundin, rast in einen Zug. Inmitten dieser neuen Welle der Motorräder und schwarzen Lederjacken wird diese ziemlich laute Geschichte zu einem ungeheuren Erfolg.

Soudain une vallée beschreibt in der Art von Walt Disney, mit Hawai-Gitarren und einem Chor mit Echo-Wirkung, das glückliche Tal der Ruhe, in das hin und wieder doch jemand Zugang findet nach einem Leben voll Unrast und Mühsal.

Avant nous ist von Mandolinen, Glocken und schmalzigen Chören umrahmt und zeigt, daß die Piaf doch einige Mühe hat, Neues zu gestalten. Zur Hälfte gesprochen und immer noch mit diesen unerwünschten, aufdringlichen Geigen versehen ist auch *Toi qui sais*, die wenig geglückte Geschichte einer Trennung.

Sehr viel besser mit seiner (vom Englischen beeinflußten) leichten Ironie ist *Une dame* von Michel Emer:

Une dame se promène en riant dans la rue
Ensoleillée
Une dame, que tout le monde a toujours vu
En train de pleurer...

Diese Dame, einst von ihrem Geliebten verlassen, fühlt sich endlich befreit von ihrem Kummer, als sie erfährt, daß nun eben dieser seinerseits verlassen wurde und sich hat umbringen wollen. Jetzt fühlt sie sich plötzlich wieder jung... wenigstens dem Anschein nach, denn die Interpretin signalisiert beim letzten Wort ›heu-reux‹ einen deutlichen Riß.

Et pourtant ist ein bewegender Text, den der große Schauspieler Pierre Brasseur seiner Freundin Edith angeboten hat. Trotz des Vergnügens, das sie in der Liebe findet, bekennt die Sängerin:

Et pourtant
Il y aura toujours un pauvre chien perdu
Quelque part
Qui m'empêchera d'être heureuse...

Marie la Française ist ein leichtes Mädchen, das in Sidney seinem Gewerbe nachgeht und all sein Geld beiseite legt, um eines Tages sein ›Paname‹ (Paris) wiederzusehen. Aber ihr Wunsch erfüllt sich nicht, und sie wird unter allgemeiner Gleichgültigkeit begraben, während ihre Mutter in Rochechouart immer noch glaubt, sie habe in Amerika reich geheiratet.

Unter diesen – zugegebenermaßen ziemlich mittelmäßigen Neuheiten – gibt es eine seltene Kostbarkeit: *Les amants d'un jour* von Monnot, Délécluse und Senlis. Es ist das Klagelied einer Tellerwäscherin, die die kleinen und großen Dramen des Lebens beobachtet und die bestürzt ist über den Selbstmord zweier Liebender im ersten Stock des Hauses:

Moi j'essuie les verres au fond du café
J'ai bien trop à faire pour pouvoir rêver...

In dieser Geschichte, die an den Film ›Hôtel du Nord‹ erinnert, ist die Piaf wirklich bewundernswert. Gestützt auf diese ausgezeichnete Melodie und den eindrücklichen Text kann Edith Wehmut und mitreißende Kraft, mit einem Wort: ihr ganzes Genie zum Ausdruck bringen.

Am 25. und 26. Mai 1956 werden zwei Auftritte im ›Olympia‹ aufgezeichnet. Und wieder bedeutet diese öffentliche Aufnahme einen Qualitätszuwachs für alle Lieder – zu wenige leider, von denen wir bis heute wissen. So wird der tiefere Sinn von *Marie la Française* offensichtlich, die nichtssagende Musik scheint plötzlich genau richtig (der Refrain ›Oh mon Paname que tu es loin‹ genauso genial, wie das unsterbliche ›Lili Marlen‹ der Dietrich). Die Begleitung zu *L'homme à la moto*, zurückhaltender als im Studio, aber völlig ausreichend, erlaubt der Piaf, ihren Text zu Gehör zu bringen, mit weniger Gewalt, aber ebensolch eindringlicher Schärfe. Die drei erstaunlichsten Titel aber werden zu drei großen Erfolgen. In *L'hymne à l'amour*, von geradezu biblischer Einfachheit, offenbart die Piaf ein stimmliches Vibrato von außerordentlicher Reinheit und beweist deutlich genug, daß ein anschwellendes Orchester und ein Chor völlig überflüssig sind, wobei der letzte Satz »Mon amour, crois-tu qu'on s'aime« allein schon für sich ein musikalisches Wunder darstellt. *Bravo pour le clown* zeigt ebenfalls, daß die wütenden ›Bravos‹ keineswegs Schreie sein müssen, sondern ein klangvolles Ansteigen von äußerster und beherrschter Stimmkraft. In *L'accordéoniste* schließlich haben wir den vollkommenen Triumph ihrer wunderbaren Kunst.

Edith gibt nach der Premiere zu, sie habe diesmal vielleicht mehr Angst gehabt als andere Male: Unnötige Angst, denn der Erfolg ist so groß, daß Coquatrix ihr Gastspiel um drei Monate verlängert! Eine weinende Juliette Gréco sucht sie in der Garderobe auf:

»Wenn man Sie gehört hat«, sagt sie ihr, »wagt man nicht mehr zu singen!«

»Ich habe einen Augenblick den Mut verloren«, antwortet Edith, »doch ich sehe, daß ich es noch kann...!«

Während fünfzehn Wochen ist das ›Olympia‹ ausverkauft, und die Plätze werden auf dem schwarzen Markt gehandelt. In der gleichen Zeitspanne verkauft die Piaf 300 000 Schallplatten.

Jeden Abend verdient sie 1 250 000 Francs nach alter Währung. Überflüssig zu erwähnen, daß ihr ›Hofstaat‹ sich noch um zahlreiche Schmarotzer vergrößert hat...

Dieses wenig schmeichelhafte Attribut trifft indessen nicht auf den jungen Claude Figus zu, einen schlanken, langgliedrigen Jungen, der die Karriere von Edith schon seit seinem dreizehnten Lebensjahr mitverfolgt. Er fühlt sich nicht ganz wohl in seiner Haut – man sagt ihm Drogenkonsum und homosexuelle Neigungen nach – und hat sich im wahrsten Sinne des Wortes auf die Piaf ›fixiert‹. Voller Bewunderung folgt er ihr, so oft er kann, zeigt sich auch oft nur von weitem und schreit seine Anbetung heraus. Gerührt von seiner Verehrung und stolz darauf, einen solchen Einfluß auf ihn zu besitzen, macht ihn Edith schließlich zu ihrem Sekretär und nimmt ihn bei sich am Boulevard Lannes auf.

Im August kündigt sie ihre Scheidung von Jacques Pills an. Aber bei der Verhandlung vor dem Friedensrichter umarmt sie Jacques und erklärt sich bereit, das gemeinsame Leben wieder aufzunehmen. Ihr Gemahl hat diesen Wunsch nicht.

Das Ende des Jahres 1956 ist geprägt von einer neuen Entziehungskur und von der Vorbereitung einer weiteren Tournee in die USA. Auf dieser Tournee nimmt Edith eine Reihe von Chansons auf, die ins Englische übersetzt wurden. *Les feuilles mortes* (Autumn Leaves), bewundernswert gelungen, hat sie nie in Französisch aufgenommen. Es ist für den ›Export‹ bestimmt, begleitet von jenen Chören und schmelzenden Geigen, die wir nicht sehr mögen. Es erstaunt auch ein wenig, wenn aus *Le petit homme* von Monnot und Contet *One Little Man* von Philippe Gérard und Rich French wird. Wenn Edith in *Heaven a Mercy (Miséricorde)* etwas zu viel des Guten tut, so behält *My Lost Melody* denselben verführerischen Zauber wie *Je n'en connais pas la fin*. Dagegen haben *I should not care (J'm'en fous pas mal)*, *Don't cry (C'est d'la faute à tes yeux)*, *Chante-moi* und *Cause I love you (Du matin jusqu'au soir)* viel von ihrer Kraft eingebüßt durch ihre Tendenz zur einfachen ›Unterhaltung‹.

Am 13. Januar 1957 wird ihr Rezital in der ›Carnegie Hall‹ – vor einem berstend vollen Saal, die Zuschauer drängen sich sogar auf der Bühne – aufgezeichnet.

Die Piaf beginnt, indem sie jedes ihrer Chansons zunächst in Englisch vorstellt, in einem überraschend beschwörenden Ton und sehr ›shakespearisch‹.

An jenem Abend scheint die Piaf über weniger stimmliche Gewalt zu verfügen als gewöhnlich. Deshalb trägt sie auch die Mehrzahl ihrer Chansons mit verminderter Überzeugungskraft vor.

C'est pour ça verliert viel, weil die Compagnons de la chanson fehlen, und die Chöre, die wir hier hören, sind nicht sehr überzeugend.

In *Je t'ai dans la peau* vermißt man eine gewisse Sinnlichkeit, während *Les amants d'un jour*, dieses wundervolle Chanson, seine nostalgische Kraft bewahrt hat (auch das Geräusch des Glases, das im letzten Moment zerbricht).

Das sehr wirkungsvolle Chanson *Les Grognards* von Henri Giraud und Pierre Delanoë entfesselt im Saal wahre Begeisterungsstürme. Nach einer gesprochenen Einleitung, in der Edith eine gespenstische Atmosphäre zu schaffen vermag, sehen wir die berühmten Soldaten des Empire beinahe lebendig an uns vorbeimarschieren: Sie, die nicht einmal Zeit fanden, Paris anzuschauen, da sie von einem Kriegsschauplatz zum andern mußten – und die sich langweilen:

> *Nous les grognards, les grenadiers*
> *Sans grenades, sans fusils, ni souliers*
> *Ce soir nous allons défiler*
> *Au milieu de vos Champs-Elysées...*

Zunächst sind es nur dumpfe Geräusche, undeutlich wie Gemurmel, die nach und nach anschwellen, bevor sie einer nach dem andern hervorbrechen, diese Namen von glorreichen französischen Siegen. Obwohl dieses Chanson zweifellos ein wenig einfach erscheint für eine Sängerin, die über so erstaunliche Mittel verfügt, vermag es dennoch zu packen.

C'est à Hambourg erscheint uns sanfter und zärtlicher als früher. Auch *Miséricorde* wird genau richtig dargeboten, ebenso wie *La goualante du pauvre Jean*. Zu diesem Chanson erklärt Edith den Zuschauern: »Es ist ein großer Erfolg in Amerika und ich bin sehr stolz darauf!«

Padam, padam, auch dieses Chanson erscheint wie gedämpft und ist weniger packend, erringt aber einen Triumph in der ›Carnegie Hall‹. *Les feuilles mortes* wiederum ist noch ergreifender als im Studio.

Man nimmt mit Erstaunen zur Kenntnis, daß die Sängerin einen komischen Effekt bewirkt, wenn sie vor dem Chanson *Mariage* in Englisch ankündigt:

»Eine Frau wird festgenommen, weil sie ihren Mann getötet hat.«

Ohne sich aus der Fassung bringen zu lassen, bekommt sie die Situation sofort wieder in den Griff und beginnt ganz leise diesen Sketch, der ihr eine Steigerung bis hin zum Wahnsinn erlaubt, aber weniger dröhnend als früher und ohne Zweifel eindrucksvoller. Sie erntet großen Applaus.

Weniger gefällt uns *Un jeune homme chantait (The High Way)*, denn diese Version mit Tenor- und Sopran-Begleitung scheint doch – noch dazu mit diesen Chören und Geigen – sehr nahe beim Serenadenstil eines Tino Rossi. *La fête continue,* leichter als früher, hat so seinen Zug von tragischer Schicksalshaftigkeit verloren. *Heureuse (Happy)* dagegen gewinnt durch einen hervorragenden Einfall von Robert Chauvigny: Zunächst spricht die Piaf den Text in Englisch, während der Sopran im Hintergrund den Refrain singt, dann singt sie dieses schöne Lied auf Französisch.

Le petit homme bleibt harmlos – aber ist dies nicht der eigentliche Sinn des Textes? *L'homme à la moto*... beginnt etwas mißglückt, denn die Musiker spielen, noch bevor Edith sich gezeigt hat...! Oder ist dies vielleicht ein beabsichtigter Gag, um die Atmosphäre zu entspannen?

Was es auch sein mag, Edith scheint an diesem Abend einige Mühe zu haben, den hektischen Rhythmus und die extreme Gewalttätigkeit dieses Chansons zu halten.

Je n'en connais pas la fin wird schon applaudiert, als das Orchester erst die Melodie zu intonieren beginnt. Wehmütige Zurückhaltung prägt dieses Chanson. Das gilt auch für *L'hymne à l'amour.* Wenn *Le télégramme* der Einspielung im Studio gleichkommt, so mindert wiederum in *L'accordéoniste* eine zu einfallslose Begleitmusik den Wert dieses berühmten Chansons ein wenig.

Frenetischen Applaus bekommt die Piaf für ihre hervorragende Interpretation von *Bravo pour le clown* – vorher war schon die Ankündigung – *A Clown is my Friend* beklatscht worden. Und dann natürlich *La vie en rose,* einmal in Französisch, dann in Englisch gesungen. Dank zahlreicher Ausschmückungen ist es wesentlich besser als auf Schallplatte, es bleibt einer der Höhepunkte des Abends.

Ein wichtiges Ereignis dieses Rezitals ist schließlich die Wiederaufnahme von *Monsieur Saint Pierre,* in dem wir – nicht ohne einen Stich im Herzen – Edith ankündigen hören:

»Jeder muß einmal sterben und auch ich bin einmal an der Reihe...«

Und dann erzählt sie den Text in allen Details und erzielt einen komischen Effekt bei den Worten ›moi, j'ai un cœur qui se multiplie‹ – was uns beweist, wie sehr das Publikum zu begreifen imstande ist!

Ihre Interpretation dieses schönen Chansons ist vielleicht noch brillanter als sonst und ebenso ausdrucksstark.

NOIR ET BLANC

rigitte BARDOT - Edith PIAF

ous menons la vie qui nous plaît !"

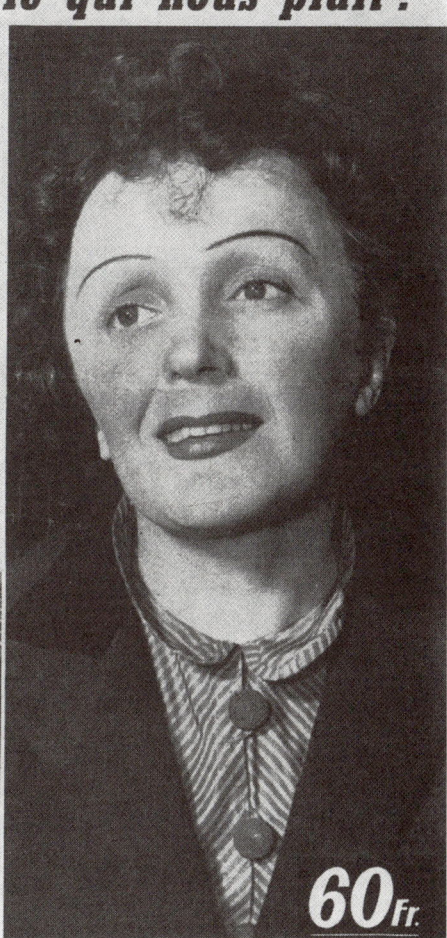

60Fr.

Edith und Douglas spielen Bauer und Bäuerin
in Condé-sous-Vesgnes

*November 1959; Marlene Dietrich und Edith vor dem Auftritt
in Melun*

1959, nach einem kräftezehrenden Auftritt
in Monaco

227

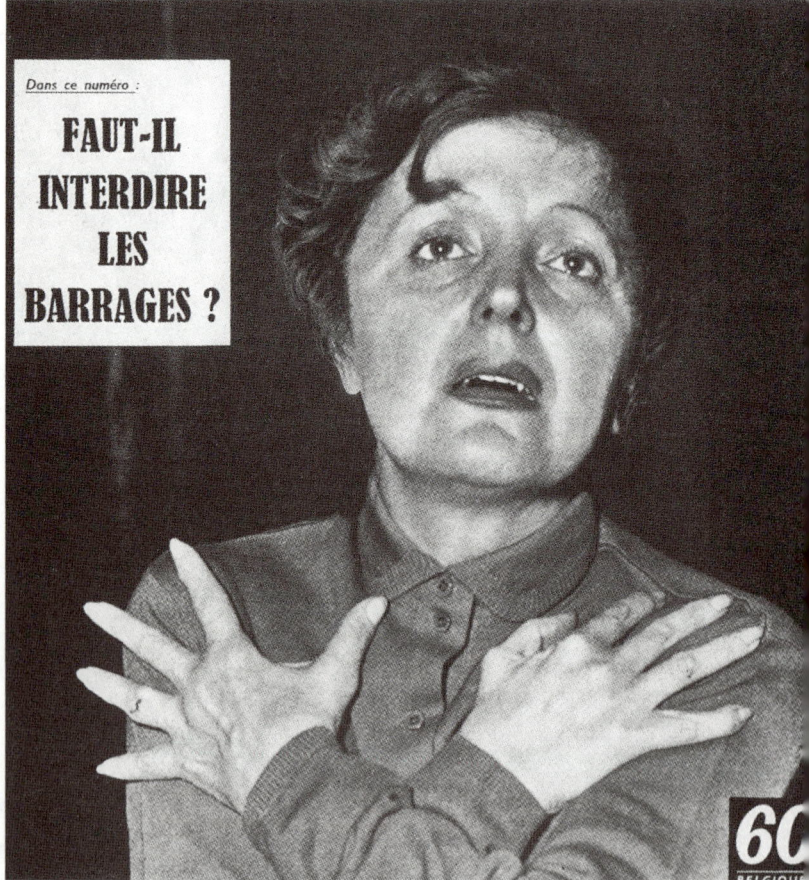

NOIR ET BLANC

Edith PIAF : "J'aurai lutté jusqu'au bout !"

Dans ce numéro :

FAUT-IL INTERDIRE LES BARRAGES ?

60
BELGIQUE

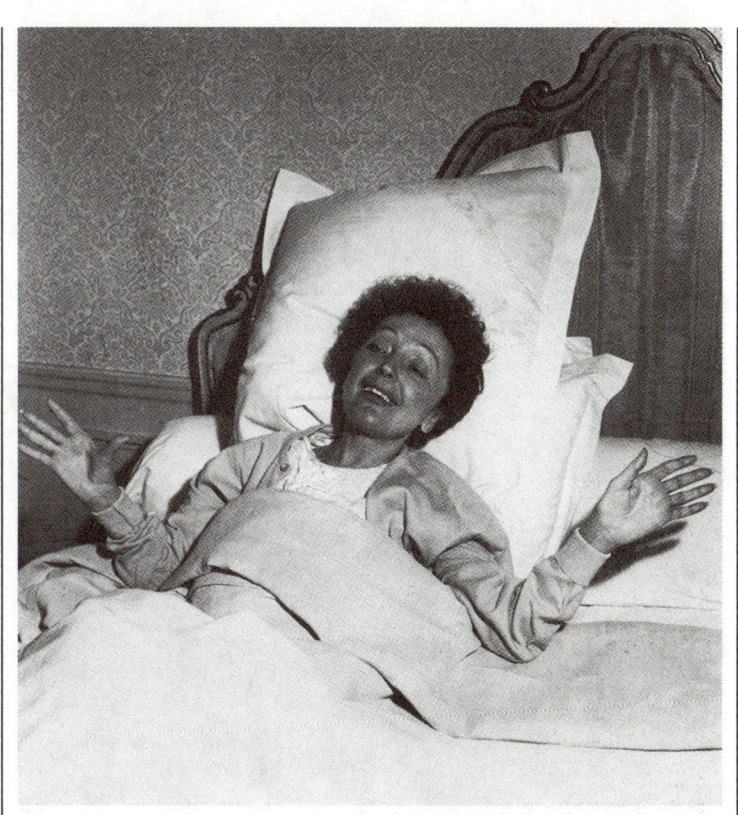

Juni 1960;
Edith hat ihre Kräfte überschätzt

Edith und Marguerite Monnot

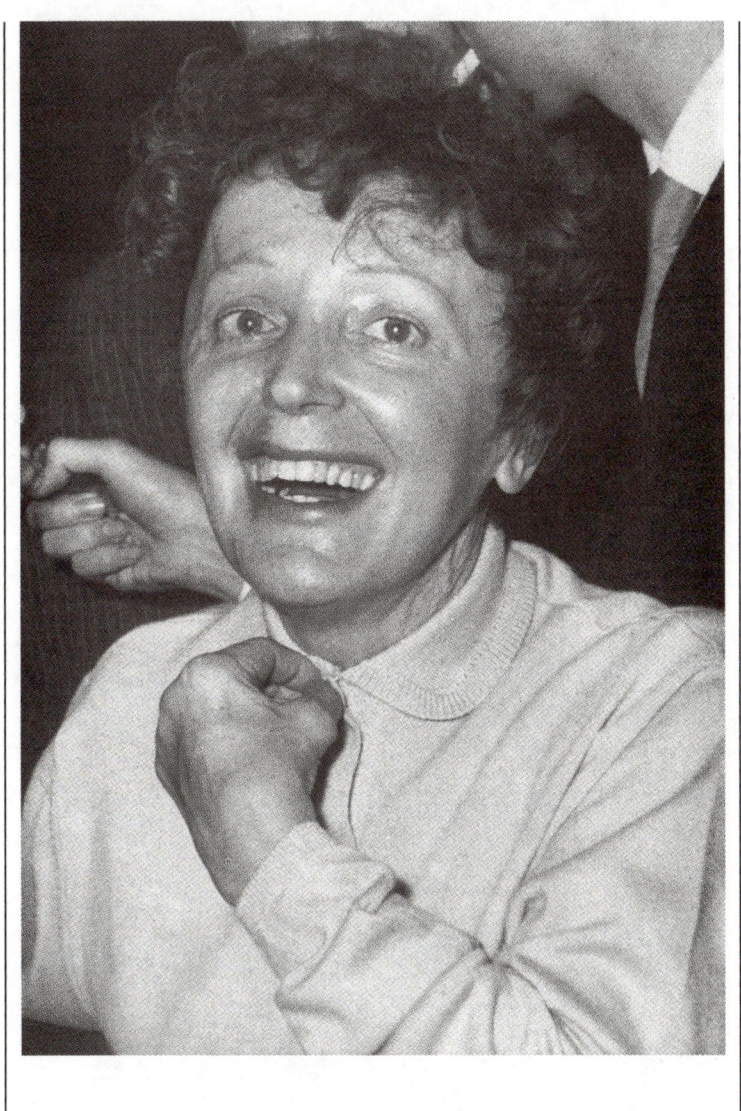

Edith und Loulou Barrier

Edith mit ihrer neuen Entdeckung: Georges Moustaki

Im November 1960 erhält Edith die
Auszeichnung ›Le Blason d'or du Marathon de la Chanson‹
(mit Marguerite Monnot)

Edith mit Bruno Coquatrix

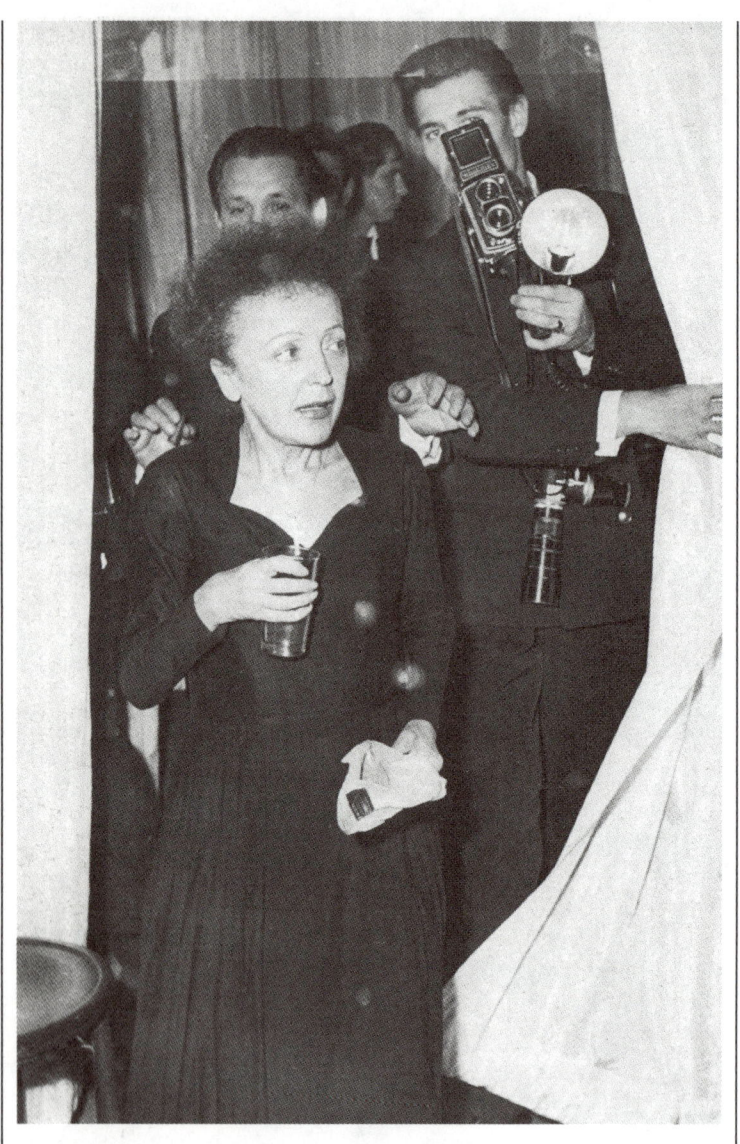

Dezember 1960;
eine sichtlich abgemagerte Piaf bei ihrem Auftritt in Reims

Von Krankheit gezeichnet,
aber glücklich, wieder auf einer Bühne zu stehen

Im Rampenlicht lebt Edith wieder auf

Die Tragödin des Chansons.
Ediths Kunst fesselt die Menge

Immer wieder vor den Vorhang gerufen – erschöpft, aber glücklich

In ihrer Garderobe erholt sie sich langsam wieder...

Edith Piaf und Charles Dumont,
von dem einige ihrer schönsten Lieder stammen

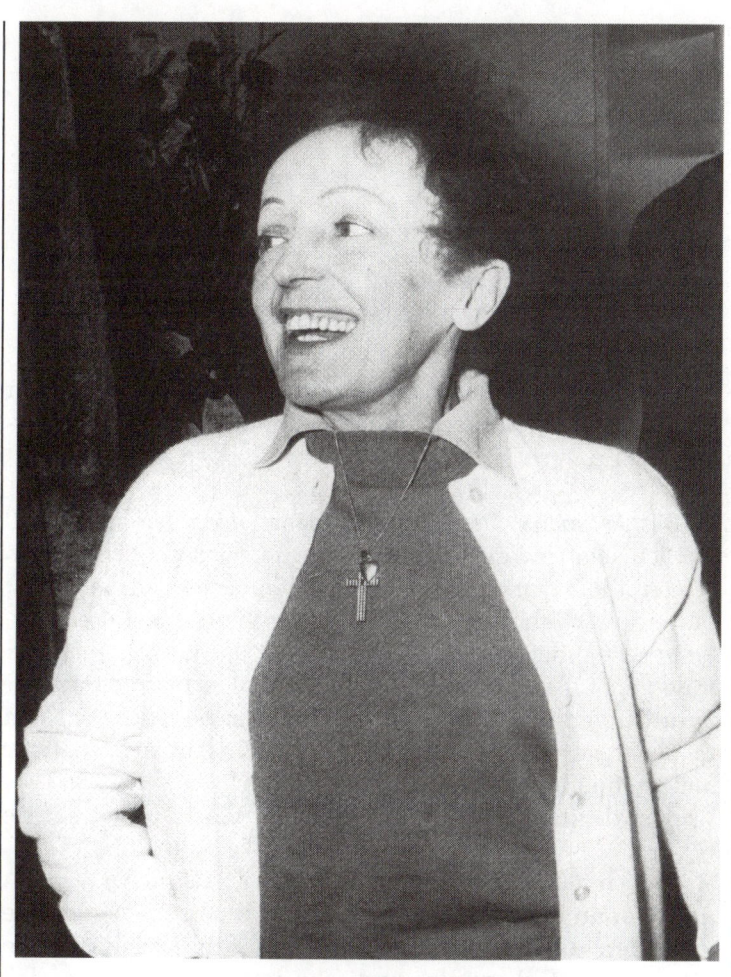

Allen Schicksalsschlägen zum Trotz:
eine Frau voller Lebensmut

Von Félix Marten
zu Georges Moustaki

Nach Frankreich zurückgekehrt, widmet sie sich in diesem Jahr 1957 vor allem der Vorbereitung und Durchführung einer Tournee in die Provinz.

Lou Barrier sucht einen Star für das Vorprogramm: Er soll männlich sein und einen ganz anderen Chanson-Stil als Edith vertreten. So bietet er Félix Marten einen Vertrag an. Wie einst Montand will sich Edith auch diesen großen, unsicheren Burschen erst einmal ansehen, denn sie hat ihn noch nie auf der Bühne erlebt. Sie hört ihm aufmerksam zu, scheint dann aber überrascht und enttäuscht von seinem Repertoire, das vor allem von Ideenreichtum und Zynismus zeugt. Ein Jahr zuvor hatte er damit im ›Bobino‹ einigen Erfolg gehabt:

»Singst du denn keine Chansons über die Liebe?« fragt sie ihn.

»Nein, ich habe diesen Stil lieber... das ist meine Art.«

»Nun, dann ist deine Art halt nicht gut, denn so wirst du nie dem breiten Publikum gefallen! Ich singe für die Kleinen, für die Dicken, für die Gehemmten und gebe ihnen die Hoffnung, daß die Liebe eines Tages auch zu ihnen kommt.«

»Wenn ich offen zu Ihnen sein darf, so muß ich gestehen, ich glaube nicht, daß man überzeugend die Liebe besingen kann, ohne entsprechende Erfahrungen zu haben, ohne diese Liebe nicht selber voll erlebt zu haben! Was aber das betrifft, so habe ich noch nicht sehr viel durchgemacht, und ich möchte dem Publikum doch nicht den Eindruck geben, daß ich es belüge.«

Dieses Geständnis beeindruckt Edith sehr, und sie ist einverstanden, daß man Marten engagiert.

Als Marten in den intimen Kreis eingeführt ist, entsetzt er sich erst einmal über die Atmosphäre von unterwürfiger Schmeichelei und Heuchelei, die Edith täglich umgibt. Eine allzu große Anzahl Menschen, nur auf ihren eigenen Vorteil bedacht, versichern ihr andauernd:

»Wie schön du bist, wie geschmackvoll du dich kleidest, alles was du tust, zeugt einfach von Genie, etc....«

Für einen unvoreingenommenen Betrachter, der neu dazukommt, klingen diese übertriebenen Komplimente manchmal wie grausamer und unerträglicher Spott...

Zwischen Marten und der Piaf kommt es bald einmal zu einer ›verliebten Freundschaft‹, bei Edith aus dem Wunsche heraus, ihren Gefährten zu beherrschen, ihn zu beschützen, ihm gemäß ihren Vorstellungen zum Erfolg zu verhelfen – und bei Félix, der verheiratet ist und jeden Abend nach Hause geht, aus aufrichtiger Zuneigung, vermischt mit Bewunderung und natürlich auch mit einem gewissen Maß an Eigennutz, wie er später selbst zugibt: Er ist zu der Zeit mit der Direktion des ›Olympia‹ verkracht und weiß nur zu genau, daß Ediths Protektion ihm alle Hindernisse aus dem Weg räumen wird.

Während der Tournee wird er zu ihrem Finanzchef. In dieser Eigenschaft muß er – wie immer – in allen Restaurants, die sie aufsuchen, die Rechnung für dreißig oder vierzig Personen bezahlen! Eines Tages, in Marseilles, platzt ihm der Kragen:

»Aber wer sind denn eigentlich all diese Leute? Sie waren nicht einmal in der Vorstellung...! Als wir das Theater verließen, waren wir zu zehnt – und jetzt sind wir fünfunddreißig...!«

Eine aufgebrachte Edith verweist ihn auf seinen Platz:

»Was geht das denn dich an? Es ist ja nicht dein Geld!«

Es stimmt, daß diese großzügige Frau damals sehr viel Geld verdiente, denn sie feierte überall außergewöhnliche Triumphe!

Die Säle sind total überfüllt: Auch die Treppenstufen werden noch als Plätze verkauft, man stellt zusätzliche Stühle hinein, und Eintrittskarten werden auf dem schwarzen Markt gehandelt.

Im neuen Repertoire dieser Zeit hat Edith das herrliche Chanson *La foule* von Cabral und Rivgauche. Darin besingt sie die schreckliche Ungewißheit eines Paares, das in einer grausamen Welt bald vereint, bald getrennt wird:

> *Emportés par la foule*
> *Qui nous traîne, nous entraîne...*
> *Ecrasés l'un contre l'autre*
> *Nous ne faisons qu'un seul corps...*

Die Piaf singt dieses Lied, wie wenn sie es selbst geschrieben hätte, mit totaler Identifikation. Der Text hat zudem eine nachhaltigere Wirkung, als man zunächst annehmen könnte.

Salle d'attente beschreibt die Ängste eines Paares auf dem Bahnhof. Quälend sind die Schläge der Uhr und ein Karussell, das durchs Fenster zu sehen ist. Der Mann und die Frau hängen ihren Erinnerungen nach, und schließlich steigt er in den Zug, während sie allein zurückbleibt...

Ganz am Ende erst erfährt man, daß es sich um einen Soldaten handelt. Aus diesem komplizierten Text, der von Prévert stammen könnte, wurde aber kein sehr gutes Chanson...

Dagegen schrieb derselbe Michel Rivgauche mit *Les prisons du roy* einen wundervollen Text, den die Piaf zu einer ihrer mitreißendsten Chansons macht. Ein Mann wird ins Gefängnis geworfen, weil er einen Diamanten gestohlen hat, um ihn seiner Liebsten zu schenken. Wenn sie ihn nun schon nicht befreien kann, so will sie ihn wenigstens sehen:

> *... Car moi j'ai volé, je l'avoue et sans peur*
> *Oui, Messire, j'ai volé son cœur...*

Opinion publique besteht aus höhnischen Strophen und beschreibt die Hölle eines Mannes, der fast an Verleumdungen zugrunde geht und dann, von einem Tag auf den andern, wieder als Held gefeiert wird:

> *On dit qu'il a, on dit qu'il est*
> *On dit qu'il a fait*
> *A fait ceci, a fait cela*
> *Et puis qu'il a dit ça...*

Die Piaf ist hervorragend in diesem Erguß von Verleumdungen.

Wir haben früher schon von *Les grognards* gesprochen, diesem großen und nachhaltigen Erfolg.

Im hübschen Liebeslied *Comme moi* singt sie sich in fieberhafte Erregung hinein:

> *Peut-être bien qu'ailleurs*
> *Une femme a le cœur*
> *Eperdu de bonheur*
> *Comme moi...*

Schließlich noch *Mon manège à moi* von Jean Constantin und Glanzberg, dieses fröhliche Chanson (eine Seltenheit bei der Piaf!): Es ist eine Hymne auf die Liebe und wird ein ungeheurer Erfolg beim breiten Publikum:

> *Tu me fais tourner la tête*
> *Mon manège à moi, c'est toi...*

Bevor Edith nun im ›Olympia‹ auftritt, hat sie vergeblich versucht, Félix Marten nach ihren Vorstellungen zu formen. Vor allem wollte sie, er solle in einem langsameren Rhythmus singen, worüber sie sich einige Male heftig ereiferten.

Anfangs Februar 1958 erringt immerhin auch er einen schönen Erfolg. Aber es ist offensichtlich die Piaf, die die Begeisterungsstürme entfesselt, was immer sie auch sagt oder tut. Das erstaunlichste Geheimnis ihres Erfolgs bleibt jene Präsenz, der Kontakt, den sie unverzüglich herzustellen vermag, und dann natürlich jenes seltsame Zaubermittel, mit dem sie noch die banalste Geschichte in ein einfaches und ewig menschliches Schicksal zu verwandeln vermag, so daß es einer klassischen griechischen Tragödie würdig ist. Es spielt bei dieser außergewöhnlichen Leistung eine Art von Zauber mit, der schwer zu beschreiben ist und an ein Wunder grenzt.

Jedermann sagt: »Man muß die Piaf sehen, man muß diese kleine Frau, ganz in Schwarz, vom Alter gebeugt, hören, man muß hören, wie sie alle Hoffnung und das Schicksal der Menschen besingt.« Der Erfolg ist derart überwältigend, daß ihr Gastspiel bis Ende April verlängert werden muß.

Am 17. Februar 1958 fand eine öffentliche Aufzeichnung statt, die uns einige denkwürdige Momente bewahrt hat: *Comme moi*, genauso überschwenglich wie im Studio, scheint noch eindringlicher, ist sehr ›gelebt‹. Auch das lyrische *Salle d'attente*, das aus der Dreigroschenoper stammen könnte, ist klarer, schneller, weniger schwer. Und welch phantastische Stimme! In *Les prisons du roy*, das sie nochmals zu steigern vermag, ist die Piaf ganz einfach genial. Ihr Gesang kommt hier an die schönsten Opern-Stimmen heran. Indem sie die ganze Bissigkeit, die die Situation verlangt, in die unvergeßliche metallische Reinheit ihrer Stimme legt, singt Edith *La foule* mit einer Leichtigkeit, die sie später nicht mehr für dieses Lied aufzubringen vermag, und sie beherrscht in *Les grognards* alle stimmlichen Register mit einer derartigen Leichtigkeit, ohne zu schreien, daß dieses Chanson ein sehr schönes Finale für einen Film über Napoléon abgäbe!

Mon manège à moi ist noch begeisternder als in der Studioversion und wird am Schluß gekrönt von einem maßlosen Lachen. Und bei all dem diese Glaubwürdigkeit, diese Präsenz, diese Leichtigkeit bei solch hoher Perfektion – ein absoluter Höhepunkt!

Danach macht Edith wieder einen Film, erneut unter der Regie von Marcel Bleustein, nach einem Drehbuch von Pierre Brasseur. Der Regisseur erklärt dazu:

»Wir hatten uns vorgenommen, Edith und ich, erneut einen Film zusammen zu machen. Ein Thema zu finden war schwierig, denn ich wollte nicht einfach einen traditionellen Musik-Film drehen. Ich wollte vor allem die Fähigkeiten der Piaf als Schauspielerin einsetzen. Nun ist die Piaf natürlich keine übliche Filmfigur. Für mich ist sie ein in der Menge verlorenes menschliches Wesen, mit all seinem Kummer und seiner Liebe. Warum soll man Liebesgeschichten immer nur sehr schönen oder sehr jungen Frauen zuschreiben? Die Piaf wird weltweit verehrt, weil es niemand gibt – welchem Milieu, Alter, gesellschaftlicher Stellung er auch immer angehören mag –, der sich nicht in einem bestimmten Augenblick seines Lebens in ihr wiederfindet.

Nun plant man natürlich mit der Piaf keinen Film ohne Chansons. Aber genau wie in *Etoile sans lumière* habe ich mich bemüht, ein spezielles filmisches Verfahren für ihre Stimme zu finden.

Die Piaf hat überragende Gaben. Ohne ihre Persönlichkeit zu verleugnen, hat sie doch volles Vertrauen in den Regisseur. Sie ›kapiert‹ und versucht nie, sich in den Vordergrund zu rücken. Sie geht in der Geschichte auf. Wenn die Piaf auch leicht zu führen war, so gab es beim Verleih des Films einige Schwierigkeiten. Was auch immer ihr riesiges Publikum davon halten mag: Die Verleiher behaupten, sie sei kein zugkräftiger Kinostar!... Ich bestreite nicht, daß das Kino Zerstreuung bieten und uns manchmal auch ungewöhnliche Leute und Situationen zeigen soll, aber vor allem scheint mir, es solle ein Abbild des Alltags darstellen.

Es ist undenkbar, daß die Tragödin Piaf nicht auch auf der Leinwand ihr Publikum finden soll, wie sie es als Chansonsängerin besitzt.«*

---

* In ›Combat‹ vom 24. August 1959.

Am Weihnachtsabend hat der Komponist Pierre Montfort (Michel Auclair) eine Panne in einem Pariser Vorort. Der Garagist Louis (Armand Mestral) repariert den Wagen, während Pierre sich im Hotel-Restaurant ›Les Géraniums‹ von Charles (Raymond Souplex) einquartiert.

Pierre merkt rasch, daß Louis oft mit der Serviererin Yvonne (Joëlle Bernard) zusammen ist. Simone (Edith Piaf), die Frau des Garagisten, sucht Zuflucht im Alkohol, um ihren Kummer zu vergessen.

Dann aber beschließt die Betrogene, mit einem Revolver bewaffnet, den Treulosen zu töten. Pierre gelingt es, sie von diesem Plan abzubringen.

Schon bilden sich zarte Bande zwischen Simone und dem Musiker, als sich herausstellt, daß er ein Mörder und auf der Flucht ist: Er hat seine Geliebte umgebracht, die ihn betrog. Simone hat Verständnis für ihn – mit gutem Grund! Er will sich der Polizei stellen, aber Louis, der hinter ihr Geheimnis gekommen ist, bedroht sie.

Es kommt zu einer Schlägerei. Um denjenigen zu beschützen, den sie liebt, wird Simone ihrerseits kriminell. Beide werden festgenommen, finden aber in ihrer gegenseitigen Leidenschaft die Kraft, sich der Gerechtigkeit zu stellen.

Einigen Wert erhält dieses Melodrama nur dank den schauspielerischen Leistungen, v. a. der von Armand Mestral, der überzeugend spielt, und derjenigen der Piaf, die ihrer Figur Glaubwürdigkeit und Schwung verleiht.

In diesem Film singt sie *Les amants de demain*, ein Lied auf die Hoffnung, das sehr wohl auf die übliche Chorbegleitung verzichten könnte, und *Fais comme si*, in dem sie ihren Gefährten bittet, die Liebeskomödie weiterzuspielen. Ferner *Les neiges de Finlande*, eine liebliche Reise, die nur in der Vorstellung stattfindet, und *Tant qu'il y aura des jours*, ein Musette-Walzer – er besingt die immer wiederkehrenden Worte, mit denen man die Liebe preist. Aber keines dieser Chansons besticht durch besonderen Einfallsreichtum.

Einige Zeit danach, als Edith sich in ihrem Landhaus in Condé-sur-Vesgre erholt, empfängt sie die Journalistin Paule Corday-Marguy von der Zeitschrift ›Mon film‹.

Sie wird gefragt: »Arbeiten Sie lange an Ihren Chansons, und wie lange proben Sie?«

»Das hängt von der Eingebung ab. Meiner Ansicht nach zahlt sich in der Kunst die Arbeit allemal aus... Es gibt Dinge, die sollte man, ja, die muß man einfach lernen.«

»Schmerzt es Sie nie, wenn Sie an die Vergangenheit denken? ...Haben Sie nicht nachträglich Angst, wenn Sie zurückblicken?«

»Sie haben recht, es kommt schon vor, daß mich Erinnerungen schmerzen. Es gibt Augenblicke im Leben, die ich lieber vergessen möchte...«

»Ihr weltweiter Erfolg, weckt er in Ihnen nicht manchmal den Wunsch, sich verführerisch zu kleiden, sich elegant zu geben?«

»Ich bin eine Frau, und mir gefällt alles, was elegant ist, künstlerisch, schön anzusehen und auch zu tragen, aber das Publikum mag mich in meinem einfachen schwarzen Kleid...

Wenn ich mich anders kleiden würde, hätte ich vielleicht nicht mehr diesen direkten Kontakt mit jenen, die mich so mögen, wie ich bin...!«

»Sie haben sich diese Gegend von Seine-et-Oise ausgesucht, um sich hier zu erholen. Wie leben Sie eigentlich hier?«

»Ich lese, ich stricke... Ich stricke Dinge, die ich nie beende!«

»Was denn, zum Beispiel?«

»Pullover, Bettsocken... Ich habe schon immer gut stricken können, doch ich mache nie etwas fertig.«

»Und sonst?«

»Ich habe soeben drei Chansons für Nita Raya geschrieben, die im ›Olympia‹ auftreten wird.«

»Die Titel?«

»*Il est jaloux, Moi, j'aime l'amour*; das dritte hat noch keinen Titel.«

»Was tun Sie speziell für Ihre Stimme?«

»Überhaupt nichts. Doch, ich trinke nur Wasser... nie Champagner.«

»Weshalb?«

»Weil ich mich davor in acht nehmen muß...«

»Was mögen Sie am liebsten?«

»Bücher! Mit schönen Einbänden... in meinem zukünftigen Haus habe ich dafür den besten Platz reserviert.«

»Welcher Mann in Ihrem Leben hat den stärksten Eindruck auf Sie gemacht?«

»Raymond Asso.«

»In welcher Beziehung?«

»Er hat mich alles gelehrt und mir alles beigebracht. Zwar war ich zu jener Zeit formbar wie Wachs, doch wie hätte ich je auf all das kommen können? Von wem hätte ich das akzeptiert, behalten? Die Compagnons de la chanson haben von mir – wie so viele andere – nur das zu hören bekommen, was Raymond Asso mir beigebracht hat. Diese Kraft, diese Begeisterungsfähigkeit, die zu meiner zweiten Natur geworden ist, ist Erbteil von anderen... von jenen, die schon vor mir davon wußten.«

»Was wünschen Sie sich noch?«

»Daß ›das‹ noch lange so weitergehe, lange...«

»Bedauern Sie etwas?«

»Ich hatte eine kleine Tochter, die mit zweieinhalb Jahren starb. Sie lebt in meiner Erinnerung weiter, wie eine Blume in einem Buch... Aber wenn ich singe, habe ich alles, was ich mir auf dieser Welt wünsche...«

Und nun tritt ein neues Gesicht in ihr Leben: Georges Mustaki, Gitarrist, Komponist und Sänger, den Henri Crollan an den Boulevard Lannes mitbrachte und der nun Ediths offizieller Begleiter wird. Auch er ist verblüfft über die seltsame Mischung von Haß und Ehrfurcht, die die Vertrauten ihrer ›Chefin‹ gegenüber an den Tag legen. Er kann die eigennützigen Günstlinge nicht ausstehen, und er setzt eigenhändig mehrere davon vor die Tür. Auch ist er bestürzt über den Zustand, in den der Alkohol Edith zu versetzen vermag; er nötigt ihr Versprechungen ab, abstinent zu bleiben. Sie hält sich auch mehr oder weniger daran: Doch da kommt sie nach einer relativ ruhigen Periode in derart verheerendem Zustand von drei Galas in Marokko zurück, daß er ihr seinen Ekel offen zeigt und droht, er werde sie unverzüglich verlassen... Die Sache kommt einigermaßen wieder ins Lot, und Moustaki komponiert für die Piaf mehrere hübsche Chansons, wie *Un étranger*. Dieses Lied ist stark von griechischer Volksmusik beeinflußt, eine fröhliche Melodie (mit einer Männerstimme im Hintergrund), die die Piaf voll Begeisterung vorträgt. Eher ruhig ist *Eden Blues*, im Stil der Cowboy-Songs, in dem die Piaf fast zu frei mit ihrer großen Stimme umgeht. Ein sehr hektisches Chanson mit prunkvoller Orchestration – Gitarren und Geigen – ist *Le gitan et la fille*, das die Versprechungen eines verliebten Zigeuners besingt, der seiner Auserwählten alle Schätze der Stadt zum Geschenk machen und all jene töten will, die sie auch nur betrachten, selbst wenn er dafür im Gefängnis büßen sollte. *Les orgues de barbarie* ist eine zärtliche Huldigung an jenes Musikinstrument von einst, das die Verliebten so gerne hören...

Immer noch im Jahre 1958 kreiert Edith *Je sais comment*, welches ein Mittel preist, das einem die Freiheit wiedergibt, wenn man im Gefängnis ist... der Schlaf (ein ziemlich unglücklicher ›Ausrutscher‹)!

Le ballet des cœurs ist ein glücklicher Einfall von Michel Rivgauche: Zwei an verschiedenen Enden der Stadt plazierte Herzen scheinen miteinander zu tanzen, wenn die Liebe – der größte aller Ballettmeister – sie vereint, aber bald trennt sie ein anderer Partner und alles beginnt von neuem. Leider ist die Begleitmusik von Glanzberg zu laut.

Je me souviens d'une chanson, offensichtlich ein Liebeslied, das einst die Sängerin zum Weinen brachte, bleibt ziemlich mittelmäßig.

C'est un homme terrible dagegen ist ein gefälliger Charleston. Die ängstliche Geliebte fürchtet sich vor den Schlägen ihres gewalttätigen Liebhabers, doch wenn er sie liebkost, vergeht sie fast vor Liebe.

Tatave greift auf den Argot zurück, um die ironische Geschichte eines armseligen Zuhälters zu beschreiben. Die Piaf singt es sehr kalt und gekonnt, sichtlich ohne allzusehr daran zu glauben.

Während des Sommers schreibt Moustaki für sie *Milord*, das mit Hilfe von Marguerite Monnot ihr großer Triumph wird. Es handelt von einem braven Tingeltangel-Mädchen, das beim Klang eines verstimmten Klaviers den Gentleman tröstet, den es aufgegabelt hat, und dessen Freundin weit übers Meer fuhr:

> *Allez venez Milord*
> *Vous asseoir à ma table*
> *Il fait si froid dehors*
> *Ici, c'est confortable...*

Hier finden wir wieder die große Piaf, vielleicht ein wenig gealtert, oder sagen wir besser: gereift, doch immer noch genauso überragend!

Bewunderungswürdig auch ihre Offenheit in *T'es beau tu sais*. Die Verzückung einer Verliebten angesichts ihres Geliebten ist großartig interpretiert, aber die ziemlich peinliche Geschmacksverirrung (das Mädchen ist blind) hätte nicht sein müssen.

Am 7. September lenkt Georges Moustaki den Citroën DS 19 der Piaf, die an seiner Seite sitzt. Hinten haben der junge Marcel Cerdan und eine Freundin Platz genommen: Die beiden haben Edith in ihrem Landhaus besucht, und nun fährt man sie nach Orly zurück. Es regnet. An einer Stelle der Straße, die ›La grâce de Dieu‹ heißt, sieht Moustaki plötzlich einen Lastwagen – zu spät. Er bremst, gerät ins Schleudern, und der Wagen kommt von der Straße ab. Der Lenker, dem nichts passiert ist, und die Lastwagenchauffeure eilen Cerdan und der Piaf zu Hilfe; ihr Gesicht ist blutverschmiert. Beide weisen glücklicherweise nur harmlose Verletzungen und eine leichte Hirnerschütterung auf. Während Cerdan sich schnell erholt, muß Edith ins Spital von Rambouillet eingeliefert werden, wo man ihr eine lange Stirnwunde und zwei Sehnen der rechten Hand näht. Sie hat eine aufgerissene Lippe und zahlreiche kleine Schnittwunden.

Da sie in den nächsten Tagen nach Amerika reisen wollte, läßt sie sich massieren, um die Wunden schneller zum Verschwinden zu bringen...

Moustaki, der beim Unfall einen Schock erlitt, weigert sich, sich wieder ans Steuer zu setzen. Immer noch von zahlreichen Verbänden bedeckt, gibt Edith nicht nach, denn sie will ihm das Vertrauen zu sich selbst zurückgeben. Sie mieten einen Renault Dauphine und fahren los, um einige Sachen aus dem Landhaus zu holen. Und genau an dem Ort, wo der Unfall geschah, schleudert ihr Wagen: Ein Reifen ist geplatzt!!! Bleich vor Angst und Entsetzen telephonieren sie im gleichen Café wie ein paar Tage zuvor nach einem Chauffeur!

Moustaki hat nicht die geringste Lust, nach Amerika zu reisen. Er spielt sogar mit dem Gedanken, Edith zu verlassen. Lou Barrier gelingt es schließlich doch noch, ihn zu der Reise zu überreden.

Anfangs Februar 1959 kommen die drei in den USA an, zusammen mit Robert Chauvigny und Marc Bonel. Vom 26. Januar bis zum 26. Februar soll die Piaf im großen Saal des ›Waldorf Astoria‹ auftreten, für 2500 Dollar pro Abend, damals etwas mehr als eine Million alter Francs. Ihr Erfolg ist so groß, daß man sich zu einer Verlängerung des Gastspiels bis 17. März entschließt.

Danach soll sie in Las Vegas, Hollywood, Los Angeles, San Francisco, Malibu und Pasadena auftreten, dann in Havanna, Kuba, Mexiko, Brasilien und Argentinien, und anfangs Mai wird sie die Tournee in Montevideo beenden.

In den ersten Februartagen reist Moustaki allein nach Florida, während Edith die Bekanntschaft des jungen amerikanischen Malers Douglas Davis macht.

Am 20. Februar bricht sie auf der Bühne zusammen und hustet nachher Blut. Man muß sie als Notfall ins Presbyterian Hospital einliefern, um ein Magengeschwür mit inneren Blutungen zu operieren. Auf ein Telegramm hin kehrt Moustaki unverzüglich zurück. Doch als er sieht, daß sich Edith rasch wieder erholt, und als sie ihn fragt, wie ihre Beziehungen nun denn aussähen, antwortet er ihr, er wolle ganz einfach ihr Freund sein.

In den ersten Märztagen darf Edith in ihr Zimmer im ›Waldorf Astoria‹ zurück, wo sie sich nach kurzer Erholungszeit auf die Wiederaufnahme ihrer Auftritte vorbereitet. Maurice Chevalier, welcher die Kranke besucht, der man mehrere Bluttransfusionen machen mußte, ist verblüfft über ihre erstaunliche Lebenslust. Die Piaf scheint ihre Schmerzen gar nicht zu spüren und scherzt pausenlos. Aber am 25. März hat sie einen Rückfall, und sie muß sich erneut einem chirurgischen Eingriff unterziehen!

Im Mai, endlich wieder gesund, beschließt sie − entgegen allen medizinischen Ratschlägen − während einer Woche im ›Waldorf Astoria‹ aufzutreten, zur größten Freude des Publikums und der amerikanischen Kritiker, die ihr begeistert applaudieren. Am 21. Juni, als Bruno Coquatrix sie am Flughafen Orly abholt, stellt sie ihm ihre neue Entdeckung vor:
»Das ist Douglas, ein junger Maler mit einer großen Zukunft!«

Davis, voller Entzücken über sein Abenteuer, will sich Museen ansehen, Galerien besuchen, seine Staffelei an der Seine und an allen malerischen Ecken und Winkeln in Paris aufstellen, doch, wie immer, weiß Edith auch dieses Mal sehr gut, wie man Beschützerin spielt und den Gefährten führt: Der Maler hat nur sehr wenig Freiheit und muß sich ebenfalls die traditionelle Garderobe verpassen lassen.

Nachdem sie wieder in Hochform ist, stürzt sich die Piaf mit all ihren Freunden erneut in ein bewegtes Nachtleben, das ihre Begleiter zur Erschöpfung treibt...

Im August hat Lou Barrier eine Tournee in verschiedene Casinos und Badestädte organisiert. Douglas, der nicht gerne Auto fährt, muß dennoch als Chauffeur fungieren. Eines Nachts verliert er, völlig übermüdet, in der Nähe von Rochepot die Kontrolle über sein Fahrzeug. Der Chevrolet, den ihm die Piaf geschenkt hat, kommt von der Straße ab. Robert, der offizielle Chauffeur der Sängerin, der mit Hélène, der Sekretärin, zusammen hinterherfuhr, kommt gerade recht, um den einen Fahrgast Michel Rivgauche, der an der Stirn verletzt ist, und die Chefin aufzulesen. Er findet sie mit zwei gebrochenen Rippen, – doch sie singt weiter – mit bandagiertem Oberkörper und durch aufpeitschende Medikamente auf den Beinen gehalten!

Nach erfolgreicher Erfüllung ihres Engagements erholt sich Edith einige Tage in Cannes, wo sie trotz der Bandagen schwimmen lernt – Douglas zuliebe.

Dem jungen Mann wird diese Vitalität bald einmal zu viel. Er ist zudem enttäuscht, daß er Picasso nicht treffen kann, und er versucht nun wiederholt, seine Ketten zu sprengen – doch Edith fängt ihn jedesmal wieder ein. Bevor sie für einige Zeit auf ihren Bauernhof in Hallier verreist, schickt sie Doktor Delaval ein Telegramm: »Komm sofort, dringend!« Und als dieser seine Ferien in der Nähe von Bayonne unterbricht, um diesem Ruf – nicht ohne gewisse Befürchtungen – Folge zu leisten, empfängt sie ihn ganz einfach mit den Worten:

»Ich hatte solche Lust, dich zu sehen!«

Doch am 22. September muß man sie im Amerikanischen Spital von Neuilly erneut hospitalisieren, wo man sie als Notfall wegen Bauchspeicheldrüsenentzündung operiert, einer äußerst gefährlichen und meist tödlichen Krankheit. Sobald sie aus dem Spital entlassen ist, schlägt ihr Douglas vor, für zwei Wochen in die Berge zu verreisen:

»Ich habe soeben zwei Bilder verkauft, diesmal lade ich dich zu diesen Ferien ein.«

»Du bist ein Schatz, das ist wunderbar.«

Als er dann aber ein hübsches kleines Chalet gemietet hat, will Edith schon wieder nichts mehr davon wissen:

»Mir graut vor den Bergen!«

In Wirklichkeit denkt sie bereits daran, die Proben für ihre nächste Tournee aufzunehmen. Aber ihr Gesundheitszustand, der sich von Tag zu Tag verschlechtert, macht all diese Pläne zunichte. Die Rheumatismusanfälle beginnen ihre Gliedmaßen zu deformieren: Sie kann nur mit Mühe gehen und ihre Hände bewegen. Man muß Chiropraktiker kommen lassen, denen es nur schwer gelingt, ihre Muskeln für einige Zeit zu entspannen. Sobald sie sich etwas besser fühlt, begeht sie wieder lauter Dummheiten. Im Dezember verläßt Douglas sie wirklich:

»Ich habe es einfach nicht mehr ausgehalten!« sagt er zu seinen Freunden.

10

Charles Dumont

Das Jahr 1960 beginnt schlecht: Unfähig öffentlich aufzutreten, muß sich die arme Edith einer Schlafkur unterziehen. Ihr Gastspiel im ›Olympia‹, das für Februar vorgesehen war, fällt ins Wasser. Trotzdem versucht sie im Frühjahr, stark abgemagert, eine Tournee in den Norden Frankreichs anzutreten. Douglas Davis – er ist zurückgekommen – begleitet sie eine Weile. Aber diese Reise wird zu einer Katastrophe. In letzter Minute muß sie mehrere Konzerte absagen lassen; in andern Fällen wiederum sind es die beunruhigten Organisatoren selbst, die Verträge aufkündigen. In Maubeuge wird Edith auf offener Bühne von einem Unwohlsein befallen und kann ihren Auftritt nur mit größter Mühe zu Ende bringen. Und dann wird schließlich die letzte Vorstellung in Dreux zu einem Alptraum für sie und ihre Umgebung. Sofort danach wird sie für eine Schlafkur in eine Klinik nach Meudon überführt.

Im Verlauf dieser Tournee hielt Edith nur noch der eiserne Wille auf den Beinen, zu singen um jeden Preis. Sie befand sich in einem derartigen Erschöpfungszustand, daß sie den Unterkiefer nicht mehr unter Kontrolle hatte und Schwierigkeiten beim Sprechen bekam. Aber immer wieder gab sie dem Doktor, der sie auf der Tournee begleitete, zu verstehen, sie wolle unbedingt auf die Bühne, koste es, was es wolle ... bis er ihr gezwungenermaßen eine Spritze verabreichte, die für ein Pferd genügt hätte ...

In den kommenden Monaten kommt es zu mehreren Aufenthalten in verschiedenen Spitälern.

Zwischen zwei Krisen aber macht sie sich immer wieder an ihre Arbeit, steht endlose Proben in den Aufnahmestudios durch — und schließt diese auch erfolgreich ab.

Doch schon beim Anhören der ersten Aufnahmen in Stereo — es ist das schöne Chanson *C'est l'amour*, das sie selbst zur Musik von Marguerite Monnot geschrieben hat — merkt man, daß ihre Stimme spürbar nachgelassen hat, vor allem in den mittleren und tiefen Lagen. Nach Schwierigkeiten am Anfang gelingt ihr dennoch eine ihrer ergreifendsten Einspielungen, wenn sie singt:

> *... J'ai payé de tant de larmes*
> *Pour toujours le droit d'aimer ...*

Auch *Ouragan* singt sie mit rauher, viel schwächer gewordener Stimme, die schon gezeichnet scheint von einem beunruhigenden Zittern. Das Lied besingt die Flut von Liebesworten, mit denen der geliebte Partner überhäuft wird.

Allein von Henri Crollan auf der Gitarre begleitet, wird sie in *Cri du Cœur*, diesem ausgezeichneten Text von Jacques Prévert, wieder zur Straßensängerin, die ihren unbeugsamen Lebenswillen hinausschreit:

> *Je n'ai plus qu'un seul cri du cœur:*
> *J'aime pas le malheur ...*
> *Et les douaniers du désespoir*
> *Peuvent bien éventrer mes bagages ...*
> *Je n'ai jamais rien à déclarer ...*

Bei einer andern Gelegenheit bietet die Piaf ihre Mithilfe beim Ballett *La voix* an; der Text stammt von Michel Rivgauche und die Musik von Claude Léveillé, nach einer Idee von Pierre Lacotte. Edith ist in drei verschiedenen Stücken zu hören. In *Kiosque à journaux* kündigen Zeitungsverkäufer lauthals die Schlagzeilen an, während Ediths Stimme nur immer wiederholt:

> *Venez chercher des mots*
> *Puisqu'il vous faut des mots*
> *Et puis soyez heureux*

Le Métro de Paris besingt das emsige Treiben, die Unruhe und das Hin und Her der Leute, bis zum Moment, wo ›die Metro, die unter Paris spazierenfährt, sich ganz sanft emporhebt und davonfliegt‹. Dieser ausgezeichnete Einfall, zu einer lieblichen Klavierbegleitung, paßt genau zum dritten, ebenfalls sehr gelungenen Chanson, dessen Text von der Piaf selbst stammt, *Non la vie n'est pas triste:* Darin versichert die Piaf in verzweifeltem Optimismus, um das Glück zu finden, brauche man nur die Hand auszustrecken und an der eigenen Traurigkeit keinen Gefallen zu finden. Diese beiden letzten, sehr interessanten Chansons sind leider von außerordentlich schlechter Tonqualität.

Im Sommer 1960 empfiehlt Michel Vaucaire der Piaf einen neuen Komponisten, Charles Dumont. Nachdem sie ihn zunächst stundenlang hat warten lassen, empfängt sie ihn schließlich mißmutig, ist aber doch bereit, sich das Chanson anzuhören. Es gefällt ihr auf Anhieb, handelt es sich doch um *Non, je ne regrette rien:*

> *Non rien de rien*
> *Non, je ne regrette rien:*
> *Ni le bien qu'on m'a fait,*
> *Ni le mal,*
> *Tout ça m'est bien égal...*

Dieser Text über die ewig Verliebte, die nicht an die Vergangenheit denken will und immer wieder bei Null anfängt, paßt genau auf das Leben von Edith Piaf. Sie muß sich dessen wohl bewußt gewesen sein, auf jeden Fall beschließt sie sofort, dieses neue Chanson in ihr Repertoire aufzunehmen. Am selben Tag muß es Dumont rund zwanzig Mal singen, für alle Besucher... Am Abend kehrt er überglücklich nach Hause zurück, doch mitten in der Nacht weckt ihn die Piaf, er solle es noch einmal bei ihr spielen...

Rasch wird Charles Dumont – trotz seiner eigenen ehelichen Verpflichtungen – nicht nur zum Lieblings-Textautor und -Komponisten der Piaf, sondern unvermeidlicherweise auch zu ihrem Lebensgefährten. So jedenfalls sieht es später der bekannte Journalist Jean Noli in seinem Buch – er ist zur selben Zeit ein Mitglied des intimen Kreises um Edith geworden:

»Zu der Zeit ihres Lebens war das Gefühlsleben der Piaf nicht so, wie man sich das landläufig vorstellt. Sie verlangt von dem Mann ihrer Liebe nur, daß er immer in ihrer Nähe ist, von ihrem Erwachen an bis zum Schlafengehen – nichts weiter. Physisch, in ihrem derzeitigen medizinischen Zustand, konnte sie vom Leben im Moment nicht mehr verlangen. Doch der Auserwählte hatte immer dazusein, pünktlich, um ihr kleine Aufmerksamkeiten zu erweisen; er mußte ihre tyrannischen Gefühlsäußerungen über sich ergehen lassen, ihre Grillen und Eigenheiten.«[*]

Verständlicherweise ging das für Dumont nicht ohne große Probleme ab, denn er wollte sein eigenes Leben weiterführen und fühlte sich rasch überfordert.

Übrigens bedrohen solch nervöse Erschöpfungszustände alle in ihrer Umgebung. Beim Erwachen der Chefin müssen sie da sein, sonst fallen sie sofort in Ungnade, und dabei weiß man ja nie, wann genau sie zu erwachen geruht. Um so mehr, als Edith vor allem am Vormittag und am frühen Nachmittag schläft, während sie einen schönen Teil der Nächte für Proben verwendet, sofern sie dazu die Kraft hat, oder aber für Plaudereien.

Claude Figus schläft in einem Nebenzimmer und ist natürlich immer der erste, der Edith nach dem Aufwachen begrüßt und dann so oft wie möglich versucht, nur die erwünschten Besucher vorzulassen . . .

Marguerite Monnot muß mit einem Lächeln zur Kenntnis nehmen, daß sie nicht mehr die Lieblingskomponistin ist. Ihr Gatte, Paul Péri, ist sogar gekränkt und bringt seine Frau nach und nach immer mehr von der Piaf weg. So enthält ihr derzeitiges Repertoire fast ausschließlich Chansons aus der Feder Dumonts.

---

[*] Jean Noli: ›Edith‹, Editions Stock, 1973, S. 34

Edith fühlt sich wesentlich besser – mit Höhen und Tiefen natürlich – und ist entschlossen, der Bitte von Bruno Coquatrix nachzukommen, der in großen finanziellen Schwierigkeiten steckt und weiß, wie schnell die Piaf seine Kasse wieder flottzumachen vermag.

Zunächst nimmt sie ihre neuen Chansons auf.

Da ist natürlich *Je ne regrette rien* (von Dumont und Vaucaire), das dank ihrer Genialität und der völligen gegenseitigen Durchdringung von Chanson und Interpretin zum echten Klassiker wird. Nach der Piaf wird sich niemand mehr das Recht herausnehmen dürfen, diese neue Art von Hymne auf die Liebe zu singen – ihre Interpretation gräbt sich unauslöschlich in jede Erinnerung.

Les flons-flons du bal (ebenfalls von Dumont und Vaucaire) beweist, wie stark Dumont Edith künstlerisch geprägt hat. In dieser Schilderung einer fesselnden Musik, von der Liebende gefangengenommen werden, wenn sie die Liebe suchen, oder aber ihr gegenüber gleichgültig bleiben, finden wir die Angriffslust der großen Piaf aus den 40er Jahren. Auch hat ihre Stimme eine neue Sicherheit gewonnen.

Les mots d'amour von Dumont und Rivgauche ist ein Walzer voller Begeisterung:

> ... *C'est fou c'que j'peux t'aimer*
> *C'que j'peux t'aimer des fois*
> *Des fois j'voudrais crier*...

La ville inconnue, ein Blues von außergewöhnlicher Qualität, beschreibt eine grausame und kalte Stadt. Die Sängerin möchte darin nur in Ruhe schlafen und von ihrem Geliebten träumen, der sie verlassen hat.

Des histoires dagegen übernimmt einen nicht sehr passenden Bolero-Rhythmus zur Verdeutlichung der Leidensgeschichte einer Frau, die an nichts mehr glaubt, da sie sich zu lange immer wieder etwas vorgemacht hat.

Mon Dieu, ein mitreißendes Gebet, ist äußerst gelungen:

Mon Dieu
Laissez-moi encore un peu
Mon amoureux...

Trotz Chören und ›himmlischen Stimmen‹ von zweifelhaftem Geschmack ist man von der inneren Glut der Piaf begeistert.

Eine dröhnende Begleitung beeinträchtigt *La belle histoire d'amour*, es ist zu sehr ›geschrieen‹ und wirkt fade.

Die Begleitmusik zu *Je suis à toi* hingegen ist sehr gut – leider aber wenig melodiös, und zudem ›schreit‹ die Piaf auch hier zu sehr.

Les amants merveilleux ist ein hübscher kleiner Walzer von den Liebenden, die nichts mehr wahrnehmen um sich herum und das Glück in sich selbst finden.

In *Le vieux piano* besingt eine Frau die längst vergangene Zeit des Charleston. Dieses Chanson ist jedoch etwas zu ausgeklügelt... doch egal, was die Piaf tut, alles erweckt Interesse.

Boulevard du crime, von Léveillé und Rivgauche, erinnert an jene Jahrmarktpossen, die im berühmten Film ›Les enfants du Paradis‹ zu sehen waren:

Sur le boulevard du crime
Pour voir la pantomime
Ce soir on se bouscule
Au théâtre des Funambules...

Hier sind die Tränen des Pierrot echt, denn seine Frau hat ihn verlassen, und seine Traurigkeit erschüttert alle Liebenden dieses ›Paradieses‹. Doch beweist dieses hübsche Stück einmal mehr, daß ein lyrischer Text von hoher Qualität noch kein Volkslied ausmacht.

Jérusalem, von Moutet und Chabrier, schildert die Geschichte Jesu zu orientalischen Rhythmen und wird zu einem schönen Erfolg. Aber die Erhabenheit des Textes kontrastiert zu sehr mit der allzu leichten Musik.

Je m'imagine, von Marguerite Monnot und Nita Raya, in dem eine Frau die Kindheit und Jugend ihres Geliebten kennenlernen will, ist etwas veraltet. Das kurze Lied *La vie, l'amour* schließlich erinnert daran, daß es das eine ohne das andere nicht gibt.

Der schwerkranke Robert Chauvigny leitet noch die Plattenaufnahmen, aber für die Auftritte im ›Olympia‹ übergibt er die Leitung an Jacques Lesage, den ehemaligen Begleiter von Félix Marten.

Nach den stundenlangen Proben nimmt Edith jeweils ihre ganze Bande ins Kino oder Theater mit – nach alter Gewohnheit auch mehrmals, wenn ihr etwas sehr gefallen hat. So bewundern sie zehn Mal ›Le pigeon‹, den berühmten Film von Monicelli, sechs Mal applaudieren sie Jean Vilar und Georges Wilson im T.N.P.* für ›Arturo Ui‹ von B. Brecht, und elf Mal schütten sie sich aus vor Lachen in den ›Stühlen‹ von Ionesco!

Bei Tisch dann bestellt Edith für alle dasselbe und verbietet kategorisch jeglichen Alkoholgenuß.

Das Gastspiel im Olympia beginnt phantastisch: Sämtliche Plätze sind innerhalb weniger Stunden vergeben, und 100 000 Exemplare der letzten Platten in fünf Tagen ausverkauft!

Paul Giannoli interviewt den großen Star für ›Sonorama‹ und ›Paris-Presse‹:

»Heute ist für mich der schönste und zugleich der schrecklichste Tag in meinem Leben, denn nach allem, was ich erlebt habe, ist es jetzt bald ein Jahr her, daß ich nicht mehr auf der Bühne stand. Ich muß sagen, ich habe große, sehr große Angst.«

»Haben Sie denn den Eindruck, wieder bei Null anzufangen, wie wenn Sie nie vorher gesungen hätten?«

»Ich habe das Gefühl, daß sich in mir etwas Neues ereignet. Ich habe den Eindruck, etwas zu tun, was ich noch nie zuvor gemacht habe, d. h. so zu singen, wie ich jetzt singe. So spüre ich schon bei den Proben, wenn ich meine neuen Chansons auswähle, daß solche darunter sind, die ich nicht mehr singen kann, nie mehr werde singen können.«

---

* Théâtre National Populaire

»Welche zum Beispiel?«

»Oh, ich kann keine Titel nennen, denn das wäre nicht nett gegenüber den Verfassern, aber ich habe die Chansons, die ich schon letztes Jahr für diesen Auftritt im Olympia vorgesehen habe, nun: ich habe sie rausgenommen, weil ich mich unfähig fühle, sie aufrichtig zu singen.«

»Fühlen Sie denn eine außergewöhnliche Lust, eine Freude am Leben?«

»O ja, ich habe das Leben noch nie so geliebt wie jetzt. Ich entdecke alles neu, alles.«

»Was bleibt Ihnen denn noch zu entdecken? Haben Sie denn vorher zum Beispiel gut gegessen?«

»Nun, ich habe immer gerne gut gegessen, zu gerne sogar. Das gehört ein wenig zu meinen Fehlern. Jetzt muß ich gezwungenermaßen darauf verzichten. Ich glaube, alle diese Dinge sind für mich nicht mehr so wichtig. Ich bin in meinem Leben vielleicht einen Schritt weitergekommen, und wenn man diesen Schritt einmal getan hat, fühlt man sich viel glücklicher im Leben.«

»Wie mobilisieren Sie Ihre Kräfte, wenn Sie im Bett liegen und gesund werden müssen?«

»Ich glaube ganz einfach fest daran. Ich glaube, ich glaube an alles.«

»Sind Sie sich eigentlich bewußt, daß Sie die Ärzte in Wut bringen, die Sie pflegen sollten?«

»O ja, ich bringe sie aus der Fassung. Ich reize sie zu Reaktionen, auf die sie nicht gefaßt sind. Im Moment, wo man mich verloren glaubt, lebe ich, und wenn man schon glaubt, ich sei gerettet, dann habe ich einen Rückfall. So sind sie völlig verunsichert. Aber nun haben sie sich an mich gewöhnt. Jetzt geht es. Ich habe einen Doktor als Freund, und der hat zu Marguerite Monnot gesagt: ›Ich will liebend gern ihr Freund sein, aber um Himmels willen nicht ihr Arzt‹, denn sie ist die verwirrendste und unangenehmste Patientin, die ich kenne.«

»Aber Sie geben zu, daß Sie in punkto Diät und Zeiteinteilung bisher nicht sehr vernünftig waren, und daß Sie sich jetzt mäßigen müssen?«

»Das ist keine Frage der Diät, wissen Sie. Meine Krankheit, die kommt von der Erschöpfung, von den Autounfällen, die ich gehabt habe. Immer habe ich dann meine Arbeit zu früh wieder aufgenommen, denn es stand ja auch die Arbeit meiner Kollegen auf dem Spiel, die von Direktoren, und ich wollte immer meinen vertraglichen Verpflichtungen nachkommen. Und dann wartete ja auch mein Publikum auf mich! Ich habe immer geglaubt, genügend Kraft zu besitzen, um all das durchzustehen. Und dann, eines Tages, mein Gott, ist das alles zusammengebrochen. Aber das ist wirklich keine Frage der Diät, wissen Sie. Es gibt Leute, die hauen weit mehr über die Stränge als ich und sind kerngesund.«

»Haben Sie dieses Mal in der Klinik das Gefühl gehabt, es sei ernster als gewöhnlich, oder haben Sie sich gesagt: Das geht vorbei, wie es bisher immer vorbeigegangen ist?«

»Nein. Diesmal habe ich wirklich geglaubt, ich käme nicht mehr davon. Aber auch darauf war ich gefaßt, ich empfand es wie eine Erlösung, denn ich glaubte, nie wieder singen zu können, nie wieder gehen zu können, nie wieder sprechen zu können, nie wieder schreiben zu können, ja überhaupt nichts mehr tun zu können! Ich wünschte mir den Tod wie eine Erlösung und war darauf gefaßt. Während einiger Tage habe ich wirklich geglaubt, nun sei alles aus. Das ist wahr. Aber ohne Traurigkeit; ich habe meinen Teil vom Leben gehabt. Ich sagte mir: Gut, wenn es halt jetzt sein muß, um so schlimmer. Ich sage vor allem ›um so schlimmer‹, weil ich die zurücklassen müßte, die ich liebe. Denn ich glaube, auf der andern Seite wird es sehr schön sein, ganz sicher.«

Am 25. Dezember findet in Versailles, im Kino ›Cyrano‹, die letzte Probe statt. Am Tag darauf tritt Edith in einem alten, zerknitterten schwarzen Kleid im Olympia auf die Bühne – das Orchester spielt *L'hymne à l'amour* – mit ihrem etwas unbeholfenen Gang, den die Rheumaanfälle noch verstärken... Und während sechzehn Minuten erhält sie von ihrem Publikum eine wahre Ovation. Nach ihrem letzten Chanson wird sie zweiundzwanzig Mal vor den Vorhang gerufen.

Am 29. Dezember wird die Vorstellung aufgezeichnet. Unter den Titeln, die seither veröffentlicht wurden, befinden sich *Les mots d'amour*, weniger intensiv und einfacher als die Studioaufnahme, *Les flons-flons du bal*, genauso kraftvoll, *Mon Dieu*, etwas weniger mitreißend (doch im Saal löst es tosenden Applaus aus), *La ville inconnue* und *Une belle histoire d'amour*, nicht sehr gut gelungen trotz des vollen Einsatzes der Piaf, und schließlich *Non je ne regrette rien*, dieses dagegen wahrhaft sensationell.

Edith singt auch drei neue Titel. Zunächst *Mon vieux Lucien*, einen spöttischen Charleston über den guten Kollegen, der gerade in dem Moment zu Besuch kommt, da Lucien sich aus Liebe umbringen will. Er amüsiert sich köstlich über diesen guten Witz und reißt den Ärmsten aus seinem Kummer:

> *Quelle chance que t'as*
> *D'avoir, Lucien,*
> *Un vieux copain comme moi...*

Nach einigen Sekunden verliert die Piaf plötzlich den Faden. Sie bricht ab und, ohne sich aus der Fassung bringen zu lassen, sagt sie mit einem Lächeln ins Publikum: »Sehen Sie, hier bin ich gestern schon stecken geblieben! Jetzt beginne ich noch einmal, denn ich muß mich davon befreien. Denn sonst werde ich das nie singen können.« Man applaudiert ihr.

T'es l'homme qu'il me faut zu flottem Swing-Rhythmus, besingt voller Spott die Verwunderung einer Verliebten, die bisher noch keinen Fehler an ihrem Partner fand.

Schließlich der schreckliche Sketch der *Blouses blanches*: Die Tragödie einer Frau, die nach einer unglücklichen Liebesgeschichte seit Jahren im Irrenhaus eingesperrt ist. Das ist eigentlich kein Chanson mehr, sondern für die Piaf eine Gelegenheit, ihre schauspielerische Begabung auf außergewöhnliche Weise zu demonstrieren. Man vergißt diese Stimme – sie tönt wie die eines zurückgebliebenen Kindes – nicht so bald: Sie scheint wie aus einer andern Welt zu kommen, und ebenso wenig vergißt man das höhnische Gelächter ganz am Schluß, das im Zuhörer echte Beklemmung auslöst.

Ihre Stimme klang den ganzen Abend hindurch vorzüglich, und auf ihr Publikum hatte sie eine Ausstrahlung wie in ihren besten Tagen.

Ende Januar 1961 aber, nachdem die erste Begeisterung über den Triumph abgeklungen ist, spürt Edith die Nachwirkungen all dieser Strapazen. Damit sie weiterhin auftreten kann, bekommt sie jeden Abend eine Injektion mit Coramin. Ihre Beine und Füße schwellen an, und in die Garderobe muß sie getragen werden. Aber auf der Bühne gelingt es ihr dann doch, sich zu erheben, sich allein ans Mikrophon zu begeben. Ihre Stimmkraft schwindet. Doktor Delaval wird nicht müde, sie vor den Gefahren einer solchen Unvorsichtigkeit zu warnen. Aber Anfang März, als ihr Vertrag seinem Ende zugeht, kündigt sie trotzdem an:

»Ich habe beschlossen, noch um einen Monat zu verlängern!« Das hält sie auch durch bis zum 13. April 1961.

Tagsüber nimmt sie weiterhin neue Platten auf.

Quand tu dors, ein Text von Prévert, beschreibt die Angst der Verliebten, die sich nachts beunruhigt fragt, ob sie immer noch geliebt werde. Doch beim Erwachen lächelt sie der Geliebte an, und sie vergißt ihre schlaflosen Nächte. *Toujours aimer* erinnert daran, daß man sich zwar manchmal in seinen Gefühlen täuschen kann, doch die Sängerin weiß, daß sie in sich die Kraft zur dauerhaften Liebe besitzt. Viel stürmischer ist die Geschichte des *Billard électrique*, an dem ein Bursche seine Nerven beruhigt, während er auf die Ankunft derjenigen hofft, die er vergeblich erwartet. *No Regrets* ist die englische Version von *Je ne regrette rien*. Edith nimmt neu auch *Mon Dieu* in dieser Sprache auf. In dem ausgezeichneten Titelchanson des Films *Exodus* findet man die große Piaf wieder:

> *Ils sont partis dans un soleil d'hiver*
> *Ils sont partis courir la mer*
> *Pour effacer la peur, pour écraser la peur*
> *Que la vie leur a donné au fond du cœur…*

Dans leur baiser ist die Tragödie einer Trennung. Die Piaf bringt hier auf erschütternde Art das Ende einer großen Liebe zum Ausdruck, der kein Glück beschieden war.

In *Faut pas qu'il se figure* möchte eine Frau verbergen, wie sehr sie Sklavin ihrer Liebe ist – doch es gelingt ihr nicht!

Charles Dumont und Louis Poterat haben in *Le bruit des villes* jenes ohrenbetäubende ›Bam-Bam‹, jenen höllischen Lärm der Straßen und Fabriken verwendet, der einen Kontrast zur ruhigen Liebe in der Nacht setzt. Aber das schreckliche Geräusch dringt sogar durch die Mauern des Glücks hindurch.

Ein verstimmtes Klavier begleitet das Portrait von *Marie-trottoir*, jener Verkäuferin von Träumen:

> ... *Toi qui n'attends personne*
> *Et un peu tout le monde...*

Und schließlich *Les amants*, aus dem das Duo Dumont-Autor und Piaf-Interpretin einen großen Erfolg machen. Es ist Charles Dumont, der den größten Teil des Textes singt, während Edith eine Art Kontrapunkt bildet:

> *Quand les amants entendront cette chanson*
> *C'est sûr, ma belle, c'est sûr qu'ils pleureront...*
> *... Ils écouteront les mots d'amour que tu disais...*

Eine Amateur-Aufzeichnung aus derselben Zeit bewahrt uns die Erinnerung an *Bleuets d'azur*, das uns vor allen schnellen und hochfliegenden Plänen warnt, wie sie einem der Frühling eingibt. Die schlechte Tonqualität betont nur noch den altmodischen Stil dieses Chansons.

Als ihr Vertrag im ›Olympia‹ ausläuft, geht Edith gegen den formellen Protest ihres Arztes nach Brüssel, um im ›L'ancienne Belgique‹ zu singen. Charles Dumont, der sie begleitet und mit ihr zusammen *Les amants* singt, schildert später, wie strapaziös dieser Aufenthalt für alle Beteiligten war. Die unglückliche Piaf, gequält von Rheumatismusanfällen mit schrecklichen Schmerzen, vervielfacht die Dosen der Beruhigungsspritzen und Aufputschmittel, kann aber dann nicht vor sechs oder sieben Uhr morgens einschlafen. Bis zu diesem unglücklichen Zeitpunkt schleppt sie deshalb ihre Truppe mit in Restaurants oder Nachtlokale, was ihre Begleiter an den Rand der Erschöpfung bringt.

Nach ihrer Rückkehr verlangt Charles von ihr, sie müsse sich für eine Entziehungskur in eine Klinik von Ville-d'Avray einweisen lassen. Im Juni verläßt sie diese wieder, nervlich sehr geschwächt. Loulou Barrier nimmt sie während des Sommers mit in sein Landhaus nach Richebourg in der Nähe von Houdan, wo sie völlig abgeschirmt lebt, einer Depression verfällt und nicht einmal die Sonne genießen kann.

Charles Dumont hat sich in den Kopf gesetzt, sie während des Winters in die Berge zu fahren. Doch Edith kann nur mit Mühe ertragen, daß er wieder sein Leben mit seiner Frau Janine und seinen beiden Söhnen aufnimmt – die ersten Anzeichen von Ungnade werden sichtbar.

Im September kommt die Piaf wieder nach Paris und nimmt neue Chansons auf. Daneben liest sie ihren Getreuen Teilhard de Chardin vor, denn sie findet deren Mangel an Bildung beklagenswert...!

Qu'il était triste cet anglais, mit dem verstimmten Klavier als Begleitung, erinnert an *C'est à Hambourg.* Es handelt von einem braven Mann, der jeden Abend einsam in einer Bar seine Liebste zu vergessen sucht, die er in Paris zurückließ.

Ist es die große Liebe, jenes Gefühl, das unser Herz aufwühlt, uns gleichzeitig heiß und kalt macht, und schreien, hüpfen läßt, und uns zu den verrücktesten Dingen verleitet? Diese Frage stellt das Chanson *C'est peut-être ça.*

Carmen's story, zur Melodie der berühmten ›Habanera‹ aus ›Carmen‹, ist ein wahrer kleiner Roman. Man dreht gerade einen Film nach dieser bekannten Geschichte, als sich am Drehort zwei Darsteller begegnen. Es ist Liebe auf den ersten Blick – und damit sind Carmen und Don José wieder auferstanden! Aber aus Eifersucht tötet José seine Carmen eines Tages hinter den Kulissen: Das Schicksal muß sich erfüllen...!

Charles Dumont feiert mit Edith ihren erneuten Triumph...

... der jedoch seine grausamen Spuren hinterließ

Théo Sarapo und Claude Figus geben Edith erneut Lebensmut

Am 9. Oktober 1962 heiratet Edith Théo Sarapo

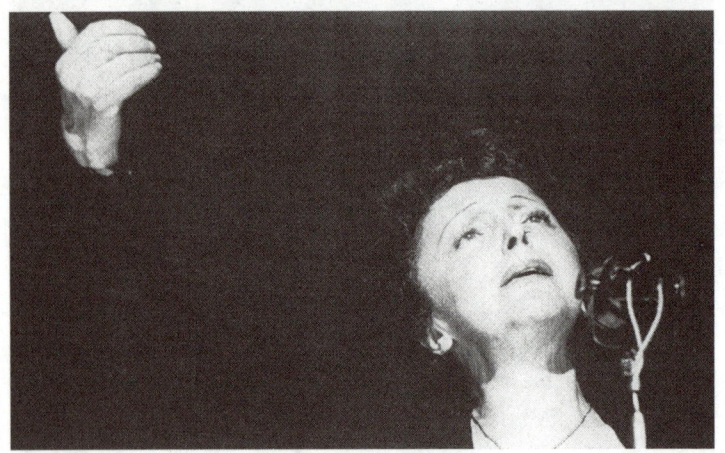

Die Piaf singt wieder...

*Die Lehrmeisterin und ihr Schüler –
wieder ein Erfolg!*

Eine der letzten Photographien der Piaf;
Gehversuche, gestützt auf Théo und dessen Schwester

Die Piaf:
Das Genie des Chansons (Christian Vigneron)

11

Théo Sarapo

Im Januar 1962 macht Claude Figus in Saint-Germain-des-Prés die Bekanntschaft eines jungen Mannes. Er hat sehr dunkles, gelocktes Haar, heißt Théophanis Lamboukas und ist der Sohn eines Friseurs griechischer Abstammung, der in den 20er Jahren von den Türken vertrieben wurde und nun den Beruf in La Frette-sur-Seine ausübt.

Théo ist selbst Coiffeur von Beruf, ein sanfter und etwas scheuer junger Mann. Er wiederum kennt einen Freund, der mit Brigitte Bardot bekannt ist.

Figus erzählt Edith davon, und sie äußert den Wunsch, B. B. kennenzulernen. Also wird ein Abendessen für die zwei Frauen und drei Herren organisiert.

Um sich bei Théo zu bedanken, lädt Edith ihn ein zweites Mal ein. Dabei stellt sie fest, daß sie diesen etwas trägen und sehr ergebenen Burschen ungeheuer beeindruckt...

Zur selben Zeit hat Charles Dumont alles für die gemeinsamen Winterferien vorbereitet und kündigt Edith das genaue Abreisedatum an: Er hat Billette reserviert, Ski gekauft etc.

Am Vorabend der Reise, einige Stunden bevor sie den Zug besteigen sollten, erklärt Edith, sie reise nicht. Der erschöpfte Charles gibt nicht nach: Er hat diese Ruhepause nötig, er muß Luft schöpfen und sich entspannen...

»Du kannst allein fahren«, sagt Edith. »Aber wenn du das tust, brauchst du erst gar nicht mehr zurückzukommen!«

Ohne ein Wort zu sagen, zieht sich Charles zurück – und geht auf seine Reise.

Bei seiner Rückkehr im Februar erklärt ihm Claude Figus, daß Théo nun seinen Platz eingenommen habe; der junge Grieche sei ›zweiter Sekretär‹, er selbst, Figus, kümmere sich ums Telephon...

Im März findet sich Edith, die bei offenem Fenster zu schlafen pflegt, in der Klinik Hartmann in Neuilly wieder – mit einer doppelten Lungenentzündung liegt sie unter dem Sauerstoffzelt. Doch sie ist rasch wieder hergestellt, und der Lärm, den sie mit ihren Besuchern veranstaltet, löst in der Klinik einen Skandal nach dem andern aus. Man schickt sie schnell wieder nach Hause zurück:

»Eine Klinik voller Dummköpfe«, meint sie abschließend.

Man muß wissen, daß Claude Figus – in der Hoffnung, sie vergesse so endgültig Charles Dumont – den Komponisten Francis Laï in die Klinik geschmuggelt hatte, der mehrere Stücke auf dem Akkordeon spielte, auf ausdrücklichen Wunsch von Edith...!

Im April taucht Charles wieder auf: Seinem Talent zuliebe will Edith vergessen, was gewesen ist. Er bleibt einer ihrer Komponisten und ein Freund. Die Piaf stellt ihm sogleich Théo als neuen Sänger vor, dem sie zum Erfolg verhelfen will. Sie hat für ihn den Künstlernamen ›Sarapo‹ gefunden, was auf griechisch soviel bedeutet wie ›Je t'aime‹. Im Juni ziehen die beiden zu Barrier, wo Edith unter dem Vorwand, sie müsse sich erholen, Tag und Nacht mit ihrer Neuentdeckung zu arbeiten beginnt, zusammen mit ihrem Pianisten Noël Comaret, einem Freund von Figus. Im August wollen sie alle zusammen eine Reihe von Rezitals an der Côte d'Azur geben. Es ist also wichtig, daß Théo Sarapo bis dahin für sein Debüt gut vorbereitet ist. Wie ein kleiner braver Junge arbeitet er, ziemlich unbeholfen trotz seiner klangvollen Stimme, abwechselnd ermutigend angefeuert oder aber beschimpft von Edith.

Er erträgt alles ohne zu klagen, und er macht denn auch erstaunliche Fortschritte.

Am 3. Juni ereignet sich ein neues Drama im Leben der Piaf – ein Drama, das jeder unter allen Umständen vor Edith verheimlichen wollte: Douglas Davis kam nach Frankreich und wollte auch Edith begrüßen. Er nahm in Orly ein Flugzeug, das einige Minuten später am Boden zerschellte! Völlig verstört verlangt Edith von Théo das Versprechen, nie in ein Flugzeug zu steigen...

Im Juli geht es zurück nach Paris, wo die Sängerin sich langsam Sorgen macht, wie das Publikum wohl auf ihre Liaison mit einem so viel jüngeren Mann reagieren würde. Sie bittet Jean Noli, eine Reihe von wohlwollenden Artikeln zu schreiben, und legt ihm genau dar:

»Sie wissen nicht, wie nett er ist! Jedes Mal wenn ich ihn in der Nacht rufe, selbst wenn er schläft, steht er auf, kommt mich bedienen, hält mir die Hand, bis ich wieder einschlafe. Manchmal, das ist wahr, ärgert mich sein etwas weicher Charakter... Aber ich kann mir trotzdem keinen besseren Mann vorstellen.«

Im August bezieht sie im Hotel Majestic in Cannes ein Appartement, das sie für einen Monat gemietet hat. Aber sie verlangt, daß man niemals weder Fenster noch Läden öffne. Dort läßt sie auch die bevorstehende Heirat mit Théo Sarapo ankündigen.

Das Paar will im Laufe der kurzen Sommersaison noch an seinem neuen Programm feilen.

Toi, tu l'entends pas, von Charles Dumont und Pierre Delanoë, ist die schmerzliche Klage einer Verliebten, die in ihrer Phantasie ein Orchester, ein Jahrmarktsfest, eine Menschenmenge, eine Revolution und alle Dichter erlebt und die zu dem, den sie begehrt, sagt:

> *... Tu les entendras quand tu m'aimeras*
> *Tu entreras dans ma ronde...*

Die Idee ist glänzend, leider ist die Realisierung etwas zu laut geraten.

Dasselbe gilt für *Polichinelle*: Derjenige, der an den Fäden einer Marionette zieht, kümmert sich wohl kaum darum, ob sie ein Herz oder eine Seele besitzt, aber eines Tages wird sie vielleicht ihre Fäden zerreißen, um wieder sie selbst zu werden. Dieses Bild ist originell und poetisch, leidet aber etwas an einer zu stark betonten und gewöhnlichen Musik.

Fallait-il weist nach, daß die ewige Trennung, Versöhnung und Streitereien sehr wohl auch Zeichen für die große Liebe sind. Aber warum muß man sich derart weh tun, wenn man dann doch unglücklich ist, sobald der andere uns verläßt?

Une valse erinnert an das Rußland von damals, an die Nächte von Sankt-Petersburg, an die pompösen Bälle... aber alles ist nur ein Traum, die Heldin befindet sich in einem Cabaret am Pigalle.

A quoi ça sert l'amour wurde von Michel Emer speziell für Edith und Théo komponiert. Es ist ein optimistisches Duett: Sarapo beginnt mit seiner klaren und durchdringenden Tenorstimme, und dann setzt die Piaf ein, eine Piaf, deren stimmliche Mittel sehr viel schwächer geworden sind, der es aber dennoch gelingt, strahlendes Vertrauen auszudrücken. Der Text ist wirklich voll und ganz auf sie zugeschnitten:

> *A chaque fois j'y crois*
> *Et j'y croirai toujours*
> *Ça sert à ça l'amour...*
> *Mais toi t'es le dernier*
> *Mais toi t'es le premier*
> *Avant toi y'avait rien...*

Im selben Geist haben Charles Dumont und Jacques Plante für sie *Ça fait drôle* geschrieben, ein Chanson, in dem sie voller Staunen die Liebe wiederfindet, das Glück in den Augen eines Mannes liest, der selber auch schon nicht mehr daran glaubte. Alles fängt noch einmal von vorne an, und es ist wunderbar:

> *C'est bizzarre, je ne peux pas y croire*
> *J'ai eu trop d'histoires...*

On cherche un Auguste beschreibt das Auf und Ab im Beruf eines Clowns, was alles andere als ein Traumberuf ist: Er bekommt nur selten Liebeserklärungen zu hören; statt auf große Reisen fährt er durch kleine Departemente, und am Ende des Wegs wartet auch kein Vermögen! Ein hübscher Text, aber die Musik ist weniger begeisternd.

Im nächtlichen Paris fleht eine mehr oder weniger verlorene Frau einen Gelegenheitsliebhaber an:

> *Emporte-moi bien loin d'ici*
> *Là-bas dans ton pays*
> *Arrache-moi de ce monde maudit...*

Aber sie bleibt allein. Edith gibt uns hier eine sehr eindrückliche Interpretation dieses *Emporte-moi.*

Ebenfalls sehr packend – obwohl ihr Atem merklich kürzer geworden ist – gibt sie sich in *Musique à tout va* von René Rouzaud und Francis Laï, musikalisch sehr nahe beim bekannten *Et maintenant* von Gilbert Bécaud:

> *Si je vous dis que derrière ça,*
> *Derrière cette musique à tout va*
> *Y'a le passé dans ses haillons*
> *Que vient mendier à ma chanson...*

Mit einer Musik, die einem nicht mehr aus dem Sinn geht, obwohl sie nicht sehr originell ist, erzählt *Le diable de la Bastille,* wie am 14. Juli der Teufel die Gestalt eines hübschen Jungen annimmt, um lächelnd ein Mädchen zu verführen.

In *Inconnu excepté de Dieu* bleibt der Dichter Charles Dumont auf einem alten Friedhof vor einem Kreuz stehen und fragt sich, welches wohl das Schicksal dieses Unbekannten gewesen sein mag. Man hört die Stimme der Piaf, weit entfernt, die nur immer diesen einen Satz wiederholt.

Le petit brouillard nimmt wieder die Stimmung jener ›Quai des brumes‹ auf, die Mac Orlan so liebte. Ein Flüchtiger will sich im Morgengrauen einschiffen, aber im letzten Augenblick wird er festgenommen. Das Mädchen, das die vergangenen paar Stunden mit ihm verbrachte, weiß nicht, daß eine Flucht unmöglich wurde, und denkt an ihn, als es die Schiffe entschwinden sieht. Es ist ein ausgezeichnetes Chanson, dessen Refrain man nicht vergißt:

> *Toujours ce sale petit brouillard*
> *Toujours ce sale petit cafard*
> *Qui vous transperce jusqu'aux os*
> *Et qui vous colle à votre peau...*

Roulez tambours kämpft gegen die bedrängenden Instrumente an, die – wie zum Beispiel die Posaunen – immer wieder Krieg ankünden und damit Angst und Schrecken in der ganzen Welt verbreiten. Wann endlich würden sie Liebe und Glück für alle verkünden? In diesem Chanson hat die Piaf sichtlich Mühe, die erforderliche Heftigkeit aufzubringen.

Le rendez-vous von Laï und Rouzaud ist gut gelungen:

> *Ils étaient trois au rendez-vous*
> *Qui se regardaient les yeux fous...*

Der Dritte kommt unerwartet und hält einen Revolver in der Hand. Was denken die andern in diesem Augenblick, wo noch offen ist, wie alles ausgeht?... Und dann, nach einem ewig scheinenden Schweigen, läßt der ungebetene Besucher von der Waffe ab und geht allein in die Nacht hinaus...

Schließlich das ergreifende *Le droit d'aimer*, für das sie teuer bezahlt hat:

> *...A la face des hommes*
> *Au mépris de leurs lois*
> *Jamais rien ni personne*
> *Ne m'empêchera d'aimer...*

Nach alter Gewohnheit hat Edith vor jeder Partnerschaft ihr bisheriges Appartement aufgegeben. Doch nun ist sie zu schwach, um die Kraft und Energie aufzubringen, eine neue Wohnung einzurichten. Sie beschließt daher, mit Théo für einige Zeit im Hotel ›George V‹ zu logieren.

Am 25. September 1962, einem schrecklich verregneten Tag, singt sie auf dem Eiffelturm anläßlich der Gala, die für den Film ›Der längste Tag‹ gegeben wird.

Am Tag darauf – und nur für zwei Wochen – ist sie im ›Olympia‹.

Noch kleiner, noch unscheinbarer und leidender als je, löst schon ihr bloßes Erscheinen auf der Bühne eine wahre Raserei im Publikum aus. Die Zuschauer applaudieren um so begeisterter, als die Piaf ihre riesige Freude über diese tosende Ovation, die zu ihr heraufdringt und sie überflutet, nicht mehr verbergen kann. Mehr denn je auch scheint die Auswahl ihrer Chansons von persönlichen Motiven bestimmt – aber sind nicht ihre Probleme auch die von jedermann? Und ihre fast unwahrscheinliche persönliche Ausstrahlung ist so stark, daß es gar nicht so wichtig ist, was sie erzählt. Der Höhepunkt dieses Rezitals ist der Moment, wo diese schmächtige, vorzeitig gealterte Frau mit einer liebevollen Geste den großen, dunkelhaarigen Burschen – von Kraft und Gesundheit strotzend – auf die Bühne ruft, um mit ihm *A quoi ça sert l'amour* zu singen; völlig hingerissen läßt sie ihn dabei nicht aus den Augen, in denen sich gleichzeitig das blinde Vertrauen des ewigen Kindes und eine ungeheure Lebensgier spiegeln. Dieses ungewöhnliche Paar, das unter andern Umständen vielleicht zum Lachen reizen oder Mitleid erregen würde, wird auf unerklärliche Weise zu ›Les petits fiancés de Paris‹, wie ihnen eines Tages eine begeisterte Zuschauerin zuruft.

Nach dem Auftritt stürzt sich eine Menge Freunde in ihre Garderobe, allen voran Yves Montand und Charles Dumont. Aber inmitten all dieser Bravos sagt Edith nur immer wieder:

»Habt ihr meinen Théo gesehen, wie gut er ist!«

Am 27. September wird die Abendvorstellung aufgezeichnet. Sobald die Piaf einen Titel ansagt, wird deutlich, daß ihre Stimme nicht mehr dieselbe ist. Das herrliche Organ von einst ist verstummt, und wenn die mittleren Lagen noch immer voll klingen (diesmal mit Hilfe des Mikrophons), so tönt die Stimme in den tiefen Lagen heiser. Der sehr kurze Atem verzerrt das einst so wundervolle Vibrato, da sie die Noten nicht mehr lange genug halten kann. Die Mehrzahl ihrer Chansons ist hier weniger überzeugend als im Studio, denn um ihr Maximum zu geben, muß sie all ihre jetzt noch zur Verfügung stehenden Stimmittel einsetzen, sie oft sogar überfordern. Das erschütterndste ist *Le droit d'aimer*, das sie aus vollem Herzen herausschreit – oft trifft sie die Noten aber nur annähernd...

Sehr schnell hat sie ungeheure Mühe, ihren vertraglichen Pflichten nachzukommen. Sie ist gezwungen, sich jeden Tag eine Reihe von Spritzen geben zu lassen, alle möglichen Sorten von Stärkungs- und Aufputschmitteln zu nehmen, um sich auf den Beinen halten zu können. Dies wiederum hat eine unangenehme Wirkung auf ihren bereits schon angegriffenen Verdauungsapparat. Am Ende des Rezitals braucht sie manchmal zwei Stunden bis zu ihrer Garderobe. Und schon halb bewußtlos bahnt sie sich den Weg durch die Menge ihrer Anhänger zu ihrem Wagen...

Ihr Hochzeitstag wurde in weiser Voraussicht erst auf einen Tag nach der Vorstellungsreihe angesetzt, den 9. Oktober. Aber in der Nacht vorher erleidet Edith eine Nervenkrise: Von Angst gepeinigt erklärt sie ihren Getreuen, sie schäme sich, in ihrem Zustand Théo zu heiraten. Dann wieder schreit sie, sie habe sich getäuscht, sie liebe ihn gar nicht, er habe überhaupt kein Talent und sei zu weich! Stundenlang redet man ihr gut zu und versucht sie zu beruhigen.

Mit Hilfe von Medikamenten fühlt sie sich endlich stark genug für die Hochzeitszeremonie; sie antwortet sogar den wartenden Journalisten:

»Ich habe großes Glück, einem so netten und so schönen Mann begegnet zu sein.«

Doch zwischen der Ziviltrauung und der kirchlichen Zeremonie – sie ist auf 17 Uhr in der orthodoxen Kirche in der Rue Daru angesetzt – muß sie sich wieder hinlegen.

Schon am folgenden Tag wird sie erneut in die Klinik eingeliefert – für eine neue Entziehungskur!

Einige Wochen vorher hat sie eine neue Krankenschwester eingestellt, Simone Margantin, die trotz ihres etwas strengen Äußeren zu Ediths ergebenster Gehilfin wird und ihr eine großartige moralische Stütze bis zu ihrer letzten Stunde bleibt.

Im November muß Edith in aller Heimlichkeit ins Amerikanische Spital von Neuilly gebracht werden, wegen eines Leberkomas, von dem sie sich aber noch einmal erholt.

In diesem Jahr 1962 nimmt Edith zwei Chansons von Mikis Theodorakis und Jacques Plante auf: Für das Filmballett von Raymond Rouleau *Les amants de Téruel*. Das hübsche und kurze Chanson *14 Juillet* schildert die Gemütsverwirrung einer verlassenen Geliebten:

> ... *Si tu ne reviens jamais*
> *Il n'y aura plus de 14 Juillet* ...

Aber vor allem für die sehr schöne und gefühlvolle Liebesklage von Tristan und Isolde scheint die große Stimme der Piaf wie geschaffen:

> ... *L'un près de l'autre, ils dorment maintenant*
> *Ils dorment délivrés de l'appréhension de l'aube*
> *Se tenant par la main dans l'immobilité de la prière* ...

Während des Winters besteht Edith darauf, eine Tournee durch Holland und Belgien zu absolvieren. Auf diesen Reisen muß sie sich mehreren Bluttransfusionen unterziehen, da sie zu wenig rote Blutkörperchen hat. Wenn sie ihre alte Form gewinnt, steigert sie sich in Wutausbrüche gegen Théo hinein, der ihrer Meinung nach nicht genügend von seinem Talent überzeugt und seinem Publikum gegenüber nicht aufrichtig genug ist:

»Ich schreie ja nur, weil ich das Beste für ihn will!« sagt sie: »Wenn er dauernden Erfolg haben will wie Aznavour oder Chevalier, muß er sich mehr anstrengen. Selbst Montand arbeitet immer noch wie ein Verrückter!«

Und dann schließt sie ihn in ihre Arme.

12

Non, je ne regrette rien

Im Januar 1963 singt sie erneut in einigen Städten in der Nähe von Paris, in Orléans, Chartres und Dreux. Doch in Dreux muß sie ihr Rezital abbrechen. Ihr überanstrengter Organismus läßt sie völlig im Stich, und sie leidet nun unter Darmkrämpfen.

Im Februar tritt sie im ›Bobino‹ auf, wieder mit Théo Sarapo und begleitet vom Orchester Noël Comarets. Am 21. Februar 1963, dem letzten Vorstellungstag, wird ihr Auftritt glücklicherweise aufgezeichnet.

Monsieur Incognito ist ein unsympathischer Mann, der diejenige wiedersehen will, die er einst verließ. Nun treibt er sich in der Nähe ihrer Metrostation herum. Aber es gibt kein ›Komm zurück!‹, sondern die Piaf ruft: »Verschwinden Sie!«

Chant d'amour nimmt mit einem leicht abgeänderten Text *Les amants* wieder auf, das Charles Dumont 1961 sang. Trotz all den schon geschilderten Schwierigkeiten ist die Piaf in diesem Lied wesentlich besser als Dumont und wird zu Recht beklatscht.

J'en ai tant vu, von Michel Emer und René Rouzaud, ist nochmals ein persönlich gefärbter Rückblick. Die Sängerin schaut auf ihr ganzes bisheriges Leben zurück und auf alle Wagnisse der Liebe. Sicher, sie hat zu sehr an die Märchen geglaubt, die man ihr erzählte, aber jedes Mal hatte sie Gefallen daran gefunden; sie sagte sich: »Da mache ich nicht mehr mit!«, doch jetzt, wo sie ihren letzten Geliebten gefunden hat, ruft sie: »Ich laufe dem Leben entgegen, das neu beginnt!« Das Publikum bezieht dieses Chanson völlig auf seine Interpretin und bringt ihr begeisterte Zuneigung entgegen.

C'était pas moi ist der Protestschrei eines Gefangenen, der des Mordes aus Eifersucht angeklagt ist und seine Unschuld beteuert. Die Piaf schreit dieses ›ce n'est pas moi!‹ bis zur Erschöpfung und verausgabt sich zu sehr für diesen ziemlich mittelmäßigen Text.

Dagegen wird *Margot cœur gros* zu einem wahren Triumph. Darin ist vom Hang der ›enfants du paradis‹ zum Melodrama und zu unglücklichen Liebesgeschichten die Rede:

> *Pour faire pleurer Margot,*
> *Il suffit d'un refrain...*

Aber die Sängerin ist glücklich verliebt und meint fröhlich: Um so schlimmer für Margot!

Les gens beschreibt ein Liebespaar, das mitten in der anonymen und eintönigen Menschenmenge nur Augen für einander hat und damit Befremden und Neid erregt.

In *Traqué* ist ein Mensch auf der Flucht. Was hat er verbrochen? Er hat getötet. Vielleicht geht er nun zum Fluß und setzt seinem Leben ein Ende. Dieses Chanson ist unserer Meinung nach nicht sehr überzeugend, denn die beschwingte Musik paßt kaum zum Inhalt der Geschichte.

Tiens v'là un marin, ein heiteres Marschlied, ruft die ganze Jugend der Piaf wieder in Erinnerung, die Uniformen, die schönen Soldaten und die Legionäre, die Raymond Asso so gern beschrieb. Diese Strophen entfesseln unter den Zuhörern einen wahren Begeisterungssturm.

Nach ihrem letzten Chanson erhält die Piaf zwanzig Minuten lang tosenden Applaus. Aber noch kann niemand wissen, daß dies ihr Abschied von Paris ist. Was sie selbst betrifft, so strahlt sie förmlich, denn man hat ihr neue Verträge für die Vereinigten Staaten, Kanada und Japan angeboten. Am 18. März tritt sie noch an einer Gala in der Opéra de Lille auf, aber schon kurz danach wird sie – erneut im Koma – ins Hôpital Ambroise-Paré eingeliefert. Sie kann es immerhin wieder verlassen und beginnt am 7. April von neuem mit der Arbeit, macht eine provisorische Aufnahme von *L'homme de Berlin,* einem Chanson von Francis Laï und Michel Vendôme – es erinnert sie ohne Zweifel stark an den von ihr so heiß geliebten ›Dritten Mann‹. Unter einem regenverhangenen Himmel möchte eine enttäuschte Frau in Berlin ihr Leben neu beginnen. Sie hat einen Mann kennengelernt, der genau wie sie das Vergessen sucht:

> *Je l'ai pris pour l'amour*
> *C'était un passant*
> *Une éternité de quelques instants...*

Und wo ist er jetzt? Aber das Fazit gibt sich optimistisch: Es gibt ja noch andere Männer...

Drei Tage danach muß Edith wieder in die Klinik: Ein Lungenödem, nach einer Lungenentzündung, die sie sich fahrlässig zugezogen hat. Simone Margantin ist derart erschöpft von der Pflege dieser schwierigen Patientin, daß sie selber krank wird, so daß nun eine Krankenschwester gesucht wird zur Pflege der Krankenschwester...

Edith kommt wieder auf die Beine und hat Kraft genug, um Claude Figus aus dem Haus zu werfen, der in einem Skandalwochenblatt einige intime Enthüllungen gemacht hatte.

Dennoch ist es eine arme, geschwächte Frau, die Théo Sarapo und Simone Margantin im Juni nach Saint-Jean-Cap-Ferrat bringen, wo Théo die Villa ›La Séréna‹ gemietet hat. Natürlich ist auch der Kreis ihrer Getreuen mit dabei, der sich diesmal aber auf das Ehepaar Bonel, die Köchin Suzanne, deren Tochter Christine und den Chauffeur beschränkt.

Dank der stündlichen Überwachung ihrer Patientin erzielt Simone Margantin ein erstaunliches Resultat: Edith beginnt wieder zu proben, mit Francis Laï (dessen Familie in Nizza wohnt) und Noël Comaret, der in einem Gästezimmer untergebracht ist. Es gelingt ihr sogar, *L'hymne à l'amour* zu singen, das sie einige Monate früher aus dem Repertoire hatte nehmen müssen. Die Krankenschwester ist völlig verblüfft über die unglaubliche Willenskraft, die diesen kleinen Körper am Leben erhält:

»Ich glaube, wie die Ärzte auch, daß sie keinen Krebs hat und eigentlich für ein langes Leben gemacht ist, denn ihr Herz ist stark. Aber die Chirurgen haben deutlich erklärt, daß sie nicht mehr davonkommt, wenn es in den nächsten Monaten zu einem neuen Leberkoma kommt.«

Die Eltern von Sarapo und seine ältere Schwester Christie verbringen einige Tage in der Villa, und die Piaf gibt dem Mädchen sogar Gesangsstunden.

Charles Aznavour, Charles Dumont und dann Raymond Asso kommen die Sängerin im Laufe des Sommers besuchen, ebenso ihre Schwester Denise Gassion, der sie ein schönes Geschenk überreicht.

Simone Margantin, die manchmal auch den Auftrag bekommt, auf der Bank Geld zu holen, staunt, wie schnell das Bargeld verschwindet, das sie im Sekretär verwahrt. Doch dazu meint Edith ohne die geringste Aufregung:

»Ich weiß sehr wohl, daß man mich bestiehlt. Während meines ganzen Lebens ist man über meine Tasche gegangen, aber ich habe ja immer gewußt, wer die Diebe sind, und außerdem ist das auch völlig unwichtig.«

Jean Noli kommt für eine große Reportage und wird Zeuge eines für Edith verheerenden Besuchs. Ein gewisser Musiker mit Vornamen Max, ein Lebenskünstler, ist in ›La Séréna‹ zu Besuch und entwickelt im Verlauf des Essens eine brillante Theorie, nach der man – um in Form zu bleiben – einfach essen solle, worauf man Lust habe. Edith verlangt sofort, man solle ihr eine Omelette zubereiten und – als dies keine sofortigen bösen Folgen zeitigt – bestellt am andern Tag eine riesige Paëlla!

In der folgenden Nacht, jener des 10. Juli, um drei Uhr früh, kommt es zu einem erneuten Leberkoma. Für die verzweifelte Simone Margantin bedeutet es das unabwendbare Ende.

Nach drei Tagen am Infusionsgerät erlangt Edith wieder das Bewußtsein. Aber erst 48 Stunden später kann sie sprechen – und ihre Krankenschwester um Verzeihung bitten. Max ist natürlich auf und davon...!

Noch einmal, so scheint es, kommt Edith davon. Im August mietet Théo Sarapo eine andere Villa, viel kleiner, am Ortsende von Mougins. Aber die Hitze ist gar nichts für die arme Edith. Charles Aznavour, der weiß, daß sie finanzielle Probleme hat – denn die Krankheit ist teuer –, bietet ihr seine Hilfe an. Edith zeigt sich gerührt.

Einige Tage später reist Sarapo, mit den besten Wünschen seiner Gattin versehen, nach Paris, wo er seinen ersten Film ›Judex‹ drehen soll. Drei Mal kehrt er jede Woche zu ihr zurück.

Im Verlauf dieser langen und mühsamen Sommertage stellt Simone Margantin fest, daß Ediths Gedanken sich mehr und mehr mit dem Tod befassen – sie, die Friedhöfe verabscheut und an die Wiedergeburt glaubt. Sie spricht mit ihrer Krankenpflegerin über die Rosenkreuzer:

»Das geht nicht gegen die Religion, denn es ist ja gar keine Religion. Es ist eine Philosophie, die auf Meditation beruht und im täglichen Leben hilft.«

Edith spricht seit langem, wie man weiß, jeden Tag ein Gebet von fast einer Stunde, und wenn sie sagt: »Ich werde besonders für dich beten«, dann verspüren viele eine Art unerklärlicher Erschütterung.

In einem ganz andern Zusammenhang spricht Simone auch von Ediths Scham, einer körperlichen wie moralischen Scham. Sie versichert, daß Edith ihr Leben durchaus nicht vor jedem Erstbesten ausbreitete und daß sie sich auch nicht für ein Königreich vor Sarapo nackt gezeigt hätte...

Am 20. August muß Edith noch einmal in die Klinik ›Le Méridien‹ von La Bocca eingeliefert werden.

Am 1. September findet ein weiterer Umzug statt, diesmal ins Dorf Plascassier in der Nähe von Grasse. Edith, die glaubt, sie befinde sich auf dem Weg zur Besserung, strickt wieder – liegend. Als Haushaltshilfe hat man eine junge Studentin angestellt, der Edith Englischstunden gibt... Aber Simone hat Edith einige Male weinend angetroffen und befürchtet, sie könnte Depressionen bekommen. Oft murmelt Edith vor sich hin:

»Ich muß sie teuer bezahlen, meine Dummheiten!«

Nur wenige Freunde zeigen sich noch: Charles Dumont, Bruno Coquatrix, Aznavour und Jean Cocteau telefonieren. Jedes Wochenende kommt Théo in Begleitung von Lou Barrier. Auch Jean Noli kommt mehrere Male auf der Suche nach neuen Nachrichten. Von Zeit zu Zeit steht Edith auf, um Boules zu spielen, aber meistens schläft sie, unterstützt durch einen sachkundigen Magnetiseur.

Am 5. September verheimlicht man ihr den Selbstmord von Claude Figus, der sich in einem Hotelzimmer mit Schlafmitteln vergiftet hat.

Einige Tage danach wird sie von Störungen des Sprechvermögens befallen. Panische Angst in den Augen, die Arme hilfesuchend ausgestreckt, kommt nur noch ein Stammeln über ihre Lippen. Am Tage darauf findet sie die Sprache wieder, aber sie hat noch zwei weitere solche Krisen... Auch kann sie immer weniger das Licht und den Lärm ertragen.

Trotz allem hat sie Anwandlungen von schlechter Laune und auch von Hoffnung: Sie bereitet für das Jahresende eine Gala im Palais de Chaillot zugunsten der medizinischen Forschung vor.

In der Nacht hat sie Anfälle von starken Bauchschmerzen, begleitet von fürchterlichen Schweißausbrüchen. Simone läßt sie kein Stunde aus den Augen, hilft, wo sie kann, und spricht ihr vor allem Mut zu...

Anfangs Oktober denkt sie noch immer an ihre Chansons. Am 5. Oktober, als Jean Noli und der Photograph Hugues Vassal, ebenfalls ein Freund von Edith, sie besuchen kommen, finden sie sie völlig aufgelöst:

»Ich muß sterben«, sagt sie ihnen. »Und niemand macht sich was daraus, denn man hat mich schon vergessen... Ich werde nie mehr auf der Bühne stehen!«

Alle beteuern ihr, sie werde es schon schaffen und wieder singen wie vorher, wenn sie die nötigen Vorsichtsmaßregeln einhalte...

Edith bekommt wieder schreckliche Rheumatismusanfälle. An einem Tag reist Simone bis nach Genf, um ein besonderes Medikament zu beschaffen. Bei ihrer Rückkehr findet sie Edith völlig verzweifelt:

»Ich hab' mir meine Schallplatten angehört und weiß, daß ich nie mehr singen werde.«

Ein wenig später fügt sie bei:

»Ich werde mich von Théo trennen. Er hat es jetzt geschafft. Er wird in Paris bleiben, am Boulevard Lannes, und wir im Süden, in einem Ort, der weniger heiß ist. Wenn ich kann, gebe ich von Zeit zu Zeit noch Galas, aber wenn meine Stimme nachläßt, werde ich mit allem aufhören. Man muß wissen, wann es genug ist...«

Am darauffolgenden Wochenende kommt Sarapo, der nicht genau weiß, wie es wirklich um sie steht. Edith zwingt sich, für ihn zu lächeln und mit ihm Pläne zu schmieden. Jean Cocteau kündigt telefonisch seinen Besuch an...

Am Montag, dem 9., am Nachmittag, erinnert sich die Piaf an ihre Anfänge mit ihrem Vater. Dann bittet sie Simone, nach Nizza zu fahren und eine Kerze für die heilige Rita, die Patronin für hoffnungslose Fälle, anzuzünden:

»Aber ich bin gerade erst letzte Woche dort gewesen!«

»Geh trotzdem! Zwei Kerzen sind besser als eine!«

Die kommende Nacht wird unruhig, doch Edith zeigt noch einige Anzeichen von Ärger, was allgemein als gutes Omen genommen wird.

Am andern Tag macht Simone Berteaut mit ihrer Tochter einen kurzen Besuch. Edith empfängt sie sehr kühl.

Am Mittwoch, dem 11., kann sie nur mit Mühe ein paar Schritte gehen und hat gegen Abend einen schrecklichen Alptraum. Bevor sie einschläft, sagt sie wie immer ein langes Gebet.

Am 12., um 2 Uhr morgens, schreckt Simone plötzlich aus dem Schlaf auf, tritt ins Zimmer der Kranken und sieht, daß sie sich erneut in einer Krise befindet, allem Anschein nach in einer sehr schweren.

In aller Eile hängt sie Edith an ein Transfusionsgerät, da sie eine innere Blutung befürchtet. Edith ist praktisch ohne Bewußtsein. Simone drückt ihre Hand und sagt:

»Hab keine Angst, es ist nur ein Anfall, das geht vorbei. Ich rufe den Doktor.«

Um 5 Uhr morgens stellt ein Arzt aus La Valbonne einen äußerst kritischen Zustand fest: Der Tod steht bevor.

Um 13.10 Uhr bäumt sich Edith ein letztes Mal auf, dann fällt sie zurück – es ist zu Ende.

Man überführt ihren Leichnam nach Paris. Mit dem Einverständnis von Théo Sarapo (der in diesen Umständen bemerkenswert viel Takt und Würde beweist, auch später, bis zu seinem eigenen verfrühten Ableben) hat das Publikum während zwei Tagen Gelegenheit, am Sarg vorbeizudefilieren.

Am 14. Oktober begleiten zwei Millionen Menschen ihre sterbliche Hülle zum Friedhof Père-Lachaise und bereiten so der größten Volks-Sängerin, die Frankreich je gehabt hat, eine Art Staatsbegräbnis...

Edith Piaf über sich selbst

Fragebogen, veröffentlicht in ›Music-Hall‹, Nr. 59, Februar 1960

1. »Könnten Sie sich vorstellen, ein geruhsames Leben zu führen?«
   »Das tue ich bereits.«
2. »Wenn Sie nicht mehr singen könnten, was täten Sie dann?«
   »Ich könnte nicht mehr leben.«
3. »Haben Sie Angst vor dem Tod?«
   »Weniger als vor der Einsamkeit.«
4. »Wenn Sie sehr unglücklich sind, an wen denken Sie dann?«
   »An Freunde, die nicht mehr am Leben sind.«
5. »Beten Sie?«
   »Ja, weil ich an die Liebe glaube.«
6. »Wie wählen Sie Ihre Chansons aus?«
   »Entweder sie gehen mir ›unter die Haut‹ oder ich lasse es.«
7. »Mögen Sie sie lange?«
   »Für immer.«
8. »Wo möchten Sie singen?«
   »Vor der Menge.«
9. »Welches ist Ihr Traummann?«
   »Das kann man nicht erklären. Es ist wie ein Schock. Eine starke Persönlichkeit.«
10. »Werden Sie wieder jemandem zu einer Karriere verhelfen?«
    »Ich verhelfe niemandem zur Karriere, ich stoße ganz einfach auf Leute, die ein natürliches Talent haben, und ich helfe ihnen, die schwierigsten Hindernisse aus dem Weg zu räumen.«

11. »Weshalb sind Sie entweder sehr traurig oder sehr glücklich?«
    »Weil ich glaube, daß man ohne Leidenschaft nicht leben kann.«

12. »Welches ist Ihre Lieblingsfarbe?«
    »Blau.«

13. »Für wen stricken Sie?«
    »Für den, der meinen Pullover trägt (wenn ich ihn fertig mache).«

14. »Was lesen Sie im Moment?«
    »Chanson-Texte, Gedichte, Musikliteratur über Chansons.«

15. »Wenn Sie einer Frau einen Rat geben müßten, was würden Sie ihr sagen?«
    »Lieben Sie!«

16. »Einem jungen Mädchen?«
    »Liebe!«

17. »Einem Kind?«
    »Liebe!«

18. »Schreiben Sie noch Chansons?«
    »Ich schreibe sie nicht. Sie fallen mir in einem bestimmten Augenblick meines Lebens ein.«

19. »Welches ist das schönste Chanson Ihres Lebens?«
    »›L'hymne à l'amour‹ und immer das nächstkommende...«

20. »Was fühlen Sie im Moment?«
    »Lust zu singen.«

21. »Wie möchten Sie leben?«
    »Ohne zu schlafen, umgeben von meinen treuen Freunden.«

22. »Leiden Sie darunter, daß Sie kein Kind haben?«
    »Weiß man denn, woran man leidet?«

23. »Was bedeutet das Fernsehen für Sie?«
    »Eine neue Art Lampenfieber.«

24. »Und als Interpretin?«
    »Ein neues Publikum.«

25. »Als Fernsehzuschauerin?«
    »Neue Gesichter.«

26. »Haben Sie Angst beim Autofahren?«
    »Nein.«

27. »Warum geben Sie nicht mehr auf Ihre Gesundheit acht?«
    »Ich tue es doch.«

28. »Wieviel Glückwunschkarten haben Sie zu Neujahr erhalten?«
   »Wäschekörbe voll.«
29. »Welches sind Ihre treuesten Freunde?«
   »Meine wahren Freunde sind alle treu.«
30. »Welches ist die schönste Erinnerung in Ihrem Beruf?«
   »Alle jene Sekunden, in denen der Vorhang hochgeht.«
31. »Als Frau?«
   »Der erste Kuß.«
32. »Wie erklären Sie sich das Wunder Ihrer Stimme?«
   »Ich liebe das Chanson.«
33. »Leiden Sie unter Ihrer Popularität?«
   »Warum sollte ich?«
34. »Glauben Sie an die Sternzeichen?«
   »In manchen Augenblicken.«
35. »Lieben Sie die Nacht?«
   »Ja, mit vielen Lichtern.«
36. »Und den Tagesanbruch?«
   »Ja, mit einem Klavier und Freunden.«
37. »Den Abend?«
   »Für uns ist dies der Tagesanbruch.«
38. »Lieben Sie das Leben?«
   »Ja, ja, ja.«
39. »Werden Sie wieder in Amerika auftreten?«
   »Sicher.«
40. »Wenn Sie das Recht auf eine Platte hätten, welche würden Sie wählen?«
   »Die letzte.«
41. »Welches ist Ihr Lieblingsmenü?«
   »Rindsbraten.«
42. »Lieben Sie Brahms?«
   »Fragen Sie Françoise Sagan.«
43. »Welches ist Ihre Devise?«
   »– LIEBEN...!«

Edith Piaf und das Chanson

Interview mit Pierre Barlatier,
veröffentlicht in ›Ce Soir‹ vom 28. und 29. Oktober 1951

»Wie wählen Sie Ihre Chansons aus?«

»Zunächst muß mich der Text interessieren, denn in jedem meiner Chansons bemühe ich mich, die Figuren möglichst lebendig darzustellen. Die passende Musik findet sich dann schon.«

»Wenn Sie sich für ein Chanson entschieden haben, wie üben Sie es ein?«

»Ich lerne Text und Musik gleichzeitig am Klavier, und die Einfälle für die Darstellung auf der Bühne kommen mir nach und nach. Aber erst vor dem Publikum komme ich dann auf die passenden Ausdrucksmittel – denn im Lampenfieber finde ich instinktiv die richtigen Gesten. Wenn ich zum Beispiel am Schluß von Le voyage du pauvre nègre *mit den Armen Schwimmbewegungen andeute, so deshalb, weil ich, als ich es das erste Mal sang, mich nicht mehr an den genauen Wortlauf der letzten Strophe erinnern konnte, und plötzlich bin ich auf die Idee zu dieser Geste gekommen, die sich als richtig erwies.«*

»Üben Sie Ihre Gesten vor dem Spiegel?«

»Nie. Das brächte mich zum Lachen. Für ein lustiges Chanson mag das angehen, denn da muß alles bis ins Detail überlegt, jede Wirkung vorbereitet sein, aber doch nicht für die Art Chanson, die ich singe.«

»Passiert es Ihnen oft, daß Sie auf ein Chanson verzichten, nachdem Sie es einige Male gesungen haben?«

»Nein. Es kommt vor, daß ich irgendein Chanson aus meinem Repertoire herausnehme, weil es nicht zu einem andern paßt, aber irgendwann werde ich es sicher wieder singen.«

»Beeinflußt Sie das Publikum?«

Das Publikum fördert mich in meiner Entwicklung, aber es beeinflußt mich nicht direkt. Erinnern Sie sich, ich habe zwei Jahre gebraucht, bis Mariage *ein Erfolg wurde. Ich tue natürlich alles, um das Verständnis eines schwierigen Chansons zu erleichtern, aber das heißt nicht, daß ich Konzessionen mache.«*

»Variieren Sie in der Auswahl Ihrer Chansons oder versuchen Sie, eine spezielle Art von Chanson zusammenzustellen?«

Ich singe, was mir gefällt. Ich fühle mich nicht an eine bestimmte Chanson-Art gebunden. So kann man La vie en rose *zum Beispiel kein realistisches Chanson nennen, ebenso wenig wie* Le prisonnier de la tour.*«*

»Haben Sie ein spezielles Repertoire für das Radio und eines für die Bühne?«

Nein, ich nehme lieber die Nachteile der Radio-Mikrophone in Kauf und singe dafür genauso wie auf der Bühne: dieselben Texte mit derselben Begleitung. Genau gleich halte ich es übrigens bei den Schallplattenaufnahmen.«

»Welche Ratschläge würden Sie jungen Anfängern geben?«

Man muß einen Anfänger sehen und hören, um ihm einen Rat geben zu können, denn auf Grund der Erfahrung kann man sofort sagen, was bei seinem Vortrag noch nicht stimmt. Allgemein gesprochen braucht es, um in unserem Beruf Erfolg zu haben, vor allem: Keine Zugeständnisse machen, unabhängig und selbständig bleiben, immer aufrichtig sein, schauen, was die andern machen und ganz besonders arbeiten, arbeiten ohne Unterlaß.«

Edith Piaf und die Liebe

Interview mit Marcelle Auclair und Jeanne Dodemann,
veröffentlicht in ›Marie-Claire‹, Juni 1962

»In all Ihren gesundheitlichen Rückschlägen und Schwierigkeiten haben Sie einen bewundernswerten Mut bewiesen.«

»Das war nicht Mut, das ist die Liebe zum Leben. Man denkt nicht mal daran, jetzt Mut zu haben. Man will ganz einfach gesund werden. Ich bin Optimistin, für mich gibt es immer einen Weg. Ich bin so sicher, daß es weitergehen wird – und es geht immer weiter. Ob wir uns durchsetzen, hängt von uns selbst ab. Zugegeben, wenn jemand singen will, aber nicht singen kann... man muß große Fähigkeiten mitbringen, eine Begabung, was immer man auch machen will. Aber wenn man die hat, kann man mit Geduld und Ausdauer alles erreichen, was man will... Selbst im Unglück bleibt noch die Hoffnung, denn auch das gehört zum Leben. Selbst aus dem schlimmsten Unglück lernt man etwas für später. Im Augenblick leidet man schrecklich, aber nachher merkt man doch, daß man nun viel reicher geworden ist. Ich glaube, daß all die Prüfungen uns letztlich doch bereichern.

...Ich darf sagen: Das Publikum bringt mir mehr als nur Bewunderung entgegen. Es schenkt mir seine Liebe, die ich ihm erwidere.«

»Sie haben schwer zu kämpfen gehabt...«

»Das kann man wohl sagen! Aber für mich ist das wie Sport. Je größer die Schwierigkeiten, desto mehr nehme ich mich zusammen. Ich weiche den Schwierigkeiten nicht aus, ich gehe sie an. Das ist mein Temperament. Ich mache nicht einmal den Eindruck, daß ich kämpfe, sondern daß ich lebe. Ich beginne gern wieder von vorn. Wenn alle sagen: ›Diesmal ist es unmöglich‹, dann ist es meine größte Freude zu beweisen, daß es doch möglich ist. Dann sind sie sprachlos. Eine Frage des Naturells. Es gibt auch Leute, die alles vermasseln.«

»Verdanken Sie diesen Glauben dem Umstand, daß die kleine Schwester Thérèse Ihnen das Augenlicht wieder gab?«

Ich bin mit diesem Glauben auf die Welt gekommen. Ich war immer gläubig, immer. Wenn man den Glauben hat, glaubt man an alles, wenn man an da-oben glaubt, glaubt man auch an da-unten, an die Menschen, an das, was man tut. Niemand ist wirklich schlecht, es gibt immer einen Weg, jemanden zu retten.«

»Es macht einen manchmal rasend, wenn man nicht weiß, wie man es anpacken soll...«

Darin habe ich Erfahrung. Irgendwo kann man jeden packen, immer. Das kann sehr schnell gehen, wenn man sich die Mühe macht. Außer bei einem Kranken. Aber bei einem Gesunden gelingt es immer.«

»Wie bei den Künstlern, die Sie zum Erfolg führten...«

Ich half ihnen zu entdecken, was sie schon besaßen. Man kann niemanden künstlich aufbauen, man hilft nur bei der Entwicklung...«

»Es gibt viele unbedeutende Sänger heute. Man fragt sich, ob sie jemals Karriere machen...«

Schuld sind jene, die sie zu früh lancieren. Wenn ein Junger eine hübsche Stimme hat oder sonst irgendein Talent, muß er sofort Platten aufnehmen, damit er gleich Gewinn bringt... Wenn ein Chanson auf dieser Platte sich gut verkauft, dann ist er im Geschäft. Dann kommen Verträge, Werbung, Photos hier, Radiosendungen dort, etc. Er weiß aber nicht, was das ist, ein Text, eine Melodie, er weiß weder, wie man ein Chanson auswählt, noch wie man ein Programm zusammenstellt. Er weiß nicht, daß das Publikum auch Gefühle hat, Launen, wie ein Mann oder eine Frau, die man erst nach und nach kennenlernt! Meiner Meinung nach braucht es zehn Jahre, um sich einen Platz in diesem Beruf zu erobern. Dann aber ist er fürs Leben. Nein, man wird nicht von heute auf morgen als Star geboren!

Am Anfang meiner Karriere konnte mich nichts erstaunen — erst nachher habe ich mir oft gesagt: ›Das hab' ich erreicht! Und das! Und dann noch das! Das ist phantastisch!‹ Damals hatte ich eine gute Meinung von mir selbst, aber ich dachte mir nichts dabei, ich war so sicher, den Leuten zu imponieren, wenn ich irgendwo auftrat. Die Probleme kamen erst, als ich mir dessen bewußt wurde.«

»In den Chansons von Ihnen, die man ›schwarze‹ nennt, drükken Sie all den Kummer dieser Welt aus.«

»Die Leute müssen ihr eigenes Unglück darin wiederfinden, aber auch die Hoffnung. All das findet sich in meinem Repertoire, aber am Ende gibt es immer die Hoffnung. Wie ich das dem Publikum vermittle, das kann ich nicht erklären. Es ist, wie wenn ich mich zweiteilen würde.«

»Das ist es sicher auch, was Sie derart erschöpft?«

»Das gibt mir auch Kraft. Je länger ich singe, desto mehr ›spüre‹ ich mein Publikum, und das gibt mir Kraft. (...) Was mir zu Herzen geht, ist auch die Tatsache, daß das Publikum mir nie einen Vorwurf machte aus meinem Leben, wodurch es hätte geschockt sein können. Ich habe immer das Gefühl, das Publikum stehe hinter mir... Aber ich war jedes Mal aufrichtig. Ich singe von der Liebe und ich brauche Liebe. Für mich sind das Chanson und die Liebe eins. Ich bin eine Verliebte. Ich kann ohne Liebe nicht leben, das ist unmöglich. Aber es kommt vor, daß ich zuviel erwarte von einem Mann... Ich komme sehr rasch einmal soweit...«

»Und wenn es soweit ist, dann ist Edith schon wieder weg?«

»Ich versuche jetzt, mir nicht mehr so viele Illusionen zu machen, aber wie oft habe ich jemanden bewundert! Wenn ich dann sah, daß ich mich getäuscht hatte, verließ ich ihn. Ich kann nicht mit jemandem leben, der nicht so ist, wie ich glaubte.«

»Einfach so? Plötzlich?«

»Ja. Ich habe mich getäuscht, das ist mein Fehler; aber er hat mir etwas vorgemacht, und das ist seiner. Die Leute sind nicht aufrichtig. Am Anfang zeigen sie sich von ihrer besten Seite, das dauert eine Weile, und dann zeigen sie ihr wahres Gesicht. Im Zusammenleben zeigt sich das wahre Gesicht sehr rasch. Das Zusammenleben ist sehr schwierig, die Enttäuschung ist unvermeidlich. Die Liebe würde nie aufhören, wenn es nicht zu dieser Enttäuschung käme...«

»Dieser Spannungszustand ist auf die Dauer unhaltbar...«

»Wenn die beiden aufrichtig sind, wenn sie sich am Anfang nichts vormachen, gibt es keine Spannung. Ich bin sicher, daß ich nichts vorspie-

le, ich gebe mich so, wie ich bin. Man liebt mich, oder man liebt mich nicht, aber ich spiele kein Theater, ich habe ein schreckliches Bedürfnis nach Aufrichtigkeit. Wenn jemand Theater spielt, dann durchschaut man das sehr schnell. Die wahre Natur kommt an die Oberfläche... Wenn man liebt, ist man wehrlos. Aber wenn jemand mein Gefühl ausnutzt, so reagiere ich plötzlich. Ich kann die Unredlichkeit nicht ertragen, auch die Treulosigkeit nicht, ich hab' zu sehr das Bedürfnis nach Aufrichtigkeit. Ich leide nicht gern, ich bin überhaupt nicht masochistisch, also sage ich nein, wenn man mir weh tut. Das heißt, ich gehe.«

»Alles oder nichts...«

»Es gibt Menschen, die verlieren ihr Interesse, wenn sie sicher sind, daß man sie liebt. Ich kann mich unmöglich dauernd kontrollieren, mir einreden: ›Du darfst ihn nicht anschauen, sonst bildet er sich ein, er habe das Spiel gewonnen‹, ich kann nicht Briefe herumliegen lassen, um ihm glauben zu machen, zur Not gäbe es auch noch jemanden anderen... etc. Ich gebe mich ganz, total. Ich sage mir: ›Um so schlimmer für ihn, wenn er das nicht sieht... Nicht ich verliere, dabei, er ist es.‹ Ein Mensch gewöhnt sich an die große Liebe, ohne daß es ihm bewußt wird, er merkt erst, was er hatte, wenn es ihm eines Tages fehlt. Immerhin zählt das auch, daß man sich der rückhaltlosen Bewunderung von jemandem sicher ist, und es ist schrecklich, wenn man eines Tages feststellt, daß der andere sich rein nichts aus einem macht!«

»Haben Sie sich auch schon gesagt: ›Diesmal ist es fürs Leben‹?«
»Ja. Im guten Glauben, ja. Einmal auch zu Recht. Verstehen Sie, von wem ich spreche?... Ich brauche ihn nicht zu nennen, man weiß auch so, von wem ich spreche. Aber ich möchte seinen Namen lieber nicht nennen. Er, er war wie ich, aufrichtig. Treu. Es war wunderbar. Leider wollte es das Schicksal, daß es nur zweieinhalb Jahre dauerte, aber ich bin sicher, wenn er am Leben geblieben wäre, hätte es fürs ganze Leben gedauert. Er, er war ein Mann.«

»Das ist schön, eine solche Erinnerung.«
»Es ist auch sehr schwer. Das macht einen schrecklich anspruchsvoll. Es ist schwierig, danach nochmals glücklich zu sein. Die Vergleiche sind unausweichlich.«

»Glauben Sie nicht, daß die wirklichen Männer, die es auf allen Gebieten sind, länger je seltener werden? Zum Beispiel, was die Verantwortung betrifft?«

»Ah! Das ja! Der Mann ist kein Schutz mehr. Die Frau muß sich beschützt fühlen können, eine Kraft an ihrer Seite spüren. Selbst wenn die Situation unklar ist, sollte sich der Mann seiner Verantwortung bewußt sein. Er sollte sich sagen: ›Ich will es so und so. Wenn du das nicht tust, wird es nichts mit uns.‹ Dadurch beweist er, daß ihm an Ihnen liegt, daß er Verantwortung übernimmt. Der Mann, der sagt: ›Mach was du willst, wir sind beide freie Menschen‹ benimmt sich nicht als richtiger Mann. Stellen Sie sich doch den Fall jenes Herrn vor, der zwanzig Tage lang verschwindet, weil er allein sein will oder was weiß ich, und der dann zurückkommt, wie wenn nichts geschehen wäre! Also damit bin ich nicht einverstanden... Wenn man zu zweit ist, muß man Rücksicht nehmen auf den andern. Das gibt viele Probleme, denn heute gibt es mehr und mehr Frauen, die sich dessen bewußt sind.«

»Die Frau sucht einen wirklichen Partner...«
»Solche gibt es auch, doch sie sind selten. Es ist schrecklich, wenn alle Initiative von der Frau ausgehen muß.«

»Was erwarten Sie von einem Mann, Edith?«
»Ich muß auf ihn zählen können, Angst haben vor seinen Reaktionen, Angst haben, ihm zu mißfallen... Die Angst zu mißfallen, der Wunsch zu gefallen, ist für mich sehr wichtig. Angst haben heißt nicht sich fürchten, aber einen gewissen Respekt haben ihm gegenüber, und er mir gegenüber. Ein wirklich verliebter Mann tut alles, um zu behalten, was er besitzt. In Amerika gibt es dieses Gefühl kaum, und in Frankreich kaum mehr... Diesen Typ von Mann findet man eher bei den Mittelmeervölkern, bei den Italienern, den Spaniern, den Griechen... Diese Männer verlangen viel von einer Frau, aber sie beschützen sie auch. Liebende. Wirkliche Liebende! Das haben sie allen andern voraus.«

»Sie sind aber eifersüchtig...«
»Den Typ von Mann, der sagt: ›Ich bin nicht eifersüchtig!‹ finde ich schrecklich! Wenn ein Mann nicht eifersüchtig ist, kann er sagen, was er will, es liegt ihm nicht viel an Ihnen.«

»Und Sie, sind Sie eifersüchtig?«

Ich stelle mich darauf ein. Oh! Ich kann mich sehr gut darauf einstellen! Sehen Sie, letzthin mußte ich eine sehr schwierige Situation erleben, durfte keine Szenen machen, durfte mich nicht beleidigt zeigen. Gut, ich habe mich gefügt. Aber weil ich mich zügeln mußte, habe ich auch aufgehört zu lieben. Er kam eines Tages und ich sagte ihm: ›Es ist aus. Du wolltest, daß ich mich daran gewöhne? Nun gut! Ich hab' mich daran gewöhnt!‹ Ich liebe so, wie man mich liebt. Wenn man mich mittelmäßig liebt, dann ist auch meine Liebe mittelmäßig. Schenkt man mir eine große Liebe, so gebe auch ich eine große Liebe.«

»Wenn die Liebe erst einmal vorbei ist: Gelingt es Ihnen, sie in Freundschaft umzuwandeln?«

Bei einigen. Bei denen, die aufrichtig waren, die sich wie Männer benommen haben, ja! Aber es gibt auch solche, die ich auf keinen Fall mehr wiedersehen möchte. Ah! Nur das nicht...!«

Brief an Marcel Achard

New York, 24. Dezember 1950

Mein lieber Marcel,

Schnell ein paar Zeilen, um Dir mitzuteilen, daß mein Pianist eine sensationelle Musik gemacht hat für ein Duo, genau so schön wie das Chanson von Gershwin, das du so sehr liebst. Ich bin gerade dabei, den Text zu schreiben: »Nur Dich besinge ich in meinem Chanson, Du raubst mir den Verstand, nur Du, Du«, etc. Eddie kann es allein singen, ich kann es allein singen, aber im Duett ist es großartig, ich glaube, es ist genau das Chanson, das Du Dir für uns beide gewünscht hast. Unsere Stimmen klingen wunderschön zusammen, ich bin sicher, Du wirst es mögen, es ist sehr romantisch, ich kann es kaum erwarten, Dir diese Musik vorzuspielen, Du wirst begeistert sein. Ich wollte Dir eigentlich Schallplattenaufnahmen davon schicken, doch da ich in zwei Wochen zurückkomme, singe ich sie Dir lieber selbst vor, das ist ganz was anderes! Ich nehme das Flugzeug am 5. Januar um 7 Uhr abends und komme am 6. um 1 Uhr nachmittags in Paris an. Ich werde Dir die Chansons noch am selben Tag vorsingen, und Eddie auch, übrigens hoffe ich, wir können diesen ersten Abend gemeinsam verbringen, wir haben uns so viel zu sagen.

Ich grüße und küsse Dich und freue mich, etwas von Dir zu spielen! Eddie ist in Chicago!
   Ich mag Dich furchtbar gern.

Edith

Grüße und Küsse an Juliette.

New York 24 dec. 50

Mon Marcel chéri

Un mot en vitesse pour te
dire que mon pianiste a fait
une musique sensationnelle
pour un duo, c'est aussi beau
que la chanson de Gershwin
que tu aimes tant — je suis en train
de faire les paroles, " c'est toi que
je chante dans mes chansons, &
c'est toi pour qui je perds la raison
pour toi mon amour rien que pour
toi " ect. Eddie peut la chanter
seul, moi je peux la chanter seule
et en duo c'est magnifique, je crois
que c'est exactement la chanson
que tu voulais pour nous deux

2 nos voix se marient merveilleusement je suis sûre – que tu vas adorer ça, c'est tout à fait romantique, il me tarde de te faire entendre cette musique tu vas être déchainé. Je voulais t'envoyer des disques mais comme je rentre maintenant dans 13 jours j'aime mieux te les chanter moi-même, c'est tellement différent ! Je prends l'avion le 5 Janvier a sept heures du soir et j'arrive le 6 à Paris a une heure de l'après midi. Je te chanterai les chansons le jour même et Eolotie aussi, d'ailleurs j'espère que nous passerons cette première soirée ensemble, nous avons tant de choses a nous dire.. Je t'embrasse de toute ma joie de te jouer ! Eolotie est a Chicago ! Je t'adore elle

Lettre a Marcel Achard
(Collection Jacques Lorcey)

Edith Piaf und das Zeitgeschehen

»Interessieren Sie die Ereignisse, die die Welt erschüttern?«

Ich muß zu meiner großen Schande gestehen, daß ich keine Zeitungen lese. Und damit fängt es auch an. Ich lese keine Zeitung, folglich bin ich nicht sehr auf dem laufenden, was so alles passiert, und auf jeden Fall, selbst wenn ich es bin, kann ich ja nichts daran ändern. Also wenn man... wie soll ich sagen, wenn man nichts dazu beitragen kann, die Dinge zu ändern, dann denke ich, ist es besser, man weiß erst gar nichts davon, so macht man keinen Fehler und quält sich auch nicht umsonst.«

Edith Piaf und der Tod

Interview mit Paul Giannoli,
veröffentlicht in ›Paris-Presse‹ vom 24. Dezember 1960

Ich habe keine Angst vor dem Tod. Ich glaube, ich habe niemandem etwas Schlechtes getan, so daß ich mich vor einer Bestrafung zu fürchten hätte. Natürlich hat jeder einen mehr oder weniger guten oder eben schlechten Lebenswandel, aber ich glaube, wenn man es wieder gutzumachen versucht, und wenn man alles in Aufrichtigkeit tut und ein ruhiges Gewissen hat, dann hat man kaum etwas zu befürchten, wenn man vor den Höchsten Richter treten muß. Die Liebe hat mich nie enttäuscht. Meine Liebeserlebnisse brachten mir eine große Erfahrung. Ich bereue nichts von dem, was ich getan habe, von dem, was ich kennengelernt habe, und wenn ich nochmals von vorne anfangen könnte, dann würde ich genau dasselbe tun. Und ich danke dem Himmel, daß er mir dieses Leben geschenkt hat, die Möglichkeit zu leben, denn ich habe zu hundert Prozent gelebt und bereue es nicht.«

Die Chansons von Edith Piaf

ONE LITTLE MAN *(Le Petit Homme)* 4'12" (S. 219)
Philippe Gérard, Rich French
OPINION PUBLIQUE 3'10" (S. 249)
Marguerite Monnot, Henri Contet
ORGUE DES AMOUREUX (L') 3'25" (S. 152)
Varel, Bailly, Francis Carco
ORGUES DE BARBARIE (LES) 2'42" (S. 255)
Georges Moustaki
OU SONT-ILS MES COPAINS? 3'28" (S. 67)
Marguerite Monnot, Edith Piaf
OURAGAN 2'14" (S. 262)
C. Leveillé, Michel Rivgauche
PADAM PADAM 3'16" (S. 185)
N. Glanzberg, Henri Contet
PARIS 2'42" (S. 152)
(aus dem Film: *L'homme aux mains d'argile*)
A. Bernheim
PARIS MÉDITERRANÉE 3'3" (S. 57)
R. Cloërec, R. Asso
PARTANCE 2'32" (S. 58)
L. Roll, R. Asso
PETIT BROUILLARD (LE) 2'58" (S. 291)
Francis Laï, Jacques Plante
PETITE BOUTIQUE (LA) 3'18" (S. 28)
O. Hodeige, R. Carlès
PETIT HOMME (LE) 3'30" (S. 131)
Marguerite Monnot, Henri Contet
PETIT MONSIEUR TRISTE (LE) 2'39" (S. 63)
Marguerite Monnot, R. Asso
PLEURE PAS 2'50" (S. 152)
A. Barelli, Henri Contet
PLUS BLEU QUE TES YEUX 3'10" (S. 183)
Charles Aznavour
POLICHINELLE 3'3" (S. 289)
Charles Dumont, Jacques Plante
POUR MOI TOUT' SEULE 3'30" (S. 151)
Gaston Lafarge, F. Monod, M.-P. Gérard
POUR QU'ELLE SOIT JOLIE MA CHANSON 3'30" (S. 204)
(aus dem Film: *Boum sur Paris*)
Louiguy, Edith Piaf
PRISONNIER DE LA TOUR (LE) 3'15" (S. 152)
Francis Blanche, Gérard Calvi

Unveröffentlichte Aufnahmen, die auf Magnetband erhalten sind:

AMANTS DU DIMANCHE (LES)
BLACK BOY
BLUES DE FEVRIER
BLUES D'OCTOBRE
C'EST L'HISTOIRE DE JESUS
CHANSON D'AMOUR
CLAIR DE LUNE
GILET (LE)
MOI JE SAIS QU'ON SE REVERRA
MONSIEUR LEVY
PAS (LES)
PAS UNE MINUTE DE PLUS
PAUVRE HOMME (LE)
POKER
POURQUOI M'AS-TU TRAHI
ROUTIER (LE)
SANS FAIRE DE PHRASE
SES MAINS
UN AIR D'ACCORDEON
VOL DE NUIT
Y AVAIT UNE VOIX QUI SE LAMENTAIT

Theatrographie

April 1940 im Théâtre des Bouffes-Parisiens:

Le bel indifférent

Einakter von Jean Cocteau
Bühnenbild: Christian Bérard, Regie: André Brulé

Sie	EDITH PIAF
Er	Paul Meurisse, später Jean Marconi

März 1951 im Théâtre de l'A.B.C.:

La p'tite Lili

Musikalische Komödie in 2 Akten und 8 Bildern
Musik: Marguerite Monnot, Bühnenbild: Lila de Nobili,
Regie: Raymond Rouleau

Lili	EDITH PIAF
Irène	Katherine Kath
Martine	Nora Coste
Henriette	Edith Fontaine
Denise	Huguette Faget
Judy Scott	Praline
Marguerite	Marcelle Praince
Näherinnen	Ketty Albertini, Jeanne Silvestre, Marie-Geneviève Parmentier, Annie Puck, Joëlle Robin
Eine Reisende	Edith Jablan
Yvonne, eine Näherin	Micheline Cevennes
Mario	Robert Lamoureux
Spencer	Eddie Constantine
Kunde	Maurice Nasil

Eric	Howard Vernon
Restaud	Robert Dalban
Hausmeister	Bugette
Freddy	Robert Rollis
Musikant	Germond
Portier	Gérard Kéryse
Reisender	Pierre Janlac
Reporter	Henry Polage
Apotheker	Dangélys

April 1953 im Théâtre Marigny:

Le bel indifférent

Einakter von Jean Cocteau
Bühnenbild: Lila de Nobili, Regie: Raymond Rouleau

Sie	EDITH PIAF
Er	Jacques Pills

Filmographie

1936: La Garçonne

Regie: Jean de Limur
Drehbuch: Albert Dieudonné (nach dem Roman von Victor Margueritte)
Einrichtung: Mario Fort
Dialoge: Jacques Natanson
Bild: Roger Hubert, Charlie Bauer
Musik: Jean Wiener
Lieder: Louis Poterat
Dekor: Lucien Aguettand
Produktion: Franco-London-Film
Produktionsleiter: Albert Dieudonné
Länge: 95 min

Monique	Marie Bell
Niquette	Arletty
Mme Lerbier	Marcelle Praince
Tante Sylvestre	Marcelle Géniat
Anika	Suzy Solidor
et	EDITH PIAF, Junie Astor, Liliane Desaffre, Léna Darthès, Wanda Gréville, Jane Marken, Josette France, Foun-Sen, Molly Robert
Boisselot	Henri Rollan
Lerbier	Jean Worms
Blanchet	Jaque Catelain
Vigneret	Maurice Escande
Plombino	Pierre Etchepare
Des Souzaies	Jean Tissier
und	Daniel Lecourtois, Philippe Hersent

1941: Montmartre-sur-Seine

Regie: Georges Lacombe
Drehbuch: Albert Cayatte und Georges Lacombe

Dialoge: Serge Veber
Bild: Nicolas Hayer
Musik: Marguerite Monnot
Lieder: EDITH PIAF
Dekor: Robert Dumesnil
Produktion: SUF
Produktionsleiter: Jean Clerc, Bernard-Roland
Länge: 110 min

Lily	EDITH PIAF
Moussette	Denise Grey
Mme Courtin	Louise Sylvie
Juliette	Huguette Faget
Besucherin bei	
Moussette	Solange Sicard
und	Ketty Piersont, Odette Barancey, Germaine Amy, Renée Thorel
Michel	Jean-Louis Barrault
Maurice	Henri Vidal
Paul	Paul Meurisse
Claude	Roger Duchesne
Hausmeister	Gaston Modot
M. Martin	Champi
Barbesitzer	Pierre Labry
Kommissar	Paul Demange
Henri Lemaire	René Bergeron
Der Vater von Lily	Léonce Corne
und	André Carnège, Albert Malbert, Pierre Brûlé, Jean Duvaleix, Riandreys, Guy Marly, Pierre Ringel, Maurice Salabert, Henry Charret, Marc Dolnitz

1945: Etoile sans lumière

Regie: Marcel Blistène
Assistenten: Andrée Feix, Hervé Bromberger
Übertragung und Dialoge: André-Paul Antoine
Bild: Paul Coteret
Musik: Guy Luypaerts, Marguerite Monnot
Lieder: Henri Contet
Dekor: Jean d'Eaubonne
Ton: Pierre Calvet
Aufbau: Ginou Bretoneiche

Produktion: BUP
Länge: 85 min

Madeleine	EDITH PIAF
Stella Dora	Mila Parély
Mélanie	Mady Berry
Lulu	Colette Brosset
Script-Girl	Renée Dennsy
und	Juliette Cransac, Liliane Lesaffre, Cécyl Marcyl, Ginette Cantrin
Billy Daniel	Jules Berry
Roger Marney	Marcel Herrand
Pierre	Yves Montand
Gaston Lansac	Serge Reggiani
Paul	Jean Raymond
Dänischer Filmproduzent	Georges Vitray
Reporter	Paul Frankeur
und	Pierre Farny, Pierre Mindaist, Georges Yvon, Jean Rozenberg, Marcel Rouzé, Pierre Cadot

1947: Neuf garçons, un cœur

Regie: Georges Freedland
Assistent: Pierre Chevalier
Drehbuch: Georges Freedland
Dialoge: Georges Freedland, Norbert Carbonnaux
Bild: Charlie Bauer
Musik: Georges Legrand, Norbert Glanzberg, Charles Trenet, Jean Villard, Louiguy, Mireille, Marguerite Monnot, Sauvigny
Dekor: Lucien Aguettand
Ton: Paul Bertrand, Antoine Petitjean, Pierre Calvet
Aufbau: Léonid Elkind
Produktion: Vox Films
Produktionsleiter: Ralph Habib
Länge: 85 min

Christine	EDITH PIAF
Lisa	Elisabeth Wells
Freunde von Christine	Les Compagnons de la Chanson
Victor	Lucien Baroux
Ein Herr	Lucien Nat
Der Patron des ›Paradise‹	Marcel Vallée

1951: Paris chante toujours

Regie: Pierre Montazel
Darin singt Edith Piaf neben andern Sängern.

1952: Boum sour Paris

Regie: Pierre Montazel

1953: Si Versailles m'était conté

Société C.L.M. COCINOR
Regie: Sacha Guitry
Drehbuch und Dialoge: Sacha Guitry
Musik: Jean Françaix
Bild: Pierre Montazel
Tonmeister: Joseph de Bretagne
Dekor: Mansart und René Renoux
Aufgenommen auf Eastmancolor in Versailles
Aufbau: Raymond Lamy
Produktionsleiter: Clément Duhour
Länge: 165 min

Die Darsteller, in alphabetischer Reihenfolge:

Mme de Nouchy	Martine Alexis
Louis XIII	Louis Arbessier
Jacques Damiens	Michel Auclair
Kardinal de Rohan	Jean-Pierre Aumont
Revolutionär	Paul Azaïs
Melle de Rosille	Brigitte Bardot
Mme de Balto	Lily Baron
Fénelon	Jean-Louis Barrault
Armande Béjart	Liliane Bert
Robespierre	Jacques Berthier
Mme de Sévigné	Jeanne Boitel
Louis XVI	Gilbert Boka
Fragonard	Roland Bourdin
Museumswächter	Bourvil
Mme de Chamarat	Anne Carrère
La Voisin	Pauline Carton
Marie-Thérèse von	
Spanien	Jany Castel

Cagliostro	Gino Cervi
La Fontaine	Georges Chamarat
Herzog von Noailles	André Chanu
Louis XIII als Kind	Claudie Chaplan
Turenne	Jean Chevrier
Rivarol	Aimé Clariond
Mme de Montespan	Claudette Colbert
Besucher	Paul Colline
Mme Langlois	Annie Cordy
Mme de Chalis	Nicole Courcel
Louison Chabray	Danielle Delorme
M. de La Motte	Jean-Jacques Delbo
Bauer	Yves Deniaud
Marivaux	Jean Desailly
Mme Campan	Renée Devillers
Beaumarchais	Bernard Dheran
Napoléon	Emile Drain
Revolutionär	Clément Duhour
Bontemps	Alain Durtal
Käufer	Duvaleix
Mme de Frépons	Cécile Eddy
Mazarin	Samson Fainsilber
M. de Carlène	Robert Favart
Marie Leckzinska	Tania Fedor
Voltaire	Jacques de Feraudy
Saint-Simon	Jacques François
Revolutionärin	Jeanne Fusier-Gir
D'Alembert	Roger Gaillard
Jean Collinet	Daniel Gelin
Jean-Jacques Rousseau	Gilbert Gil
Mme de Sentis	Lucienne Granier
Molière	Fernand Gravey
Louis XIV	Sacha Guitry
Museumswächter	Pierre Larquey
Mme de Kerlor	Marie Mansart
Louis XV	Jean Marais
Der junge Louis XIV	Georges Marchal
Marie-Antoinette,	
Nicole Legay	Lana Marconi
Mme de Maintenon	Mary Marquet
Boileau	Olivier Mathot
Mlle de Fontanges	Nicole Maurey

Bohmer	Jacques Morel
Bossuet	Gilbert Moryn
Louvois	Jean Murat
Montesquieu	Lucien Nat
Comtesse de Soissons	Gaby Morlay
Louise de La Vallière	Gisèle Pascal
Axel de Fersen	Jean-Claude Pascal
D'Artagnan	Gérard Philipe
Mädchen aus dem Volk	EDITH PIAF
Mme de Pompadour	Micheline Presle
Racine	Gilles Queant
M. de La Reynie	Constant Remy
Henri IV	Gaston Rey
Du Croisy (Tartuffe)	Jean Richard
Louis-Philippe	Philippe Richard
Gondelfahrer	Tino Rossi
Mlle Molière (Elmire)	Germaine Rouer
Lavoisier	Louis Seigner
Auktionskommissar	Raymond Souplex
M. de Montespan	Maurice Teynac
Museumswächter	Jean Tissier
M. de Vergennes	Charles Vanel
Colbert	Jacques Varennes
Der englische Käufer	Howard Vernon
Franklin	Orson Welles

1954: French Cancan

Regie: Jean Renoir
Assistenten: Serge Vallin, Pierre Kast
Drehbuch: Jean Renoir (nach einer Idee von André-Paul Antoine)
Dialoge: Jean Renoir
Bild: Michel Kelber
Dekor: Max Douy
Ton: Antoine Petit-Jean
Musik: Georges Van Parys
Produktion: Franco-London-Film – Jolly-Film
Länge: 105 min

Lola de Castro	Maria Félix
Nini	Françoise Arnoul

La Génisse	Dora Doll
Guibole	Lydia Johnson
Eléonore	Michèle Philippe
Mme Olympe	Valentine Tessier
Thérèse	Annick Morice
Yvette Guilbert	Patachou
Eugénie Buffet	EDITH PIAF
Esther Lekain	Lia Amenda
Béatrix	France Roche
Mimi Prunelle	Mme Pâquerette
Titine	Sylviane Delannoy
Bigoudi	Michèle Nadal
Paquita	Anne-Marie Mersen
Die Pygmäenfrau	Laurence Bataille
Waschfrau	Palmyre Levasseur
Arlette Vibert	Anna Amendola
Henri Danglard	Jean Gabin
Baron Walter	Jean-Roger Caussimon
Prinz Alexandre	Giani Esposito
Paulo	Franco Pastorino
Der Patron des ›Reine Blanche‹	Max Dalban
Diener von Danglard	Gaston Modot
Coudrier	Jean Parédès
Savate	Jean-Marc Tennberg
Bidon	Jacques Jouanneau
Oscar	Gaston Gabaroche
Kapitän Valorgueil	Michel Piccoli
Barjolin	Albert Rémy
Paul Delmet	André Claveau
Paulus	Jean Raymond
Pierrot der Pfeifer	Pierre Olaf
Der Kommandant	Léo Campion
Der Minister	Jaque Catelain
Der Polizeiinspektor	R. J. Chauffard
Der Geschäftsführer des Hotels	Jean Mortier
Der Nachbar	Numes (Sohn)
Zwei ›Stutzer‹	Jacques Ciron, Claude Arnay
Der Chirurg	Jacques Hilling
Der Page	Jean Silvère
Der Türsteher	Pierre Moncorbier

1959: Les amants de demain

Regie: Marcel Blistène
Drehbuch: Pierre Brasseur
Übertragung: Jacques Sigurd und Marcel Blistène
Dialoge: Jacques Sigurd
Bild: Marc Fossard
Musik: Marguerite Monnot
Dekor: Louis Le Barbenchon
Ton: René Longuet
Aufbau: Jacques Mavel
Produktion: Cinextension, Océan Films
Produktionsleiter: Georges Bureau
Länge: 75 min
Premiere (in Paris): 27. August 1959

Simone	EDITH PIAF
Yvonne	Joëlle Bernard
und	Mona Goya, Marcelle Arnold, Gabrielle Fontan, Catherine Richard, Gina Manès, Janine Dubarry
Pierre Montfort	Michel Auclair
Louis	Armand Mestral
Charles	Raymond Souplex
Gendarm	Olivier Hussenot
Schwarzer	Georges Aminel
und	Jacques Moullières, Robert Dalban, Robert Castel

Bildnachweis

Sämtliche wiedergegebenen Dokumente stammen aus der Sammlung
JEAN-CLAUDE BOREL.

Photos: ACME News Pictures, AD.P., A.F.P., A.G.I.P., A.P.I.S., P.B. Arnaud, Associated Press, Yvon Beaugier, Bernand, Giancarlo Botti et Monique Valentin, Pierre Chataigneau, Dalmas, Dargence, Richard De Grab, Harcourt, Interpress, Keystone, Jean-Pierre Leloir, Sam Levin, Serge Lido, Lipnitzki et Roger Viollet, Lynx, New-York Times, Parimage, Reporters Associés, United Press.

Personenregister

HEYNE BIOGRAPHIEN

Das literarische Bild der Frau

HEYNE BIOGRAPHIEN

H. F. Peters
LOU ANDREAS SALOME
Das Leben einer außergewöhnlichen Frau

12/8

HEYNE BIOGRAPHIEN

Karen Monson
ALMA MAHLER-WERFEL
Die unbezähmbare Muse

12/129

HEYNE BIOGRAPHIEN

Ruth Jordan
GEORGE SAND
Die große Liebende

12/47

HEYNE BIOGRAPHIEN

Lisa Appignanesi
SIMONE DE BEAUVOIR
Eine Frau, die die Welt veränderte

12/184

HEYNE BIOGRAPHIEN

Mary Lavater-Sloman
ANNETTE VON DROSTE-HÜLSHOFF
Einsamkeit und Leidenschaft

12/77

HEYNE BIOGRAPHIEN

Jakob Hessing
ELSE LASKER-SCHÜLER
Ein Leben zwischen Bohème und Exil

12/156

HEYNE BIOGRAPHIEN

Janet Morgan
AGATHA CHRISTIE
Das Leben einer Schriftstellerin – spannend wie einer ihrer Romane

12/167

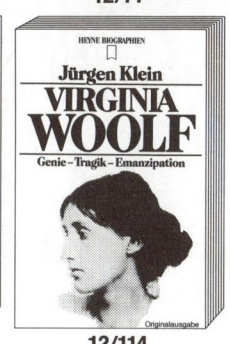

HEYNE BIOGRAPHIEN

Jürgen Klein
VIRGINIA WOOLF
Genie – Tragik – Emanzipation

Originalausgabe

12/114

Wilhelm Heyne Verlag München